国家社科基金项目结项成果

云南

孙浩然
张桥贵　著
曾　黎

宗教文化旅游研究

人民出版社

责任编辑:陈寒节

责任校对:湖 催

图书在版编目(CIP)数据

云南宗教文化旅游研究/孙浩然,张桥贵,曾黎 著.

—北京:人民出版社,2012.5

ISBN 978 - 7 - 01 - 010864 - 3

Ⅰ.①云… Ⅱ.①孙… ②张… ③曾… Ⅲ.①宗教文化 -
关系 - 旅游 - 研究 - 云南省 Ⅳ.①F592.774

中国版本图书馆 CIP 数据核字(2012)第 081188 号

云南宗教文化旅游研究

YUNNAN ZONGJIAO WENHUA LUYOU YANJIU

孙浩然 张桥贵 曾 黎 著

人民出版社 出版发行

(100706 北京朝阳门内大街 166 号)

北京中科印刷有限公司印刷 新华书店经销

2012 年 5 月第 1 版 2012 年 5 月第 1 次印刷

开本:710 毫米 × 1000 毫米 1/16 印张:16.5

字数:239 千字 印数:0,001 - 2,200 册

ISBN 978 - 7 - 01 - 010864 - 3 定价:33.00 元

邮购地址:100706 北京朝阳门内大街 166 号

人民东方图书销售中心 电话:(010)65250042 65289539

《云南民族大学学术文库》
总　序

云南民族大学党委书记、教授、博导　甄朝党

云南民族大学校　　　长、教授、博导　张英杰

　　云南民族大学是一所培养包括汉族在内的各民族高级专门人才的综合性大学,是云南省省属重点大学,是国家民委和云南省人民政府共建的全国重点民族院校。学校始建于1951年8月,受到毛泽东、周恩来、邓小平、江泽民、胡锦涛等几代党和国家领导人的亲切关怀而创立和不断发展,被党和国家特别是云南省委、省政府以及全省各族人民寄予厚望。几代民族大学师生不负重托,励精图治,经过近60年的建设尤其是最近几年的创新发展,云南民族大学已经成为我国重要的民族高层次人才培养基地、民族问题研究基地、民族文化传承基地和国家对外开放与交流的重要窗口,在国家高等教育体系中占有重要地位,并享有较高的国际声誉。

　　云南民族大学是一所学科门类较为齐全、办学层次较为丰富、办学形式多样、师资力量雄厚、学校规模较大、特色鲜明、优势突出的综合性大学。目前拥有1个联合培养博士点,50个一级、二级学科硕士学位点和专业硕士学位点,60个本科专业,涵盖哲学、经济学、法学、教育学、文学、历史学、理学、工学和管理学9大学科门类。学校1979年开始招收培养研究生,2003年被教育部批准与中国人民大学联合招收培养社会学博士研究生,2009年被确定为国家立项建设的新增博士学位授予单位。国家级、省部级特色专业、重点学科、重点实验室、研究基地,国家级和省部级科研项目立项数、获

奖数等衡量高校办学质量和水平的重要指标持续增长。民族学、社会学、经济学、管理学、民族语言文化、民族药资源化学、东南亚南亚语言文化等特色学科实力显著增强，在国内外的影响力不断扩大。学校科学合理的人才培养体系和科学研究体系得到较好形成和健全完善，特色得以不断彰显，优势得以不断突出，影响力得以不断扩大，地位与水平得以不断提升，学校改革、建设、发展不断取得重大突破，学科建设、师资队伍建设、校区建设、党的建设等工作不断取得标志性成就，通过人才培养、科学研究、服务社会、传承文明，为国家特别是西南边境民族地区发挥作用、做出贡献的力度越来越大。

云南民族大学高度重视科学研究，形成了深厚的学术积淀和优良的学术传统。长期以来，学校围绕经济社会发展和学科建设需要，大力开展科学研究，产出大量学术创新成果，提出一些原创性理论和观点，得到党委政府的肯定和学术界的好评。早在20世纪50年代，以著名民族学家马曜教授为代表的一批学者就从云南边疆民族地区实际出发，提出"直接过渡民族"理论，得到党和国家高层领导刘少奇、周恩来、李维汉等的充分肯定并采纳，直接转化为指导民族工作的方针政策，为顺利完成边疆民族地区社会主义改造、维护边疆民族地区团结稳定和持续发展发挥了重要作用，做出了突出贡献。汪宁生教授是我国解放后较早从事民族考古学研究并取得突出成就的专家，为民族考古学中国化做出重要贡献，他的研究成果被国内外学术界广泛引用。最近几年，我校专家主持完成的国家社会科学基金项目数量多，成果质量高，结项成果中有3项由全国哲学社会科学规划办公室刊发《成果要报》报送党和国家高层领导，发挥了资政作用。主要由我校专家完成的国家民委《民族问题五种丛书》云南部分、云南民族文化史丛书等都是民族研究中的基本文献，为解决民族问题和深化学术研究提供了有力支持。此外，还有不少论著成为我国现代学术中具有代表性的成果。

改革开放30多年来，我国迅速崛起，成为国际影响力越来越大的国家。国家的崛起为高等教育发展创造了机遇，也对高等教育提出了更高的要求。2009年，胡锦涛总书记考察云南，提出要把云南建成我国面向西南开放的重要桥头堡的指导思想。云南省委、省政府作出把云南建成绿色经济强省、民族文化强省和我国面向西南开放重要桥头堡的战略部署。作为负有特殊责任和使命的高校,云南民族大学将根据国家和区域发展战略,进一步强化人才培养、科学研究、社会服务和文化传承的功能,围绕把学校建成"国内一流、国际知名的高水平民族大学"的战略目标,进一步加大学科建设力度,培育和建设一批国内省内领先的学科;进一步加强人才队伍建设,全面提高教师队伍整体水平;进一步深化教育教学改革,提高教育国际化水平和人才培养质量;进一步抓好科技创新,提高学术水平和学术地位,把云南民族大学建设成为立足云南、面向全国、辐射东南亚南亚的高水平民族大学,为我国经济社会发展特别是云南边疆民族地区经济社会发展做出更大贡献。

学科建设是高等学校龙头性、核心性、基础性的建设工程,科学研究是高等学校的基本职能与重要任务。为更好地促进学校科学研究工作、加强学科建设、推进学术创新,学校党委和行政决定编辑出版《云南民族大学学术文库》。

这套文库将体现科学研究为经济社会发展服务的特点。经济社会需要是学术研究的动力,也是科研成果的价值得以实现的途径。当前,我国和我省处于快速发展时期,经济社会发展中有许多问题需要高校研究,提出解决思路和办法,供党委政府和社会各界参考和采择,为发展提供智力支持。我们必须增强科学研究的现实性、针对性,加强学术研究与经济社会发展的联系,才能充分发挥科学研究的社会作用,提高高校对经济社会发展的影响力和贡献度,并在这一过程中实现自己的价值,提升高校的学术地位和社会地位。云南民族大学过去有这方面的成功经验,我们相信,随着文库的陆续出版,学校致力于为边疆民族地区经济社会发展服务、促进民族团结进步、社会和谐稳定的优良传统将进一步得到弘扬,学校作为社会思想库与政府智库的作用将进一步得到巩固和增强。

这套文库将与我校学科建设紧密结合,体现学术积累和文化创造的特点,突出我校学科特色和优势,为进一步增强学科实力服务。我校2009年被确定为国家立项建设的新增博士学位授予单位,这是对我校办学实力和水平的肯定,也为学校发展提供了重要机遇,同时还对学校建设发展提出了更高要求。博士生教育是高校人才培养的最高层次,它要求有高水平的师资和高水平的科学研究能力和研究成果支持。学科建设是培养高层次人才的重要基础,我们将按照国家和云南省关于新增博士学位授予单位立项建设的要求,遵循"以学科建设为龙头,人才队伍建设为关键,以创新打造特色,以特色强化优势,以优势谋求发展"的思路,大力促进民族学、社会学、应用经济学、中国语言文学、公共管理学等博士授权与支撑学科的建设与发展,并将这些学科产出的优秀成果体现在这套学术文库中,并用这些重点与特色优势学科的建设发展更好地带动全校各类学科的建设与发展,努力使全校学科建设体现出战略规划、立体布局、突出重点、统筹兼顾、全面发展、产出成果的态势与格局,用高水平的学科促进高水平的大学建设。

这套文库将体现良好的学术品格和学术规范。科学研究的目的是探寻真理,创新知识,完善社会,促进人类进步。这就要求研究者必需有健全的主体精神和科学的研究方法。我们倡导实事求是的研究态度,文库作者要以为国家负责、为社会负责、为公众负责、为学术负责的高度责任感,严谨治学,追求真理,保证科研成果的精神品质。要谨守学术道德,加强学术自律,按照学术界公认的学术规范开展研究,撰写著作,提高学术质量,为学术研究的实质性进步做出不懈努力。只有这样,才能做出有思想深度、学术创见和社会影响的成果,也才能让科学研究真正发挥作用。

我们相信,在社会各界和专家学者们的关心支持及全校教学科研人员的共同努力下,《云南民族大学学术文库》一定能成为反映我校学科建设成果的重要平台和展示我校科学研究成果的精品库,一定能成为我校知识创新、文明创造、服务社会宝贵的精神财富。我们的文库建设肯定会存在一些问题或不足,恳请各位领导、各位专家和广大读者不吝批评指正,以帮助我们将文库编辑出版工作做得更好。

二〇〇九年国庆于春城昆明

目　录

现实篇

对策篇

前　言

一

　　宗教是一种在世界各个民族、各个国家普遍存在的社会文化现象,具有深远的历史影响和巨大的现实作用。宗教蕴涵着丰富的旅游文化资源,对于信徒和非信徒都具有强大的旅游吸引力,这是一个不争的客观事实。从世界范围来看,根据1996年不完全统计,全世界约有五分之四的人信奉各种宗教;有些国家、地区和民族,绝大多数人都是宗教徒。其中信奉基督教的人数为19.55亿,占世界总人口的33.7%;信奉伊斯兰教的人数为11.27亿,占世界总人口的19.4%;信奉佛教的人数为3.11亿,占世界总人口的6%。此外,传统宗教中信奉人数较多的有印度教徒7.93亿,犹太教徒1385.8万,锡克教徒1700余万,耆那教徒350余万。信奉新兴宗教的人数为1.23亿,其中人数较多的巴哈伊教有教徒600余万。① 世界上的宗教组织数以万计,多得难以精确统计。各大宗教无不具有自己的神圣中心,自古就有到圣地朝拜的传统,形成了蔚为大观的宗教朝圣旅游活动。一些著名的国际宗教圣地如麦加、麦地那、耶路撒冷、伯利恒、梵蒂冈等都成了国际旅游业发达的地方,为当地带来了丰厚的外汇收入。世界上许多国家和地区还根据自己的具体情况,研究和探索宗教文化转化为现实旅游产品的可行

---

　　① 　任继愈主编《宗教大辞典》,上海辞书出版社1998年版,第11页。

途径,吸引了大量世俗游客,获得了极大成功。国际上宗教旅游开发的成功经验值得我们借鉴。

作为我国传统文化的重要组成部分,儒教、佛教、道教在漫长的传播演化过程中,对中华民族的政治、经济、文化、艺术、科学乃至社会风俗、民族心理、国民性格等方面都产生了极其深远的影响。即使在社会主义现代化建设的今天,由于数千年的历史延续和文化惯性,儒教、佛教、道教仍然对中国普通老百姓产生一定的影响和制约。中国人日常的人伦关系、道德意识和思维方式、行为模式等无不渗透着传统宗教文化的印记。在一些全民信教的民族如藏族、回族,宗教文化是他们民族文化的主体,或者说几乎就等同于他们的民族文化。在这种背景下,进行旅游开发尤其是民族旅游、民俗旅游、历史文化旅游等特色文化旅游项目的开发,必然涉及宗教旅游的开发。

我国以佛教、道教为代表的传统宗教具有亲近自然、爱护生态的优良传统,多将道场修建在风光秀美的名山大川,儒家进行传统文化教育的书院也往往环山叠水、拥翠抱绿。宗教与自然具有一种“选择性亲和”关系。“天下名山僧占多”,“可怜湖山天下好,十分风景属僧家”,“山不在高,有仙则灵”,“山因人胜,境以贤称”……文人墨客的咏叹成为佛道二教“垄断”祖国大好河山的生动写照。在这种情况下,我国的宗教圣地同时也是旅游胜地,旅游胜地也多是宗教圣地,而且很多旅游胜地最初都是因为宗教而兴盛发展起来的。我国37项世界遗产中以宗教为主题的将近半数。无论在全国性的风景名胜区还是在地方性的风景名胜区,几乎都有气势恢弘的宗教建筑,庄严肃穆的宗教场所,灵巧秀美的宗教园林;都能欣赏博大精深的宗教艺术,聆听空灵悠远的宗教音乐,遭遇往来如织的朝圣人流。宗教与旅游的不解之缘决定了我国旅游业绕不开也不能绕开内涵丰富的宗教旅游资源。无论单独还是镶嵌在观光旅游、民族旅游、生态旅游之中,宗教旅游都是旅游开发中的重点。

二

旅游不仅是如何度过闲暇时间的问题,它还同人类精神需求的深层方面息息相关。旅游与宗教有着十分密切的关系。首先,旅游是宗教传播、交流的重要途径和手段,宗教是旅游活动的重要目的和动力。即使在科学技术日益发达,人们足不出户就能从电视、电话、网络、收音机中看到、听到宗教演说、布道、法事的今天,高度清晰、高度逼真的通讯设备仍然无法代替人们在宗教场所的亲身体验。对于宗教信徒来说,到圣地朝拜旅游仍然是他们一生最幸福的事情。旅游作为宗教传播、交流的传统方式会随着宗教的发展一直延续下去。其次,宗教蕴藏着丰富的旅游资源,旅游则促进这一资源价值的实现。旅游的兴旺发达,不仅有利于修复和保护古老的宗教遗产,还能有力推动宗教的交流研究和健康发展;宗教的健康发展反过来又赋予旅游新的文化内涵和开发领域。第三,在人与社会日益疏离的今天,旅游在某种程度上是人们对现实生活的厌倦与逃避,越来越多的社会学者认同"旅游是一种现代朝圣"、"旅游是一种现代宗教替代"的观点,宗教与旅游在仪式过程、功能结构、精神气质等方面具有的相似相通性,在现代社会中进一步彰显。

宗教与旅游共契互生而成的宗教旅游活动,作为人类特有的文化和社会现象,已经伴随我们在这个蔚蓝色星球上行走了上万年的历史。从最宽泛的意义上讲,宗教旅游的起源几乎与宗教一样古老,人类最初的迁徙、出行、游走大都是在酋长、巫师、祭司等具有宗教感召力的克里斯玛权威带领下,凭借祖先崇拜、图腾崇拜等原始宗教信仰的强大精神力量,依靠自己的双脚和简单的工具征服危险遍布的高山大川。随着生产力的进步与发展,人类从原始社会进入了文明时代,宗教也从原始宗教演化为神学宗教,并出现了以佛教、基督教、伊斯兰教为典型代表的世界宗教。从某种程度上说,一部世界宗教的发展史就是不断跨越民族和国家界限的宗教传播和旅行、旅游史。宗教旅游不断拥有新的内容与形式,其发展和变化不仅具有宗教学上的意义,还具有旅游学、社会学乃至历史学上的意义。从宗教徒基于宗教信仰出发的"宗教旅行"到普通人基于文化欣赏出发的"宗教游览",从自发自愿进行的"宗教旅游"再到产业化经营的"宗教旅游业",宗教旅游的每一次变化都具有深刻的时代内容,都反映了人类社会和文化的巨大变迁。

将宗教旅游置于人类社会广阔的历史图卷和现实场景中进行客观考察,可以科学的揭示宗教、旅游和宗教旅游的本质、功能、价值,同时有助于我们深化对三者深嵌其中的人类社会自身的理解,以成功推动宗教旅游从传统向现代转型。

三

云南作为一个多民族、多宗教、多元文化平等对话、和谐共处的边疆省份,与内地相比具有十分鲜明的地域特色,因地制宜地发展宗教旅游的条件十分优越。云南宗教形态纷繁复杂,从原始宗教到世界宗教,种类齐全,内容丰富,分布着除东正教以外的世界三大宗教各主要派别,尤其是佛教三大派别(南传、藏传和汉传)均有的地区全世界仅此一处。包括汉族在内的26个人口在5000人以上的世居民族都有自己的宗教信仰,有些民族几乎全民信仰某一种宗教,如藏传佛教之于香格里拉的藏族,南传佛教之于德宏州的傣族。这些宗教成为他们独特民族风情的底色,与旖旎秀美的自然风光相互交织、渗透,吸引着大量中外游客前来观光、旅游。假如失去了这些独具特色的宗教文化风情,云南的旅游形象一定大打折扣。宗教已经成为云南旅游的重要文化符号,这一符号赋予现实旅游空间以无限魅力,无数游客徜徉其中而乐此不疲。

云南蕴涵的独特而丰富的宗教文化资源所具有的巨大旅游开发价值,日益引起学术界和实际工作部门的关注。卓新平先生的《云南旅游业与民族宗教工作》等论文从云南宗教文化的旅游开发价值、存在问题、开发思路等方面进行了较为宏观的探讨。但总体而言,现有研究几乎全部以学术论文的形式出现,泛泛而谈的多,深描细刻的少,具有理论深度的尤少。此外,多关注宗教旅游的经济价值,忽视了其巨大的文化价值和社会效益。作为全国乃至全世界重要旅游目的地之一的云南至今仍然没有系统全面的宗教旅游研究,得天独厚的宗教文化资源缺乏转化为现实旅游产品的有效机制,这不能不说是一大缺憾。

　　恰恰由于这种缺憾，带给我们巨大的学术研究空间。实际上，云南宗教旅游研究面临的问题，在全国其他省市和地区中也都不同程度的存在。就我们掌握的资料而言，尚未见哪一省市或地区有过系统全面的宗教旅游研究。本课题以云南宗教文化旅游作为研究的重点，但是研究意义却不囿于云南。其产生的学术示范效应，将会有力推动其他省市相关研究的发展。因此，在某种程度上可以说，云南宗教文化旅游的研究成果也是全国宗教文化旅游的研究成果。从发展旅游的角度出发，对云南境内的所有宗教及其主要流派进行全面调查，从已有线路、品牌宣传、导游队伍、管理水平、区位条件、基础设施等方面分析宗教旅游开发的优势和劣势、成绩和不足，或许很有必要。然而事实上，云南不同宗教的旅游开发程度很不平衡，天主教、基督教几乎没有什么旅游项目，伊斯兰教主要是朝觐旅游，少数民族宗教旅游往往是民族旅游的附属产品。佛教和道教旅游开展得有声有色，以建水祭孔为代表的儒教旅游方兴未艾。佛教文化旅游更是红红火火，尤以汉传佛教为盛，南传佛教和藏传佛教很大程度上镶嵌在民族旅游之中，作为独立的宗教旅游项目尚不具备代表性。因此，本课题在系统探讨宗教文化旅游的基本概念、性质、类型、特征、开发思路等相关理论的基础上，重点选取佛教名山鸡足山、道教圣地巍宝山、儒学重镇建水文庙作为云南宗教文化旅游的典型代表，进行较为深入的实地调查，以此折射宗教文化旅游的共同情境和遭遇。

四

　　改革开放以来，随着人们物质生活水平的提高和文化需求的加大，旅游逐渐成为一种社会生活时尚。几乎与国内旅游的兴起同时，我国的宗教旅游也得到迅速发展。大批游客以高度的热情参与了形式多样的宗教旅游活动，旅游界和宗教界也以前所未有的热情投入到宗教旅游项目的开发中，宗教旅游"供需两旺"，出现了所谓的"宗教旅游热"。在党和国家宗教信仰自由等相关政策以及社会文化多元化发展的背景下，"宗教旅游热"仍然持续升温,成为我国旅游业整体格局中独具特色的一种文化旅游形式。"宗教旅游热"集中反映了宗教、旅游、政治、经济、文化等现实社会中相关方面的发展情况,归根结底是一种社会现象。这一现象也可能隐藏一些问题,比如封建迷信复活、邪教传播、宗教渗透等都有可能在宗教旅游的名义掩护下展开活动,而这无疑是危害健康、文明、和谐宗教旅游的毒瘤,严重影响了宗教旅游自身的良性运行和与社会主义社会的协调发展。

宗教与旅游的天然密切关系是客观存在的。即使我们不从理论上进行研究,它们照样自然联姻。由于宗教本身存在的局限性,再加上旅游的市场化运作、商业化经营,放任自流可能会导致一系列问题。这就要求我们必须从理论上高度重视,对宗教旅游的本质、特征、规律、类型等进行认真研究,制定切实可行的开发思路,发挥其优势,改造其弊端,积极引导优秀宗教文化与健康旅游活动良性互动、有机结合,营造文明、健康、和谐的宗教文化旅游氛围,促进旅游、宗教文化和人的全面协调发展,实现社会效益、经济效益和生态效益的三方共赢。

积极引导宗教与社会主义社会相适应,是我国当代背景下一个带有全局性的根本问题,也是宗教旅游研究的理论意义和现实意义之所在。优秀宗教文化的挖掘和传承是宗教旅游开发的核心,宗教旅游的可持续发展实质上是其文化的可持续发展。我们应该坚持对心灵有所启迪、健康有所促进、经济有所发展,社会有所助益、生态有所保护的原则,积极倡导和发展健康、文明、和谐的宗教文化旅游活动;通过科学合理的宗教文化旅游尤其是宗教生态旅游、宗教文化体验旅游等,实现促进旅游和经济发展,促进人类自身和社会发展,促进环境和生态保护的三重目的;努力使宗教文化旅游在带动经济增长的同时保护和传播传统文化,增强民族自尊心和自信心,为社会主义和谐社会建设贡献力量。我们将在马克思主义理论指导下,从宗教学、旅游学、民族学、社会学的复合视角进行研究,引导优秀宗教文化与健康旅游活动有机结合、充分互动;重点挖掘宗教文化蕴藏的禁杀护生、保护生态、慈悲为怀、积德行善、助人利他、无我牺牲、圆融和谐、平等博爱等优秀内涵,摒弃封建落后、不符合科学精神和现代精神的内容。

　　高品位宗教文化旅游的开展，将进一步推动宗教自身的改革，促使宗教团体改善自身形象，提高神职人员和教徒的文化素养，更好地弘扬传统宗教文化的精华，改变宗教旅游就是"烧香拜佛"的肤浅认识，发挥宗教净化人心灵、规范人行为、提升人境界的积极作用。大力倡导文明、健康、和谐的现代宗教旅游，能够发挥宗教在构建社会主义和谐社会中的积极作用，是引导宗教与社会主义社会相适应的重要途径。

理 论 篇

一、宗教旅游概念辨析

"宗教旅游"和"宗教文化旅游"是两个既密切相关又相互区别的概念。一些研究者往往绕开对宗教旅游的概念界定,直接进入宗教旅游资源开发、宗教旅游景点建设、宗教旅游线路规划等实用性研究主题。还有一些研究者将宗教预设为精华和糟粕并存的意识形态,主张在实际旅游开发中用宗教文化旅游替代宗教旅游,进而在概念上将二者等同,使本来就扑朔迷离的研究局面又添争歧。"宗教旅游"、"宗教文化旅游"在内涵和外延上的含糊不清,已经严重影响了相关研究的发展和理论体系的形成。我们将在借鉴已有定义、类定义或准定义的基础上,结合自身对宗教旅游的认识和研究,给出有概括力、可操作性的定义,以期从源头厘清混乱,以使相关研究顺利进行。

(一)宗教旅游

改革开放以来,随着思想解放步伐的进一步加快,"宗教是一种社会文化形式"的观念深入人心,宗教服务社会建设的功能日益凸显,宗教文化作为一项重要的旅游资源引起人们普遍重视。"宗教旅游热"持续升温,"宗教旅游"日趋"平民化"、"大众化",不仅是普通大众广泛参与的文化休闲活动,也成为学术界关注的热点问题之一。现按照文献发表的时间顺序,将学术界关于宗教旅游的主要定义或类定义排列如下:

1. 传统的宗教旅游是指如何开发宗教风光胜迹,吸引信徒前来朝拜,进而吸引非信徒前来观光游览,间接促进商贸和经济开发。[①]

2. 所谓宗教旅游,是以宗教活动或宗教景点为主要旅游吸引物,通过旅游者的参与,为旅游业所利用并产生一定经济或社会效益的旅游活动,简而言之,宗教旅游其实就是把宗教与旅游结合起来,集参与性、文化性、娱乐性为一体的一种特殊旅游活动。[②]

---

① 陈传康、牟光蓉、徐君亮:《宗教旅游及其政策研究》,《北京旅游》1988 年增刊(理论专辑)。
② 公学国:《关于发展宗教旅游问题的探讨》,《昌潍师专学报》1999 年第 3 期。

3. 宗教型旅游是世界上最古老的旅游类型,指以朝圣、拜佛、求法、取经或宗教考察为主要目的而进行的旅游。其特点是:主要在宗教圣地进行;多与庙会或祭祀活动相结合;尊重教徒信仰,并用宗教形式接待。①

4. 宗教旅游是以朝拜、求法为目的的旅游活动。这是延续至今的一种宗教朝圣旅行的古老旅游形式。②

5. 宗教旅游指宗教信徒和民间信仰的信众以宗教或民间信仰为主要目的的旅游活动。它既包括到宗教祖庭、名山圣迹去的长途旅游活动,也包括到地方宫庙去的短距离旅游活动。包括人们因宗教目的而从事的旅游活动以及由此引发的各种现象和关系的总和。③

6. 与宗教活动有关的旅行游览活动,可分为宗教朝圣旅游和宗教观光旅游。④

7. 宗教旅游是指宗教信仰者的朝圣活动以及一般旅游者参观宗教景区景点的活动。它不仅仅是指那种拥有强烈或唯一宗教动机的一种旅游形式,也即朝觐旅行;还应该包括非朝拜目的的宗教景点景区观光、修学以及游憩行为。⑤

8. 宗教旅游是指宗教信仰者或宗教研究者以朝觐、朝拜、传教、宗教交流或宗教考察为主要目的的旅游活动。⑥

9. 我国旅游界通常把与宗教文化结缘的旅游称为"宗教旅游"或"宗教文化旅游"。"宗教旅游"偏重于宗教的信仰色彩,而"宗教文化旅游"则涵盖宗教和宗教引发的文化层面。"宗教旅游"这一概念所反映的是宗教产生后在传播过程中职业宗教者、宗教信仰者与旅游初步结缘的历史,即从"宗教传播之旅"再到"宗教游之旅",这种宗教旅游内容比较单一,宗教性、

---

① 孙文昌、郭伟:《现代旅游学》,青岛出版社 2002 年版,第 82 页。

② 保继刚:《宗教旅游开发研究》,载保继刚《旅游开发研究》,科学出版社 2000 年版。

③ 颜亚玉:《宗教旅游论析》,《厦门大学学报(哲学社会科学版)》2000 年第 3 期。

④ 中国旅游百科全书编委会:《中国旅游百科全书》,中国大百科全书出版社 1999 年版,第 228 页。

⑤ 方百寿:《论宗教旅游的生态化趋向》,《社会科学家》2001 年第 1 期。

⑥ 陈荣富,周敏慧:《进一步发展我国现代宗教文化旅游事业》,《江西社会科学》2001 年第 9 期。

信仰性突出。①

10.“宗教旅游”是以愉悦身心为目的、以宗教场所为主要游览对象的旅游活动。与一般的旅游内容相比较,宗教旅游的最大不同是参观场所的“宗教性”、观赏内容的“信仰性”与活动方式的“谨慎性”,或许还有在此基础上引起的心态变化与情感升华。②

表1　宗教旅游定义分析表(“一”为原定义未涉及或不明确)

序号	作者	主体	客体	载体	特　征	类属
1	陈传康	信徒、非信徒	宗教风光胜迹	观光游览	间接促进商贸和经济开发	旅游性定义
2	公国学	旅游者	宗教活动宗教景点	特殊旅游活动	集参与性、文化性、娱乐性为一体,产生一定经济或社会效益	旅游性定义
3	孙文昌	信徒、非信徒	宗教圣地	朝圣、拜佛、求法、取经、宗教考察	多与庙会或祭祀活动相结合;尊重教徒信仰,并用宗教形式接待	综合性定义
4	保继刚	—	—	朝拜、求法	延续至今的一种宗教朝圣旅行的古老旅游形式	宗教性定义
5	颜亚玉	宗教信徒、民间信仰信众	宗教祖庭名山圣迹地方宫庙	长途旅游活动短途旅游活动	因宗教目的而从事的旅游活动以及由此引发的各种现象和关系的总和	宗教性定义
6	百科全书	—	—	宗教朝圣旅游宗教观光旅游	与宗教活动有关的旅行游览活动	综合性定义
7	方百寿	宗教信仰者一般旅游者	宗教景区宗教景点	朝圣活动、宗教观光、修学、游憩	包括强烈的宗教动机,也包括非朝拜目的	综合性定义
8	陈荣富	信仰者、宗教研究者	—	朝觐、传教、宗教交流、宗教考察	旅游活动	综合性定义
9	杜达山	职业宗教者、宗教信仰者	—	宗教传播之旅宗教游之旅	内容比较单一,宗教性、信仰性突出	宗教性定义

————————

①　杜达山:《为“宗教文化旅游”正名》,《中南民族大学学报(人文社会科学版)》2004年第6期。

②　戴继诚、刘剑锋:《宗教之旅——身心的愉悦与灵魂的洗礼》,《青海社会科学》2007年第6期。

10	戴继诚	非信徒	宗教场所	旅游活动	参观场所的"宗教性"、观赏内容的"信仰性"与活动方式的"谨慎性",伴随心态变化与情感升华	旅游性定义

　　经过对上述定义构成要素的对比分析,我们不难发现,上述定义的差别主要表现在旅游主体的界定上。宗教旅游主体包括非信徒还是将非信徒排除在外,直接决定了各定义中旅游载体和旅游形式的不同,宗教旅游定义也随之表现出不同的内涵。各定义关于宗教旅游客体的分歧较小,虽然学者们使用宗教场所、宗教圣地抑或宗教风景区这些不尽相同的词语,但他们普遍将宗教场所及其外围空间和环境作为宗教旅游活动的基本依托和观光对象。我们按照对宗教活动更为强调还是旅游活动更为强调,将宗教旅游的定义划分为宗教性、旅游性、综合性三大类型。宗教性定义将非宗教信徒摈除在旅游主体之外,如定义4、定义5和定义9,认为宗教旅游主要是宗教信徒因强烈的宗教目的或动机而从事的具有强烈宗教色彩的旅游活动,如朝圣、求法、传法、云游等。与宗教性定义恰恰相反,旅游性定义则将宗教信徒摈除在旅游主体之外,如定义1、定义2和定义10,认为宗教旅游主要表现为由非宗教信徒围绕宗教旅游资源开展的观光、修学、游憩甚至商贸交流活动,虽然有一定的宗教色彩,但以文化性、娱乐性、旅游性为主导。综合性定义对宗教信徒和非信徒"一视同仁",如定义3、定义6、定义7和定义8,主张在宗教旅游活动中"众生平等",无论是宗教信徒因宗教目的而从事的旅游活动,还是非宗教信徒出于个人兴趣,志在考察、体验宗教及其文化内涵或观赏宗教艺术、器物、圣迹等的旅游活动都属于宗教旅游的范畴。综合性定义是对宗教性定义和旅游性定义的调和与融适,但不是二者的简单相加,所以能较为客观的反映实际情况。越来越多的研究者认同综合性定义,我们将要给出的宗教旅游定义实质上也是一种综合性定义。

　　我们认为宗教旅游是以旅游形式为表征的宗教活动和以宗教形式为表征的旅游活动的综合,以旅游形式为表征的宗教活动可以概括为"旅游型宗教活动";以宗教形式为表征的旅游活动可以概括为"宗教型旅游活动",即是说,宗教旅游是旅游型宗教活动与宗教型旅游活动的综合。这一综合不是"总和",不是两类活动在概念上进行的简单相加。旅游型宗教活动与宗教型旅游活动时常交叉,互相渗透,而且一定情况下可以互相转化。宗教旅游既含宗教性,又有旅游性,既有属于宗教活动的一面,又有属于旅游活动的一面。宗教性、旅游性不是一个静态的整体,二者都有健康与不健康、高雅与不高雅、与社会主义社会相适应还是不相适应等区别,因此,二者交织互动而成的宗教旅游既包括了积极的、高雅的、与社会主义社会相适应的宗教旅游,也包括了消极的、低俗的、与社会主义社会不相适应的宗教旅游。这就给我们的研究提出了任务:从动态发展的角度认识宗教旅游,积极引导优质宗教资源与健康旅游活动良性互动、有机结合,坚决淘汰和摈除不相适应的宗教旅游项目。

旅游型宗教活动,主要指包括职业僧侣和一般信徒在内的宗教信仰者基于宗教目的或出于宗教愿望而进行的宗教化了的旅游活动,如朝觐、云游、传法等。在这些活动中,旅游仅仅是实现宗教情感的途径和手段,是一种表面的形式和现象,宗教才是促使信徒离开常驻地到异地去从事宗教活动真正的背景和动力。"在途中"、"经过旅途"足以将旅游型的宗教活动同在驻地举行的一般宗教活动区分开来。信徒必须经过一段时间的跋涉才能到达目的地进行宗教活动,在途中信徒除了进行常规的宗教仪式外,也难免和普通人一样表现出旅游活动的一般特征,诸如住宿、行走、饮食、购物等等。这就符合旅游界公认的"艾斯特"定义:"旅游是非定居者的旅行和暂时居留而引起的现象和关系的总和。"①只不过在旅游型宗教活动中旅游的主体是宗教信仰者,在旅行和暂时居留时引起的现象和关系更多是宗教性的。从旅游动机来看,旅游型宗教活动主要基于宗教信仰目的,所以可以通俗的称为宗教信仰旅游。

以宗教形式为表征的旅游活动又称宗教型旅游活动,主要指非宗教信仰者围绕宗教旅游资源进行的各种旅游活动,包括考察、观光、游憩、休闲等。旅游资源是对旅游者具有吸引作用的自然因素、社会因素、人文因素以

---

① 李天元、王连义:《旅游学概论》,南开大学出版社1991年版,第43页。

及其他任何因素,在一定条件下潜在的旅游资源可以转化为现实的旅游活动。宗教作为人类古老的文明形态,沉淀了辉煌的文化,蕴涵了丰富的旅游资源。有形的宗教物质文化如宗教建筑、宗教绘画、宗教雕塑、宗教法器、宗教仪式等都是具有吸引力的旅游资源。"晚霞归衲"、"洞庭波送一僧来",甚至宗教神职人员在特定的时空背景衬托下也能构成一道美丽的风景线,吸引游客的眼球,满足游客对出家人生活的好奇心理。唐代诗人刘长卿《送灵澈上人》写道:"苍苍竹林寺,杳杳钟声晚。荷笠带夕阳,青山独归远。"①在各地宗教风景区的所谓八景、十景中也常有所谓"晨钟暮鼓"、"雷峰夕照"之类的以宗教建筑或宗教器物等为依托的景致。宗教气氛强烈渲染了世俗景观,赋予了世俗景观空灵悠远的审美意境。宗教旅游与其说是在宗教场所的"物质空间"里旅行,还不如说是在宗教神圣性的"精神空间"里旅游。对于来自"世俗社会"的旅游者来说,宗教旅游不仅仅通过身体到达了另外一个地方,更通过心灵到达另外一个世界,感受另外一种与世俗迥异的"神圣体验"。因此,无形的宗教精神文化如博大精深的哲学思想、警世度人的教理教义、劝善止恶的伦理道德等同样是潜在的旅游资源,而且对于信徒来说这些是比自然风光更为重要的旅游吸引物。我国历史上的高僧大德就是出于对宗教真理的追求和向往走上西行取经的漫漫旅途。宗教并不必然意味着与科学对立的愚昧和反动,作为人类古老的智慧宝库,宗教恰恰可以弥合单纯科技文明失衡发展导致的文明裂缝。这些无形的宗教文化正是作为深层次的旅游资源吸引着越来越多的现代人踏上回归自然的宗教生态之旅和休闲之旅,享受现代社会中难得的放松和愉悦。宗教型旅游活动的本质是旅游,宗教作为旅游的依托载体和活动平台表现为鲜明的外在特色,这就与一般的商务旅游、民族文化旅游、观光旅游等有了显著区别。人们为了达到放松身心的旅游目的到宗教场所进行旅游活动,即使偶尔烧烧高香,临时抱抱佛脚,其性质仍然不是宗教活动。从旅游动机来看,旅游型宗教活动主要基于宗教文化目的,可以通俗的称为宗教文化旅游。在宗教文化旅

---

① 喻守真:《唐诗三百首》,中华书局 1957 年版,第 270 页。

游中,我们也可以发现信仰的色彩;同样,在宗教信仰旅游中,我们也能看到文化的因素;而且有些情况下,宗教信仰旅游会转化为宗教文化旅游,而宗教文化旅游也会转化为宗教信仰旅游。两者在理论上的区分更多的是一种"方便说法",目的是为了更好地认识现实中二者紧密交织、互相渗透、时有转化的现实。

通过以上分析,我们可以说,宗教旅游表现为宗教信仰旅游和宗教文化旅游,是宗教型旅游活动和旅游型宗教活动的综合。我们认为,这个定义既突出了宗教旅游的宗教特色,又涵盖了宗教旅游的旅游本质,同时也避免了以前诸定义不得要领的复杂表述,囊括了广义宗教旅游和狭义宗教旅游、大宗教旅游和小宗教旅游等所有内涵。无论是信徒还是非信徒从事的与宗教有关的一切旅游活动都在这个定义的范畴之内。

(二)宗教文化旅游

在对宗教旅游进行概念辨析的过程中,很多学者又提出了宗教文化旅游的概念,并在对二者进行参照比较的基础上给出它们各自的定义。前文所举 10 个概念大致如此,陈荣富、杜达山的定义尤其如此。陈荣富主要在操作层面上将二者进行对比,认为宗教文化旅游是宗教旅游、宗教观光旅游的综合和升华,符合旅游资源的审美内涵以及利用价值深化和细分化的趋势,是一种更高层次的旅游形式。杜达山则主要在概念层面上将两者进行对比,认为宗教文化既包含宗教,又包括宗教发展后扩大到与其他文化形式结缘的内容,所以"宗教文化旅游"涵盖了"宗教旅游",在内容上也要丰富、广泛得多。陈、杜二人的定义代表了学界的一种倾向:认为宗教文化和宗教有优劣高低之分,进而将宗教文化旅游和宗教旅游对立起来,作出前者优于后者的价值判断,提出前者取代后者的理论主张。

现阶段,我国宗教旅游的开发主要是对宗教文化的旅游开发。宗教文化旅游概念的提出很有必要,它反映了客观存在的一种重要的宗教旅游形式,但是如果从概念上进而从实践上将宗教文化旅游等同于宗教旅游势必给学术研究增添混乱,最终不利于旅游开发和规划的实践。有鉴于此,我们提出宗教旅游的概念体系。宗教旅游作为一级概念包括了宗教文化旅游和宗教信仰旅游这两个二级概念,这两个二级概念又包括宗教观光旅游、宗教娱乐旅游、宗教休闲旅游、宗教生态旅游以及宗教朝圣旅游、民间宗教旅游等三级概念,各个概念之间不能对等和互换,这一概念体系是宗教旅游理论体系的基础。

二、宗教与旅游的关系

(一)基于文字学的分析

在现代汉语里,已完全看不出旅和游的宗教内涵。在甲骨文中"旅"做 ⋔ ,"游"(斿)做 ⋏ ;是一人或两人手执 ⁷ 或 ⊦ 行走的形象,而 ⁷ 或 ⊦ 是由树枝和条幅做成的具有宗教象征意义的旗帜。树枝可能取自他们崇拜的某种图腾植物,而条幅可能由某种他们崇拜的图腾动物的毛皮、尾羽等物制成。如"族"在甲骨文中写作 ⋔ ,由 ⋩ (矢)和 ⁷ 构成,象征在共同的徽旗(⁷)、徽标(⋩)下紧密团结的一群人。他们有男人和女人,老人和小孩,崇拜共同的神灵,属于同一个氏族。

"旅"是举着氏族的旗帜进行的请神、迎神等活动;"游"是举着氏族的旗帜进行的游神、赛神等活动。在一些旅游型宗教民俗活动中,这一习惯仍然保留。如汉族组织香会集体朝山进香之时,大多由"龙旗"开路;白族在迎送本主之时,同样是旌旗先行。旗帜不仅仅可以增加气氛的隆重与庄严,它还蕴涵着丰富的宗教和文化内涵。人们跟随神圣的旗帜,有组织的集体出发,去拜谒、迎请他们远在彼岸的神灵,在人们走向神的过程中,神也一步步走向人,这是一个人与神互动,圣与俗交织的过程。塑像作为神的象征也会被人供奉着一起巡游,期间人们总要举行娱神、娱己、娱他的集体活动,在经历神圣的精神洗礼后,人们返回世俗的家园,重新开始又一轮的生产、生活,这无疑是人类早期宗教旅游的雏形。而迎神、游神、送神的宗教旅游活动作为一组专门文字出现在甲骨文中,足见这些活动在初民社会中的重要性。

后来,"旅"成为一种宗教祭祀的专有名称,由于这种祭祀需要到远离政治生活中心的名山大川进行,旅也就成为原初意义上的宗教旅游。《论语·八佾》中记载鲁国权臣季氏僭用天子之礼"旅于泰山",孔子知道后非常气愤。《礼记》记载孔子之言:"诵诗三百,不足以一献;一献之礼,不足以大飨。大飨之礼,不足以大旅;大旅具矣,不足以飨禘。"在古代,山川之神及其崇拜祭仪各地都有,地方政府祭祀的是辖域内的山川,中央政府祭祀的是五岳。其中以五岳之首泰山的规格、级别最高,必须是有重大文治武功的帝王才能祭祀泰山,秦始皇、汉武帝东巡祭祀泰山、嵩山都带有"旅"的性质。

从游(㳺)字来反证旅,也可以证明旅最初是一个宗教术语。在甲骨文中,具有相同偏旁的一组字往往具有相通或相近的涵义。比如裘(裘)、初(初)等都与衣(衣)有关。在游字中,手执㫃(旗)的㫃表示孩童,用小孩子组成"童子军"去征伐打仗,不合乎人类社会的常规,如有例外,也一定会遭受社会的谴责;而由小孩组成"童男童女"手执旌旗开路去迎神、游神,在人类早期社会中却是常见的。据龚鹏程先生考证,"游"原本具有的浓厚宗教色彩:"至于人之游,原本就是一种模拟神的行动……平时耕耨商贾、忙于劳作的人,也总在趁神明出游、巡行绕境时娱乐游戏一番,跟着神游游。"①"游"的原初意指是宗教的而不是军事的,相应的,旅、旋、族等词也应该是宗教的而不是军事的。

(二)基于历史与现实的考察

旅游具有的宗教色彩也为人类的宗教实践和旅游实践所证明。宗教旅游是人类最古老的旅游形式之一,旅游也是宗教延展自身的最有效方式之一。宗教与旅游具有某种近乎天然的密切联系,二者的紧密结合始于人类社会的邃古之初,并随着社会的发展进步,不断拥有新的形式和内涵。

第一,旅游或旅行是宗教传播和交流的重要途径和手段,宗教是旅行、旅游活动的重要目的和动力,世界宗教的早期发展史无不印证了这一点。

---

① 龚鹏程:《游的精神文化史论》,河北教育出版社 2001 年版,第 153 页。

拿撒勒人耶稣曾经走遍整个巴勒斯坦地区进行传教,他的门徒保罗更是扬帆地中海,将基督教的种子撒遍罗马帝国。穆罕默德几乎踏遍了整个阿拉伯半岛;释迦牟尼在印度中部恒河流域托钵化缘、游走传教;我国道教徒大都"五岳寻仙不辞远,一生好入名山游";古印度耆那教祖师大雄(公元前448年—前376年),30岁出家,经历12年修道后大彻大悟,其后流浪各处弘扬教说;古波斯摩尼教的创始人摩尼(公元215年—273年),24岁时自称受到神的诏命,此后结合祆教与基督教,在自己的救赎论与二元论世界图像的基础上,建立起新的宗教,并声称自己是世界上最后的先知,步行各地传播教义;英国循道社教派的创始人卫斯理(公元1703年—1791年),于35岁时经验到突如其来的感应,得到救赎的确信,随后旅行各地,展开"救灵运动",颇得下层民众的响应。默罕默德的传教活动曾经受到麦加贵族的敌视,遂于公元622年率领信徒前往麦加以北300公里的麦地那,这一"圣迁"事件成为伊斯兰教发展史上的转机;另外,还有受到正统教会迫害的异端,被迫到异地、异国流浪传教。如被罗马教皇定为异端的聂斯托利派,先是在叙利亚、波斯广泛传播,而后于唐太宗贞观九年(公元635年)由阿罗本传入我国,是为景教;英国教友派创始人福克斯(公元1624年—1691年),23岁开始传教,传播"内在基督"、"来到此世照耀所有人的内在之光"等教义,受到英国教会激烈的压迫,到苏格兰、爱尔兰、美洲、荷兰各地传教,获得大量信徒;公元7世纪,伊斯兰教徒侵入伊朗,部分祆教徒逃到印度,形成封闭性的共同体以维持其信仰,祆教又被称为"琐罗亚斯德教,在西方学者的资料中也被称之为"帕西教"。可以说,旅行或旅游是宗教传播的重要方式,是宗教赖以生存和发展的生命线。需要指出的是,上述事实主要属于旅游型宗教活动,但是在宗教迁徙、传播、发展过程中,也必然同时夹杂宗教型旅游活动。

从佛教在我国传播、发展乃至衰落的过程可以清楚地看出旅游对于宗教具有的至关重要作用。首先,佛教传入我国本身就是东西方佛教徒梯山航海旅行的结果。许多印度和西域高僧或沿丝绸之路到我国陕、甘、晋、豫,或经海上至粤、闽、江、浙一带。他们来华传送经典、收徒传教,推动佛教在中国传播,同时诱发中国僧侣西行求经的游方步伐。所谓"一钵千家饭,孤僧万里游",佛教传播与旅游活动因此有机交织在一起。其次,佛教在中国的发展壮大同样离不开旅游活动。禅宗是最具中国特色的佛教派别,主张"自心是佛"、"本自无缚,不用求解",一改早期佛教旅游的苦行面目。"看山是山,看水是水","郁郁黄花无非般若,青青翠竹总是法身",许多高明的禅师都能从自然景观中悟出佛法真谛。所以遍走高山大川、遍访高僧大德、优游山水、品味自然、切磋佛理成为禅宗提倡的参学旅游方式,在中唐更是风靡整个中国。当时云游四方参禅悟道的学僧不是投在江西马祖道一处,就是投在湖南石头希迁处,人们习惯地称之为"走江湖"。而宋代以后禅宗的衰落也是以宗教参学旅游活动之式微为重要表征的。至明末云栖袾宏、紫柏真可、憨山德清、藕益智旭等四大高僧及其门下居士、信徒的宗教旅游活动则掀起了佛教复兴的一次小高潮。可见宗教旅游活动是宗教兴衰的晴雨表,后世佛教的每一次复兴都以宗教旅游的相应盛行为风向标。

即使在科学技术日益发达,人们足不出户就能从电视、电话、网络、收音机中看到、听到宗教演说、布道、法事的今天,高度清晰、高度逼真的通讯设备仍然无法代替人们在宗教场所的亲身体验。人们要想传播、弘扬宗教,就必须借助亲自前往的旅游形式。交通和通讯技术的发展只能是为人们的宗教旅游活动提供更加便捷的物质工具。对于宗教信徒来说,到圣地朝拜旅游仍然是他们一生最幸福的事情。旅游作为宗教传播、交流的传统方式将会随着宗教的发展一直延续下去。

第二,宗教蕴藏着丰富的旅游资源,旅游业的发展有力地促进其向现实旅游产品转化。在漫长的历史进程中,宗教创造了灿烂的精神文化和辉煌的物质文明,开拓了大量优美的自然风光和人文景观,很多宗教景区因此成为世界文化和自然双重遗产。这对住腻了高楼大厦,看烦了车水马龙的现代人具有强烈吸引力,具有巨大的旅游开发潜力。

"为道者必入山林,诚欲远彼腥膻,而即此清净也。"①无论是佛教的寺

---

① 王明:《抱朴子内篇校释》,中华书局 1985 年版,第 187 页。

庙还是道教的宫观,甚至天主教的修道院,大多建在远离闹市的山林之中。一些原本人迹罕至的荒山秃岭经过一代代宗教徒筚路蓝缕、以启山林的艰辛开发,植树造林、修寺建塔的辛勤建设,凿池引水、禁牧禁伐的精心保护,变成了庄严肃穆的人间净土。"可怜湖山天下好,十分风景属僧家。"凡有宫观寺塔之处,大多绿树成荫,景色宜人。"天下名山僧占多"首先是"天下名山僧建多"。无论佛教或是道教都蕴涵着丰富的生态智慧,寺观的选址总是尽可能合理利用自然环境中美的因素,最大限度调动人们的主观情感与直觉顿悟,通过曲径通幽、深山古刹、松风水月、晨钟暮鼓、塔林壁画、石窟雕塑等方式进一步衬托,创造出与大自然浑为一体的宗教氛围,漾溢着超凡脱俗、返璞归真、静谧祥和、庄严神圣的宗教美感。所谓"蝉噪林愈静,鸟鸣山更幽";"曲径通幽处,禅房花木深";"山光悦鸟性,潭影空人心",即使位于城镇市廛的宗教场所也会因为周围繁华喧嚣而衬托得愈显幽远清静。位于昆明闹市区的圆通寺山门有一幅对联写道:"古刹居闹市,车水马龙,看你如何安身? 触目均为纷扰相;佛缘注心灵,游客观众,是谁能够敛意? 随机所到极乐园。"宗教场所因其静谧玄远的自然环境和悠久深厚的文化内涵,成为"圣域""净土"的象征。对于久为案牍劳形、终日难离科室的现代都市人来说,寺院宫观无疑是复返自然的理想场所。

"山不在高,有仙则名"。唐人刘禹锡的名句说明,宗教对于提升一处山水的知名度具有巨大作用。"山水"不仅是自然鬼斧神工的杰作,更是社会构建宣传的结果。高僧大德可以给其驻锡之地笼罩一层神圣的光环,许多山脉因为沾了佛道之灵光而名扬天下。中国的佛教四大名山、道教四大名山以及三十六洞天、七十二福地无不如此,时至今日仍然是人们心目中的旅游圣地。信徒出于虔诚,不辞千里前来烧香拜佛、寻仙访道、求法朝圣;一般游客也前来领略宗教化的自然风光,接受宗教文化的熏陶洗礼。宗教为旅游提供了自然风光和人文景观双重优质旅游资源,旅游则进一步促进宗教的文化传播和交流,它们都是人类精神文化生活的重要组成部分。可以这么说,宗教天然需要旅游,旅游天然需要宗教。

第三,宗教是旅游的重要目的之一,给旅游活动提供了无穷动力。宗教的教理教义中专门有为行旅提供方便的条文,很多旅游设施都由宗教机构设立。此外,教义中也不乏指导僧侣出行的言说,甚至我们能够将散落在宗教经典中的这些言论提升为独特而系统的旅游观。佛教、道教都将修桥铺路、方便人们出行作为一项重大的功德行为,中国传统文化中对此等举措更是赞赏有加。佛经规定:"自今以后,门不安守,亦不据逆比丘、比丘尼、优婆塞、优婆夷及诸行路乏粮者。"①"种植园果故,林树荫清凉,船桥以济渡,造作福德舍,穿井供渴乏,客舍给行旅,如此之功德,日夜常增长。"②道教也将修桥铺路、施茶供水等为行旅提供方便的行为作为重要的修行功德。在早期道教五斗米道中设有"义舍"、"天仓",免费为行旅者提供米肉,任行旅者量腹取食。在交通、科技不发达的古代社会,旅行中充满了各种难以预料的危险,在这种情况下,保护旅行安全的神祇应运而生。如古希腊神话中的商旅保护神赫耳墨斯、道教中具有"应声救难"神奇功能的航海神妈祖等。虔诚的宗教信仰一定程度上消除了人们对于旅途危险的恐惧。"如是诸商人,汝等于旷野中有恐怖者,当念如来事、法事、僧事"。③在佛经中有很多富商大贾巨额资助佛教、皈依佛教的记载。

在公元 11 世纪到 14 世纪,朝圣成为一种基督教世界中流行甚广的旅行活动和宗教现象。朝圣将个人的宗教感情、宗教精神、宗教热忱与社会文化、民俗风情等有机的交织为一体,成为反映中世纪历史面貌的特殊画卷。朝圣旅行所留下的历史遗产一直被人类视为宝贵的财富。比如 1993 年《世界遗产名录》就以朝圣之路为名,支持西班牙北部的阿拉贡、纳瓦拉、拉·里奥哈、卡斯蒂利亚—莱昂、加里西来等几个地区入典。这一沿线地区经过166 座市镇,途中有许多大大小小的教堂,其中一些始建于 11 世纪初。在长达数百年的历史进程中,这些教堂承担着接待和照料朝圣者的任务。同样,佛教道教的寺院宫观是接待云游僧人和道士的主要场所,此外还为香客和一般游人提供食宿上的方便,成为"十方丛林"中独具特色的一个方面。

---

① 《增一阿含·护心品》。
② 《杂阿含·卷36》。
③ 《增一阿含·高幢品》。

第四,在现代社会中,宗教与旅游更加紧密地联结在一起。旅游这一新兴产业的兴旺发达,不仅有利于修复和保护古老的宗教遗产,还能有力推动宗教复兴和健康发展;宗教的健康发展反过来又赋予旅游新的文化内涵和开发领域。优质宗教文化资源与健康旅游活动充分良性互动,能够更好地弘扬传统宗教文化的精华,发挥宗教净化人心灵、规范人行为、提升人境界的积极作用,使其更好地服务于社会主义现代化建设。

我国公布的国家级风景名胜区和文物保护单位中与宗教有关的占据半数(参见表2),在联合国教科文组织公布的几百处世界遗产名录中,也大多带有宗教性质。人们要想亲自观赏这些分布于各地的人类文化遗产,只能通过旅游这种方式。而且随着人们精神文化需求的增强,纯粹观光式的旅游活动逐渐被冷淡,具有独特人文内涵的文化旅游越来越受到人们的青睐,宗教旅游便是其中的一个热点。有关部门投入巨资恢复、修缮一度破败不堪的宗教场所,借以发展旅游;旅游经济的高速增长又为宗教资源的保护与开发提供雄厚的资金支持。改革开放后,一些曾经具有较高历史地位和信仰地位的宗教场所从废墟中重建,重新成为地方乃至国内外有重要影响的丛林,旅游业功不可没。可见,宗教的继承、保护和传播离不开旅游业的发展,旅游业的发展也有赖于宗教这一宝贵的资源。宗教离不开旅游,旅游离不开宗教,宗教旅游是客观存在的社会现象。

表2　宗教景观在三批国家重点风景名胜区中所占比例一览表①

	第一批	第二批	第三批	总数
景区数	44	40	35	119
宗教景观数	29	15	13	57
所占比例(%)	65.91%	37.5%	37.17%	47.9%

---

① 资料来源:《中国旅游年鉴》1990年,1994年。

(三)基于结构与功能的探讨

首先,宗教与旅游具有相似的仪式结构过程,"旅游是一种现代朝圣"的观点为越来越多的当代西方旅游人类学者、社会学者所认同。特纳(Turner V)认为,"一名旅游者有一半是朝圣者,或者说一名朝圣者有一半是旅游者。"①纳尔逊？格雷本(Nelson Graburn)则认为,旅游既是"神圣的旅程",也是"世俗的礼仪"。在人与社会日益疏离的今天,旅游在某种程度上是人们对现实生活的厌倦与逃避,他们想离开和逃脱日常的世俗世界,到外面去寻求一种真实的、属于自己的心灵家园。旅游的主旨是一种精神追求活动,人们外出旅游不是单纯意义上的休闲度假和玩耍,而是具有某种神圣的含义。旅游就像一种生命礼仪或通过仪式,旅游者在空间上从一个地方转移到另一个地方,在时间上从一个阶段转到另一个阶段,同时从一种精神状态转变到了另一种精神状态,这种转变有助于旅游者在异地、异时重新认识自己、找回自我,经历到一种全新的精神生活,使精神得到充电,心灵得以放松。这些颇符合宗教的"再生"指喻,我们不妨将之称为"再造"。

表面看来,经过旅游行为之后,仿佛个体又回归"原点"。其实这一回归过程中,个体身心不断体验着"再生—再造"。特别是在宗教型旅游活动中,此种意义更为明确。对于朝圣旅游而言,"再生—再造"可以是一种宗教意义上的精神和生命的复苏;对于世俗旅游而言,"再生—再造"可以指游客的身体和心理达到一种日常生活中无法达到的更新、复苏状态。越是在快节奏、高压力的现代社会,这种"旅游再造"的感受和效果也就越是明显。

旅游人类学家格雷本将上述"宗教再生"过程及其分析模式运用于现代旅游活动,并为我们描绘出一个具体的结构图,从中我们可以清楚地看到游客在不同阶段中的行为和意义,理解"旅游再造"的过程与功能。

①　张晓萍、黄纪元:《纳尔逊·格雷本的旅游人类学》,载《思想战线》2000年第2期。

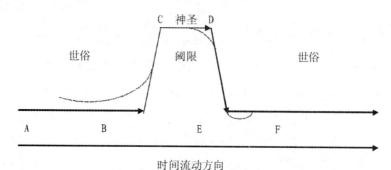

图1　旅游仪式分析图①

A–B阶段与状态。如果我们把旅游过程看成一个完整的、具有明确"阈限"价值的模式的话,它可以被视为进入阶段,游客在A–B阶段处于一种快乐期待的状态。相应的,游客在行为和心理上可能具有两种表现形式:第一种是在确定要进入某一次旅游后,游客会有一段或长或短的时间进行旅游的相关安排和准备工作,包括资金预算和各项具体的准备。在这一段时间里,游客会表现为一种期待的心理,但也会伴随某种矛盾心情,主要表现为对旅游项目选择的考虑、外出期间工作与家庭的安排是否周详、财政支出评估等复杂的心理活动。第二种是在离开家庭外出旅游那一个短暂的、真正进入的"阈限关节"。它是游客从实际准备和心理期待到具体实现的渐进过程,这一过程的完成就意味着旅游活动的开始。

C–D阶段与状态。C–D处于一种"兴奋中间"的阶段和过程,它具有象征意义上神圣的阈限意义,完全脱离日常生活而享受度假。而度假(holiday)的原意正是指度过一段"神圣的时光"(holy days)。这种状态正是游客所梦寐以求的,他们希望通过旅游达到身心上的再造(recreation)而不是再回到原来的状态(re–creation)。这一阶段同样也有矛盾,再快乐的旅游活动总有结束之时,游客不得不重新面对枯燥烦琐的日常工作。

D–F阶段与状态。D–F处于"苦甜交织"的阶段,是从旅游兴奋状态向日常生活状态的还原和转化。虽然表现在图示上,A之前和F之后都是

---

① 转引自彭兆荣:《旅游人类学》,民族出版社2004年版。

"世俗的日常生活"，但是经过一段旅游之后，旅游者将旅游中的所得所获尤其是心理上的放松状态带入重新开始的日常生活。当日常工作生活中的疲惫、厌倦、烦恼等感觉积累到一定程度或者出现其他的刺激因素，新一轮的旅游行为又将发生。

伴随旅游者行为的是旅游者心理的变化，这在图中用曲线进行表示。从 A－C 的曲线表现出游客从低到高的心理走势，体现游客对旅游的期待值逐渐上升的过程。值得注意的是 D－E 曲线，它不是直接回到原来的实线上，而是有一个虚线"低谷"，表示游客在重新回到日常生活和工作状态前的文化和心理震荡。旅游者需要一定的自我调试才能"鼓足勇气"，从轻松愉悦的旅游生活中走进重新开始的日常工作和生活。这种变化对于旅游者来说，确实具有较大落差；而落差越大，则需要调试的时间越长。旅游者从日常生活走进旅游生活，充满着幸福期待；而从旅游生活再回到日常生活，却总有些不情愿、不适应。

其次，从功能的角度看，旅游对于个人具有类似宗教的"再生"、"解脱"等功能，当然二者在程度上有深浅之分。宗教是一种"出家"行为，表现为永久性脱离日常生活世界而追求终极意义上的彻底解脱，用佛教的话说就是"跳出三界外，不在五行中"。旅游只能算是一种"离家"行为，表现为离开熟悉的日常生活环境到陌生、新奇的他者世界寻求放松、愉悦的暂时性解脱。家是旅游的出发点也是落脚点，如果仅仅是出发点而不是落脚点，那么这种"离家出游行为"就会成为宗教意义上的"出家"行为。宗教的出家是彼世取向的，其目的是为了追求来世的永恒幸福，出家后不再返回世俗世界的生活中心——家；旅游的离家是此世取向的，离家之后体验种种变化是为了以饱满的精神状态返回日常生活世界的中心——家中，重新快乐的工作生活，其目的是追求现实生活的一种暂时幸福。也就是说，宗教的出家是目的而不是手段，旅游的离家是手段而不是目的。所以旅游表现为以家为中心的一系列循环往复活动，通过这一系列活动，家作为日常生活中心的功能、地位更加强烈、更加巩固。离家是为了更好的居家，所以一个常见的社会现象是一家人、一家人中的核心成员、热恋中的情侣一起外出旅游，当他们重返日常生活之后,亲情弥笃,爱情弥深。而宗教的出家是为了彻底割舍此世情感的纠葛,摆脱家庭的羁绊,往往成为个人相伴青灯古佛的踽踽独行,是一种有去无回、"射线式"的厌离行为。

对于旅游者而言,旅游是使自己从过于繁忙琐碎的日常工作生活状态中解脱出来的有效途径,日益成为现代社会的一种风尚。用佛教的术语打一个通俗的比喻,旅游就是现代人通往解脱状态的一道"方便法门"。这扇门将人们的整个生活世界区隔为日常生活空间和旅游空间。生活空间广阔而乏味,旅游空间狭小而新鲜,只要从前者跨进后者,人们就可以感受到一个不同的天地。虽然人们随时可以往返于两个空间,但是人们只能在旅游空间暂时停留而不能永久居留,旅游空间只能作为生活世界这一大房子的客厅而不是卧室。因此,旅游带来的解脱具有暂时性、重复性、此世性,旅游过后,人们仍然要回到工作生活中面对各种压力。当人们的工作生活状态达到一定的时间和限度,就又需要新的休息、休闲,旅游于是重新开始。人类的社会生活即是在此周期性的分离、过渡、整合中得以统一,得以持续。随着社会的发展进步,这一生活模式更加凸显出来。

第三,从某种程度上说,宗教做出了一个关于旅游的原始喻像,而旅游也做出了一个关于宗教的现代喻像。从神学的角度看,虔诚的宗教信徒总是倾向于将自己的生命历程视为走向上帝、寻找自我、获得救赎的神圣旅程,人世间只不过是此信仰旅程上的一个中转站。信徒走向救赎的神圣之旅与普通游客走向放松的世俗之旅在结构、功能上具有很多相似之处,其本质都是通过消弭空间和时间的物理距离,进而融通世俗与神圣、劳累与轻松的心灵距离。

普通人从日常生活的中心出发,经过特定的一段时间和空间——我们称之为旅途——在将来的某一时刻,使身体到达旅游目的地。此时日常生活世界与旅游世界的时空距离随着游客身体的到来而消除,同时随着身体逐渐走向旅游世界的中心,旅游前的烦恼无聊也逐渐被轻松愉悦所代替,工作者彻底转化为旅游者,体验到日常工作和生活中难以体验的放松状态。类似的,神圣与世俗之间的距离主要是一种心灵的距离,其远近难以用时间和空间进行度量。但是,心灵距离却需要借助个体的修养消弭特定的时间与空间距离而实现世俗与神圣的转化和融通。此时,个体作为中介,跨越圣俗之间的鸿沟,站立于时空距离与心灵距离的中心,二者也随之整合为一个无善无恶、圆融寂静、清净无为的神圣世界;而站立于此神圣世界中心的个体,即是宗教意义上的"圣人"、"佛"、"仙"了。这是中国儒释道三教特有的一种解脱方法,它要求信徒必须经过从世俗到神圣的心灵旅程。

禅宗经典《坛经》说"(西方)若论相说里数有十万八千……先除十恶,即行十万(里);后除八邪,乃过八千(里)……但行十善,……见西才只在刹那",只有依靠个人行善积德才能跨越世俗的距离走进神圣的世界。儒家认为"人之初,性本善","途之人可以为尧禹",仁、义、礼、智、信等道德修养就是普通人走进圣人境界的通途大道。《论语》记载了孔子"仁远乎哉,我欲仁,斯仁至矣"的经典教诲;孟子主张"居仁由义",以仁为自己的家,以义为自己的人生道路。道教的经典《道德经》则将形而下的世间"道路"提升为形而上的超越"道路"。信徒通往宗教终极境界的"形而上"道路,与游客通往旅游目的地的"形而下"道路,具有很多相同相似之处。走在这条"形而上"道路上的人,从事的是一种信仰之旅、心灵之旅。

同样,在西方宗教神学中,旅游者所需经过的物理性时间与空间的形而下道路,被转换成信徒所需完成的道德的、心灵的神圣性形而上道路,宗教与旅游也因此具有了一定的相互融通性和可比性。《圣经》集中表现了人类在犯下原罪而"失乐园"之后,所处的那种精神上漂泊巡游的苦难与寻找永恒归宿之间的紧张关系。虔诚的基督徒总能感受到这种张力,从而主动踏上朝圣之旅。18世纪基督教文学的杰作《天路历程》以寓言的形式生动描写了作者班扬离妻去子,苦苦寻找上帝而进行的身体和心灵的各种"旅游活动"。① 林语堂的《信仰之旅》记载了他受牧师父亲的影响从小成为一个基督徒,后来因受中国传统文化的熏陶,渐次成为儒教、道教、佛教徒,做了一圈"从基督徒到异教徒,再从异教徒到基督徒"的"信仰的大旅行",最后

---

① ［英］约翰·班扬:《天路历程》,陕西师范大学出版社2003年版。

又回到基督教怀抱的特殊经历的内心旅程。①

（四）旅游神话与旅游宗教

旅游具有一定的神圣性，而宗教沉淀了人类最重要的神圣性资源。旅游产品的开发和宣传中随处可以看见神圣性的设计，最突出的一个例子就是几乎所有的旅游宣传资料都将旅游目的地描述成为"人间天堂"。旅游目的地的"天堂喻像"极大的提升了其旅游吸引力。我们耳熟能详的"上有天堂，下有苏杭"的谚语不知吸引多少人前往他们"梦里的江南水乡"，希尔顿描绘的如天堂般美丽的"香格里拉"启动了无数西方人前来的旅游步伐。"香格里拉"一词源于藏传佛教经典中频频提到的"香巴拉"王国，在藏传佛教的发展史上，它一直创造并主宰着世界，同时也是达赖喇嘛和班禅的转世之地。那里是一个雪山、冰川、峡谷、森林、草甸、湖泊、金矿及纯净空气的荟萃之地，是美、明朗、安然、闲逸、知足、宁静、和谐等一切人类美好理想的归宿。滥觞于英国小说家希尔顿的小说《消失的地平线》，"香格里拉"被西方人构建成了"伊甸园、理想园、世外桃源、乌托邦"的代名词，成为他们苦苦追寻的理想之地。香格里拉作为一个世界知名的概念有着巨大的含金量，也成为有关国家争夺的对象。印度、尼泊尔等国纷纷宣布他们找到了香格里拉。我国的地方政府如云南的丽江、怒江州的丙中洛、四川的稻城等也在争"香格里拉"，最终花落云南迪庆州。经多方长时间的酝酿，2002 年 5 月，由国务院批准，并在北京召开新闻发布会宣布，云南省迪庆藏族自治州中甸县改名为香格里拉县。国内外游客蜂拥而至，现代化建筑雨后春笋般兴起。当地藏族、白族、纳西族同胞的生产和生活迅速得到改善。"香格里拉"这一名词符号迸发出来的活力，令人惊叹不已。

宗教的彼世天国被渴望此世幸福的人们"在地化"了。"极高明而道中庸"、"立假名而言实相"、"致虚极而守静笃"，儒释道三教的经典话语同样表明，宗教不是高高在上、超越此在的天堂、净土，相反它是深深镶嵌在社会

---

① 　林语堂：《信仰之旅》，四川人民出版社 2000 年版。

肌体之中的世俗建制、生活理想。现实生活中渔樵耕读不碍修行,搬柴运水皆能成道。宗教旅游又何妨成为一种寻找自我、发明本心的修行方式呢?宗教所拥有的一切,无论是神圣的还是世俗的,真实的还是虚幻的,都能在现实世界中找到原型。而宗教旅游的步伐最终是要从天国回到人间,重新踏上现实社会的土壤。

旅游的天堂神话不仅仅是开发者的单方面构建,它本身就是一项社会的产物,是由游客、旅游地居民、政府、学者等共同参与制造出来的。当然,游客的事先想象、切身体验与游后评价等是决定旅游地能否成为"天堂"的关键因素。游客类似于宗教朝圣中的香客,为了到达自己心目中的天堂,那份执著与向往具有类似宗教般的意义。例如天安门、毛主席纪念堂甚至北京大学、故宫博物院等在一些游客心目中具有绝对的神圣性,其意义绝不亚于宗教圣地之于一般信徒。

景观是自然的,更是社会的。人们在自然中旅游,却时时与社会进行意义的沟通与交换。我们见到名胜古迹楹联的写作模式一般是一联状写四围景色,一联记述人文风情。"一楼何奇,杜少陵五言绝唱,范希文两字关情,滕子京百废俱兴,吕纯阳三过必醉。诗耶?儒耶?吏耶?仙耶?前不见古人,使我怆然涕下;诸君试看,洞庭湖南极潇湘,扬子江北通巫峡,巴陵山西来爽气,岳州城东道崖疆。渚者,流者,峙者,镇者。此中有真意,问谁领会得来?"我们从清代云南师宗人窦垿撰写的这幅岳阳楼长联中领会到了景观社会学的深意。而本研究重点个案鸡足山一副出自清末经济特科状元云南石屏人袁嘉谷的对联,同样如此:"自世尊拈花,迦叶微笑而后,天开鸡足形胜,比鹿苑鹫峰,曰传衣,曰正法,曰华首,曰放光,曰经楼,曰袈裟石,巍巍宝塔,下逮玉笋琪英,雄镇滇疆,佛地永垂千载教;有中溪创草,邦芑润色之书,人继鸿篇仙才,皆鸾翔凤翥,或宸翰,或遗臣,或诗宗,或律祖,或袭职,或檀越金,上上乘禅,化及薪樵笠牧,庄严云汉,名山愿作一生游。"在袁嘉谷看来,正是佛教文化赋予"苍苍鸡足山"无穷魅力,与当地的人文景观交相辉映,不由使人心向往之,并形成不得不游、不得不去的强大心理压力。旅游与其说是在自然空间中,不如说是在文化空间中进行。

　　涂尔干指出,"古往今来,我们看到社会始终在不断地从普通事物中创造出神圣事物","惟有社会是这类各色神话的始作俑者"。① 制造"旅游神话"是构建"旅游天堂"的有机组成部分,旅游天堂同样是在主观客观化、客观主观化不断循环往复、交织互构中诞生的,其主要步骤是将景观赋予社会意义,将其胜地化后再圣地化,成为建构性的具有支配意义的"客观结构"。旅游神话、旅游天堂的诞生,具有一定的宗教神圣性色彩。

　　西方一些旅游人类学家提出"旅游是一种现代朝圣"、"旅游是一种现代宗教替代"的观点,如果再往前迈出一步就得出"旅游是一种现代性新兴宗教"的结论,而这在某种意义上是可以成立的。宗教将神圣性赋予旅游,旅游成为旅游者摆脱日常生活的烦恼、苦闷、无聊而通往轻松、愉悦、快乐的"方便法门",体悟神圣、救赎、解脱的"终南捷径"。可以说,一些人眼中的"宗教旅游"在另一些人看来则意味着"旅游宗教"。这就为我们的研究提出了挑战:在充分认识旅游的宗教性与宗教的旅游性的基础上,从引导宗教与社会主义社会相适应的高度,开发具有中国特色的宗教旅游产品。我们不仅要深入研究宗教旅游,还要认真探讨"旅游宗教",这样有助于我们更好的理解宗教、旅游以及社会的本质,对于宗教旅游的开发能够起到建设性的指导作用。宗教旅游研究关注的核心问题是:如何将宗教旅游作为引导宗教与社会主义社会相适应的途径,既有利于宗教自身的良性发展又可以提升旅游的文化品味,还能为构建社会主义和谐社会贡献应有的力量。其他的研究问题主要是:宗教在多大程度上可以作为旅游资源进行开发? 通过旅游开发,宗教的神圣性是保留、发扬还是衰退了? 等等。而旅游宗教研究关注的主要问题有:对于信徒、非信徒旅游者,宗教旅游的意义有什么不同? 旅游者的宗教旅游动机是什么? 作为神圣的宗教传递给旅游哪些信息? 作为世俗的旅游带给宗教什么影响? 宗教旅游独特的神圣性和世俗性表达方式? 它是一种宗教流动还是一种旅游流动? 在多大程度上与宗教传播、宗教交流相关? 宗教旅游的神圣象征或记忆是个体的还是社会的? 等

---

① ［法］爱弥尔·涂尔干:《宗教生活的基本形式》,上海人民出版社 1999 年版,第 283 页。

等。

三、宗教旅游的历史形态与现代转型

在对宗教与旅游客观存在的密切关系进行理论分析之后,我们有必要再对宗教旅游的历史形态和发展阶段做出考察,以便对宗教旅游的整体发展进行预测和引导。我们认为宗教旅游经历了以宗教旅和宗教游为"标签"的传统宗教旅游和以产业化经营为模式的宗教旅游业两大阶段,从传统宗教旅游到宗教旅游业的转型与社会的发展变化密切相关。

(一)"宗教旅"和"宗教游"

前文我们指出旅和游的原初含义是宗教性的。在后来的演化过程中,旅和游承载了经济、政治、文化、军事等各种性质的社会活动,出现了商旅、军旅、羁旅、游学、游宦、游方等一系列专门词汇。旅和游遂成为人类很多重要社会活动的有力载体,甚至是必要条件。留在家中是无法完成经商、求学、战争、从仕、传教等活动的,人们必须徒步或者借助交通工具前往各种社会活动的场合才能完成所需的活动。这一过程就是旅行,它是有目的的离家行为,其行为主体仅仅将旅行作为手段而不是目的,他们完成自己想要从事的活动后都会返回家中。若因故不能顺利返家,则成为羁旅;如不幸客死他乡,则是人生一大悲剧。在中国文化中,旅也因此被赋予了一层苦涩、忧郁、哀婉、悲伤的涵义。旅往往是苦旅,这与乐游形成了鲜明的对比。《岳阳楼记》将"满目萧然,感极而悲"的旅客之苦与"把酒临风,其喜洋洋者"的游客之乐刻画的淋漓尽致。

与旅相比,游本身既是手段又是目的,是手段与目的的有机统一。《醉翁亭记》写到"至于负者歌于途,行者休于树,前者呼,后者应,伛偻提携,往来而不绝者,滁人游也"。人们携老扶幼,三五成群,为游而游,春游、郊游、游览、游玩,直至乐不思蜀,不愿回家。在中国文化里,游因而具有轻松、喜庆、欢乐、幸福的涵义。乐游一词并非我们杜撰,长安附近有乐游原,唐诗中有"乐游原上望昭陵"的句子;李商隐在乐游原上写下了"向晚意不适,驱车

向古原。夕阳无限好,只是近黄昏"的著名诗篇。在英语里,表示旅行的"travel"与表示痛苦、辛苦的"travail"具有相同的拉丁文词根。可见,在英语语境中,旅行也有苦涩的色彩,只不过没有中文里那么明显。

以旅和游作为文化标签将传统宗教旅游划分为宗教旅和宗教游两大类型,既符合旅、游的中文表述语境,又符合宗教旅游的实际情况,苦旅与乐游的文化精神在宗教旅和宗教游中有着淋漓尽致的表现。对这两大理想类型进行概念辨析、内容分析和结构解析,把握两者的区别与联系,有助于我们加深对宗教旅游本质的理解。

宗教旅包括早期宗教信徒的朝圣、传教、参学等活动,大体属于旅游型宗教活动。早期宗教之旅充满艰难苦险,从客观上看,是由于生产力发展水平低下,交通工具落后;从主观上看,是信徒以苦为圣、以苦为乐,主动选择能够体现自己虔诚之心的宗教苦旅。在科学技术高度发达的现代和更为发达的将来,借助快捷的交通工具,人们可以将旅行中的痛苦降至最低。但是仍然有很多虔诚的信徒以极其原始的徒步方式前往宗教圣地。"从上来行脚,不为游山玩水,看州县奢华,皆为圣心术通耳。"[1]信徒为追求宗教的终极真理,在强烈的宗教感情支配下,全身心沉浸在宗教氛围中,对旅途中的自然风光却无动于衷。这种极其虔诚的宗教旅行在世界各大宗教中并不罕见,佛教就有许多一步一叩首到圣地朝觐的信徒。在走向神灵的宗教旅行中,信徒遭受的世俗苦难具有神圣的内涵,受苦越多,功德越大。信徒以身体受苦的形式来表达内心对神明的无限向往,苦难成为取悦神灵的有效工具。在信徒看来,宗教旅途中充满的艰难险阻是神灵对自己的考验,他们坦然面对,主动承担。苦难的神圣性使信徒毫无畏惧、勇往直前,走完一般人望而却步的艰难旅程。旅途中的艰辛与苦难使宗教徒的精神目光逐渐转向自己的心灵,疲惫不堪、奄奄一息的身躯恰恰成为灵魂自我再生的冶炉。信徒世俗的身体经过神圣苦难的锤炼,也脱胎换骨般的神圣起来。信徒心甘情愿、带有自我牺牲精神的受苦,隐藏的深层目的就是将经受苦难后神圣化

---

[1]　[宋]普济:《五灯会元》,中华书局2002年版。

了的自身作为礼物祭献给神灵。当他们到达宗教圣地后,漫漫旅途中所经受的巨大苦难在霎时间转变成巨大幸福,所受苦难有多大,所得幸福就有多大。宗教苦旅的回报是宗教幸福。正如舍勒所言:"如实地承认并质朴地表现痛苦和受苦,达到彻底坦然,再也没有逃避和钝化,而是在自己的受苦和分担受苦之中经受受苦,以此感化心灵。一旦如此受苦,就有一股源自更高级秩序的全新力量喷涌而出,人顿感福乐。心灵被上帝之爱转化,上帝之爱将受苦作为朋友而派遣给灵魂。"①

在寻求神圣、追求宗教真理旅途中的宗教信徒遭受的艰辛是一种主动的、自由的、担当式的受苦,而非忍耐的、被动的、承受式的受苦。苦行和磨难是人走向神的宗教旅游不可缺少的内容,也是其价值所在。涂尔干认为,"凡俗环境和神圣环境之间不仅有区别,而且是相互隔绝的,它们之间存在着一条鸿沟","只有克制自己的本性,反向而行,才能把自己提升到更加非凡的境界"。② 在宗教旅途中经受苦难是跨越神圣与世俗的鸿沟、提升自我心灵、由"俗人"转向"圣者"的催化剂。但是对于那些缺乏神圣目标支持的"俗人",如此旅行很大程度上只能体验到残酷而不是救赎。"旅而不游"式的宗教苦旅显然不适合一般游客和一般信徒,于是出现了另一种极端:"游而不旅"式的宗教乐游。宗教乐游者缺乏虔诚信徒的宗教热情,宗教圣地在他们眼中仅仅是一个旅游胜地。他们与宗教苦旅者花费三年五载甚至更长时间徒步前往宗教圣地相比,宗教乐游者希望能够尽量缩短前往旅游胜地的时间,他们往往选择现代化的高速交通工具,并尽力避免旅途中可能承受的痛苦。宗教乐游的世俗性远远超过了神圣性,乐游者运用各种策略将旅的苦涩因素降到最低,将游的快乐色彩放到最大,最后"旅"的成分几乎可以忽略不计。乐游者将宗教圣地旅游胜地化,他们尽情地游玩宗教圣地所在的名山大川,享受世俗旅游的轻松愉快。他们对苦旅避之惟恐不及,对乐游却趋之若鹜。实际上乐游对于苦旅的革命,宗教本身与有力焉。宗教自

---

①　孙亦平主编:《西方宗教学名著提要》,江西人民出版社2002年版,第202页。
②　[法]爱弥尔·涂尔干:《宗教生活的基本形式》,上海人民出版社1999年版,第410—411页。

身教义的发展变化一定程度上促成了宗教乐游的出现,这本身就是宗教适应社会需要不断世俗化的表现。在道教要典《南华真经》(即《庄子》)中我们只能看见豁达任意的"游"而发现不了苦涩沉滞的"旅",庄子主张的"逍遥游"、"游心于道"、"得至美而游乎至乐",为后世道教徒所继承。实际上,道教的乐游观更符合中国人的旅游心理。自由、洒脱、活泼、适意的道教乐游观被兴起于唐代中叶的禅宗高度继承和发展,以惠能为代表的禅宗南派提倡顿悟反对苦修,一扫早期佛教朝圣的苦旅色彩,本身也是禅宗中国化的一个方面。

我们从苦与乐、圣与俗的角度做出了理想类型式的分析,实际上二者的融合远远大于分离。在现实生活中我们很难寻觅纯粹神圣性的宗教苦旅和纯粹世俗性的宗教乐游。这一"理想类型"的认识论意义在于,通过解析"旅而不游"、"游而不旅"这两个看似矛盾的极端现象,加深我们对"载旅载游"的宗教旅游深层次的社会内涵和文化意蕴的理解。"宗教旅"和"宗教游"具有各自的适应人群和适应范围,两者之间的共时性特征远比历时性特征更为根本。"宗教游"并不能将"宗教旅"逐出人类旅游活动的社会领域,恰恰是因为它可以补充后者在娱神、娱己、娱他方面缺乏的一些功能才具有存在的理由。宗教游对宗教旅仅仅具有局部的弱替代作用,远非彼此取消的强置换关系。二者之间的互补性致使它们相互渗透、相互融合,共同缔造了一个兼有苦旅与乐游、世俗与神圣的"宗教旅游",这才是现实社会中本真意义上的宗教旅游。这种宗教旅游位于苦旅与乐游的中间状态。

从概念上说,宗教旅与旅游型宗教活动大体相当,而宗教游与宗教型旅游活动大体相当。宗教旅的信仰性、神圣性更强些,但不是完全没有世俗和轻松的因素;宗教游的世俗性、娱乐性更强一些,但也不是完全没有神圣与苦累的因素。宗教旅游作为一个复合概念,其外延包含了现实中存在的所有与宗教相关的旅游项目和旅游形式,虽然程度不同,但无一例外具有苦乐互渗、圣俗交织、人神互构等特征。

(二)传统宗教旅游与现代宗教旅游

1841 年 7 月英国传教士托马斯·库克包租火车的团体旅游,是为了组织人们参加具有宗教意义的禁酒大会。这次被认为现代旅游开端的标志性事件带有较为鲜明的宗教色彩。之后库克与其子成立了专门组织集体旅游活动的旅游公司，旅游业与工业社会一道，获得快速发展。工业革命是人类历史的一道分水岭，此前和之后的社会生活具有极大的不同。现代旅游业在工业革命的发源地英国开风气之先并不是偶然的。

我们依据是否产业化经营、是否具有现代理念等标准将宗教旅游的整体格局划分为传统宗教旅游和现代宗教旅游业两大阵营。学术界很少从这个角度探讨宗教旅游，而是将宗教旅游与宗教旅游业混为一谈，这样既不利于从理论上分析和把握宗教旅游的发展方向，也不利于宗教旅游的开发实践。由于宗教的特殊性、复杂性、敏感性等特征，宗教旅游、宗教旅游业的非健康、不和谐发展，可能导致一些宗教问题，最终危害社会和谐与稳定。其中一些问题源自宗教、宗教旅游本身，一些问题源自对宗教旅游的产业化开发，宗教、宗教旅游也是受害者。将问题统统归到宗教、宗教旅游头上，既不科学也不公平。在做出传统宗教旅游与现代宗教旅游区分的基础上，从引导宗教与社会主义社会相适应的高度，提出宗教旅游的转型理论，有利于解决宗教旅游中出现的各种问题，指引宗教旅游正确、健康、和谐发展。

传统宗教旅游是其行为主体自发自愿的旅游行为，缺少第三方有意识的介入。现代宗教旅游是指对宗教资源进行产业化、商业化开发而形成的各种旅游活动，是传统宗教旅游在一定历史条件和时代精神下的继续和发展。传统宗教旅游和现代宗教旅游都是特定社会历史条件下的产物，两者虽然具有时间上的先后顺序，但现代宗教旅游的兴起并不意味着传统宗教旅游的立即消亡。然而，传统宗教旅游向现代宗教旅游转型是社会发展和旅游发展的趋势，研究和引导这一趋势是学界、业界和政界的共同任务。宗教旅游的现代转型需要一个过程，任何急功近利的做法都可能导致错误。当前，最大的问题出现在宗教旅游的产业化过程中。

产业化不等于同现代化，它仅仅是传统宗教旅游迈向现代宗教旅游的一个选择，而且是一个必须慎重的选择，这是由宗教自身的特殊性决定了的。当前一些旅游开发往往采取假、大、洋、全的粗糙产业化运作模式，失去了宗教旅游应有的特色,造成了极坏的后果。产业化经营只能针对传统宗教旅游中的一部分项目和一部分人群,主要集中在信仰性相对较弱,娱乐性、文化性相对较强的宗教游部分,例如主要由非宗教信徒进行的宗教观光旅游可以采用适当的产业化运作模式。虔诚的信徒仍然会选择十分古老的方式进行他们神圣的宗教苦旅,虽然有时候他们也选择乘坐现代化的交通工具,使用现代化的服务设施,但他们一般都不接受粗糙产业化运作的宗教旅游形式。他们往往将产业化等同于亵渎神圣的世俗化,滚滚而来的浓厚商业气息是他们所不能容忍的。相比之下,在传统宗教旅游中注入现代生态、休闲、健康、可持续发展等新型理念,精心设计路线、产品和服务,所形成的诸如宗教生态旅游、宗教休闲旅游、宗教健康旅游等,可以充分发挥宗教文化的精华,往往能够引起社会的广泛认同,成为现代人青睐的旅游方式。经验和教训同样值得我们反思,关于传统宗教旅游向现代宗教旅游转型的误区、特点、途径和意义等问题,我们将在后文中详细阐述。宗教旅游的主要形态和历史阶段及其相互关系可以简单图示如下:

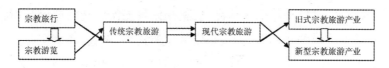

图 2　宗教旅游现代转型示意图

(三)宗教旅游的现代转型

　　促使传统宗教旅游向新型现代宗教旅游转型,是我们对宗教旅游开发的总体规划和整体部署。由于宗教旅游是一个涵盖众多子项目的复合概念,从宗教旅游本身入手展开讨论,意味着我们首先要对其所有子项目逐一细致剖析,然后找出适合自己的现代化道路,所得结论将过于琐细,陷入事倍功半的理论困境;而从传统、现代和转型这一组限定宗教旅游的关键词入手进行分析,就能较好的把握宗教旅游现代转型的概念、内涵、表现、思路等问题,所得结论具有一定的宏观指导意义,能够收到事半功倍的理论效果。

1. 传统与现代的辩证关系

传统和现代之间除了有相互矛盾、相互对立的一面,还有相互依存、相互吸收的一面。在现实生活中,我们很难再寻觅纯粹传统的东西,也很难找到纯粹现代的事物,二者经常你中有我、我中有你,只是互相拥有对方的程度不同。宗教旅游中的传统与现代因素是社会中传统与现代因素的折射和反映,这一思路同样适合宗教旅游的新型现代化转型。

在宗教旅游开发中,大力挖掘宗教教理教义中蕴涵的生态观、伦理观、人生观中的积极因素,并对之进行符合现代精神的改造和重塑,能够进一步提升宗教旅游的现代文明品位。从社会心理层面来说,人们更容易抵制现代而不是传统。当现代因素刚刚出现的时候,它并不怎么为人们所接受,现代只有在一定程度上传统化了,才能真正成为发挥作用的现代。传统在过去的某一时候曾经是现代,它是已经过去的现代;而现代在将来的某一时代也会成为传统,它是即将来临的传统。传统与现代是一而二、二而一的辩证关系。传统不是包袱,而是一种可资利用的宝贵资源。现在我们已经很难寻觅纯粹传统的宗教旅游了,作为传统宗教旅游典型的、延续了数千年之久的宗教朝圣旅游也不同程度的带有了现代性特征。比如,人们可能选择乘坐飞机、火车、汽车等现代化的交通工具前往圣地朝拜,并且还使用现代化的通讯、住宿设施。同时,我们也很难找到纯粹现代的宗教旅游。实际上,面对社会发展,宗教内部也一直不断与时俱进做出调整,这也是宗教能够从一个千年延续到另一个千年的重要原因。为了吸引游客,我们需要运用现代手段对传统因素进行"重新发明",甚至将已经断裂几十年、几百年甚至几千年的"传统"进行现代化的"重新发明"。可见,传统因素不仅可以转化为现代因素,而且如果引导正确,还可以创造巨大的社会效益和现实价值,成为促进现代化的深层因素。但是,这并不意味着所有的传统都能在"拿来主义"的旗帜下古为今用,传统向现代的转化是有条件的。我们必须坚持立足现实、开发传统、创造特色的原则,对传统宗教文化进行取其精华、去其糟粕的选择性旅游开发,引导其沿着正确轨道健康发展。

就中国目前宗教旅游的实际情况来说,一方面传统因素普遍存在,烧香拜佛、收取功德等仍然是重要的宗教旅游行为。一些寺庙根本就没有新型旅游开发的意识,认识不到宗教旅游可以作为服务社会、服务自身的途径:优秀的宗教文化可以吸引游客前来游览、参观、学习,发挥宗教的社会"教化"功能,为和谐社会提供优秀道德资源;同时自身也能获得经济收益,提升僧众素质,这是符合我国宗教自治、自传、自养政策的好途径。另一方面现代因素也在宗教旅游中大量出现,一些是适应现代人需求、符合现代社会发展需要的,比如河北赵县柏林禅寺的生活禅夏令营提倡融禅法与生活,融生活与禅法,"觉悟人生、奉献人生"的理念,这与我国禅宗"平常心即道"的思想一脉相承,同时符合近代以来佛教界"庄严国土、利乐有情"的"人间佛教"这一主流思想,因而颇受社会的欢迎,每年都有大量人士报名参加。还有一些是不太为大家所认可的现代因素,比如寺院收取门票,这在佛教、道教传统中似乎并不存在;还有就是在宗教文物修缮和恢复过程中,没有遵循"修旧如旧"的原则,钢筋水泥等现代材料的大量使用破坏了宗教文物原有的风貌;宗教名山大量修建观光缆车,既影响自然景观又破坏生态环境,等等。

宗教旅游的现代转型不是将传统因素统统丢掉,而是对传统因素进行适应现代社会发展的必要改造;同时,现代也需要不断从传统中吸取经验和营养,在传统的基础上进行创新和发展。在传统社会中,传统的力量远远胜过现代,往往强力压制现代因素的发展;在现代社会中,现代的力量又远远超过传统,传统往往被强行贴上封建、迷信、落后的标签丢进"历史的垃圾堆"。这两种做法都是危险的,都不利于社会的健康发展,都不符合科学发展观的要求。宗教是一种具有悠久历史的传统文化,对其进行旅游开发,不可避免的遇到传统与现代如何协调发展的问题。只有在科学发展观的指导下,认真研究传统与现代的关系,统筹传统因素与现代因素,以新型现代性为深层理念,才能从根本上解决宗教旅游开发中传统因素与现代因素协调发展的问题。

2.宗教旅游产业化的隐忧

"所谓旧式现代性,就是那种以控制自然资源、争夺自然资源为中心,社会和自然不和谐,使自然和社会都付出代价的现代性。"①旧式现代性标榜科学技术、生产效率、社会进步,在传统社会向现代社会转型的初期阶段,被人们认为是先进的东西加以追求。旧式现代性作为一种选择,在人类历史上做出了一定的贡献。然而从本质上说,旧式现代性内含强烈的工具理性,在天上的星空和心中的道德律缺场的情况下,科学技术可能会成为破坏自然、破坏生态的强大工具;科学技术越发达,造成的破坏就越大,所有这些可怕的事情不幸成为旧式现代性的既成事实,人类无可挽回的迈入了风险社会。

以旧式现代性为标志的产业化模式四处扩张,似乎人类的一切活动、所有事物、任何东西无论是有形的还是无形的,都可以产业化经营、商业化运作。经济效益作为产业化的原始动力,冲刷着人类文明的所有领域。文化、艺术、教育、宗教甚至政治等曾经远离经济活动的上层建筑的存在价值被经济效益重新评估,它们不同程度上已经成为经济活动,成为国民经济产业的重要组成部分。这些领域的产业化如火如荼地进行,长此以往,我们只能说文化产业、艺术产业、教育产业、宗教产业甚至政治产业等等,它们将不再是有着崇高精神追求和独立人文价值的文化、艺术、教育、宗教、政治,它们也将成为产业化工厂里的一架架获取经济效益的机器。经济效益至上的口号响彻云霄,能否产生经济效益、经济效益有多大,成为人们从事所有工作首先要考虑的问题。经济正在重估一切价值,金钱成为衡量一切的标准,能创造经济效益的就是有价值的,不能创造经济效益的就是没有价值。人们用拍卖会的价格来衡量艺术品的价值,用年收入的多少来衡量人的存在价值。人类的整个生活世界几乎全部沦为经济帝国主义的殖民地,人类的心灵世界也已经被经济帝国主义拓殖,人类的崇高理想、神圣追求将悲惨的死去,功利主义的利益追求主宰了一切。产业化经营、商业化运作作为经济活动的"本我",不被人类崇高理想的"超我"所压制、所调节,人类所有的美好事物连同人类的崇高理想一起,都将成为产业化的下一个"自我"。

---

①　郑杭生:《郑杭生社会学学术历程》第3卷,中国人民大学出版社2005年版,第116页。

　　传统宗教旅游是自发式旅游,包括宗教旅和宗教游在内,在旅游者和旅游目的地之间缺乏一个可以称为旅游经营者的第三方利益机构。现代宗教旅游是开发式旅游,在旅游经营机构的精心策划和安排下,针对各阶层旅游者的不同需要,不断推出新的旅游路线和旅游产品,并以各种方式进行宣传推广,吸引旅游者前来参观游览。旅游经营者同时为旅游者提供吃、住、行、娱、购等各种基础设施和相关服务,旅游者获得身心享受,经营者获得经济效益,旅游作为一项产业诞生了。有关统计资料表明,旅游业每增加一个就业岗位,就会拉动相关产业四个就业岗位;因此,旅游业作为国民经济中的强势产业迅速成长。迄今为止,旅游业对现代社会产生的影响已经远远超过了其他现代工业部门,并跨越国界,在世界经济中占有重要地位。旅游业的经济、社会、文化甚至政治影响进一步凸显,从经济利益的分配、社会分层的形成、生活节奏的更改、风俗习惯的变迁、人际关系的变化到外汇收入、人口迁移、劳动分工、物价上涨、国际格局的改变等等,旅游业与有力焉。

　　旅游的产业化同样如此。旅游业无疑取得了巨大的经济效益,但是可持续发展的潜在隐忧也在四处蔓延。旅游是高度依赖和需要资源的产业,任何对群众具有观光、游赏吸引力的事物都能开发、转化为旅游资源。这既包括有形的、物质的如自然风光等,也包括无形的、精神的如民俗文化等。对于旅游资源的开发,旅游业十分积极主动,几乎不遗余力。表面看来,旅游资源包罗万象,取之不尽,用之不竭。实际上旅游资源的生命力在于其对特定人群的特定吸引力,而这一吸引力是脆弱易逝的,尤其是文化性、民俗性、宗教性的旅游资源,更经不起产业化经营和商业化运作的风吹雨打。在现代社会的背景下,旅游资源的文化个性更容易加速流失。失去了旅游吸引力,旅游资源将不复存在,还原为当地人司空见惯的地方性知识;失去了旅游资源,旅游业就成为无源之水、无本之木,注定衰竭。

　　从经济利益的角度出发,单方面开发和利用旅游资源,而不是将其放在特定的自然、文化和社会背景下考虑旅游资源载体(在宗教旅游中是宗教、民俗旅游中是民俗等)的承受能力,必将使旅游资源萎缩;同时,旅游收益往往被第三方利益机构或政府主管部门掠走,旅游成本由旅游地居民和社会承担,这种以自然和社会付出沉重代价来换取少数"旅游贵族"经济利益的开发模式目前并不罕见。能够吸引游客的旅游资源往往具有珍稀性,有些还是世界自然和文化遗产,是人类共同的宝贵财富。文物古迹一旦毁坏,将不可能再生;生态平衡一旦破坏,将很难恢复。如果不加强引导和管理,这个号称无烟工业的朝阳产业,很可能会成为污染环境、破坏生态的罪魁祸首。

旅游首先作为人类欣赏美、追求真、期望善的社会活动而存在的,在产业化之前旅游是旅游者和旅游地之间的互动行为;产业化导致了一个将旅游活动作为经济活动运作的旅游经营者,他们更注重旅游的经济效益而不是社会价值。在现代旅游业中,旅游者作为消费者在旅游市场上选购自己喜爱的旅游产品。旅游者是付出金钱的一方,他失去了经济效益,就要求获得产品的使用价值。而旅游产品的主要价值在于其具有独特内涵的真、善、美,旅游者要求从旅游活动中获得轻松,获得知识,获得不同寻常的体验。总体来说,旅游者的天平是向社会价值一方倾斜的,他们要求自己的旅游活动更加具有社会意义。旅游者追求的社会意义制衡了经营者的经济效益,经营者要想使自己的经济收益最大化,就不得不努力使旅游者的社会收益最大化。但是,在旧式现代性的主导下,旅游的产业化经营、商业化运作规模越来越大,旅游开发中出现的金钱至上、破坏资源、欺蒙游客、恶意竞争等问题,仅仅依靠旅游业自身存在的社会效益和经济效益的平衡机制,根本无法保证旅游市场的秩序。我们需要寻找更加科学的指导思想,建立更加有效的监管机制。

如果紧紧盯住经济效益这个目标不放,并谋求与商业资本、政治权力结盟,将宗教的神圣性、神秘性作为一种经济资源进行批发、零售、贩卖,忘记了宗教自身肩负的神圣使命和目标,社会责任和义务,必定招致人们的谴责,影响宗教自身的清誉,最终影响宗教的生存和发展。而宗教及其神圣性的衰竭,必定带来宗教旅游的萎缩。我们应该提倡一种文明、健康、和谐的宗教旅游活动,努力推动宗教、旅游、社会和个人自身的全面、协调、可持续发展。

3. 新型现代性与宗教旅游的转型

新型现代性是对旧式现代性的扬弃,两者之间并非简单的否定、对立关系。新型现代性高扬以人为本、人与自然、人与社会双赢的价值理性,科学技术不是目的而是手段,是为人类整体谋求幸福的有力工具。新型现代性带来的现代化曙光,已经照临人类 21 世纪科学发展的地平线。而我们倡导的以新型现代性思维为指导的新型现代旅游,是以人为本,旅游与其所依赖的自然和社会资源双赢、协调发展,并把自然代价和社会代价减少到最低限度,使社会效益、生态效益和经济效益三方共赢的旅游形式。

新型现代性曙光浮现,为我们指明了一条旅游业发展的科学大道。在促进旅游开发与资源保护双赢的目标之下,对旅游产业化的对象、规模、方式、影响等进行科学的评估与论证,将旅游的产业化经营纳入科学、合理、有效的范围之内,协调旅游的社会价值与旅游业的经济利益,更加突出旅游的社会效益,使旅游者、旅游地居民、旅游经营机构的利益最大化,从整体上推动这一被誉为朝阳产业、无烟工业的重要产业可持续发展。具体到宗教旅游,就是要通过对宗教传统文化精华和宗教场所优美自然风光的旅游开发,为旅游发展提供优质的资源支持,并以自身教义中蕴涵的深层生态思想和人生智慧为旅游的可持续发展提供智力支持;同时,牢牢把握旅游开发带来的契机,修复宗教文物,保护优秀宗教文化,提升宗教自身的文明素质,积极引导宗教与社会主义和谐社会相适应,推动宗教的现代化改革,促进宗教利益与旅游利益的双赢。

宗教旅游是宗教型旅游活动和旅游型宗教活动的高度统一,我们要根据宗教旅游子项目的不同特点有针对性的进行开发。由于宗教活动自身的神圣性、敏感性、时限性等特征,过度产业化经营的结果只能是破坏宗教神圣氛围,伤害信众宗教感情,遭到宗教信徒和神职人员的反对。宗教朝圣等旅游型宗教活动本身也与产业化经营模式相抵牾,虔诚信徒一般不会通过旅游经营机构前往宗教圣地,更不会接受经营机构人为加工的朝圣旅游项目。对于此类宗教旅游项目,产业化程度要降到最低,仅在一些提供出行、住宿、餐饮等相关服务的外围部分适当产业化,而与宗教神圣性有关的核心部分,我们主要依靠时代精神和宗教政策的引导与规范,防止在此类宗教旅游活动中出现宗教原教旨主义狂热、新兴宗教传播、境外宗教渗透等偏差行为。对于一些旅游性强、宗教性弱的项目如宗教观光旅游、娱乐旅游等,我们要因地制宜的适当扩大产业化规模,增强旅游者、经营者和寺院的互动,开发一些有吸引力的旅游产品。

宗教旅游产业化开发的重点是旅游而不是宗教,而旅游部分产业化的指导思想也必须由旧式现代性转变为新型现代性,且主要集中在为旅游提供相关设施和服务的外围部分。也就是说,在旅游方面不完全产业化,在宗教方面完全不产业化。完全产业化意味着完全世俗化,必将解构宗教的所有神圣方面,损害宗教自身的利益,最终使宗教旅游丧失可持续发展的资源基础。我们提倡一种在新型现代性指导下的局部、适度、合理的宗教旅游产业化。具体来说,就是树立社会效益比经济效益更为根本的思想,将产业化限制在科学、适度、合理的范围之内;经营者角色与规范者角色相分离,加大政府的监管力度;培育旅游者良好的旅游习惯。在此过程中,不断加强对宗教的保护和引导力度,时刻防范世俗化、商业化对宗教的侵蚀和危害。

宗教旅游的现代转型是一项长期而复杂的系统工程,需要政府制定相关政策,给健康宗教旅游活动以更为广阔的发展空间;学术界认真研究有关问题,为宗教旅游的现代转型提供理论支持;宗教界积极配合参与,努力提高自身素质,能够将宗教文化中的精华与现代社会生活有机结合,并且为游客进行深入浅出的讲解;旅游经营机构切实转变经营理念,从经济效益至上转变为社会效益至上;旅游从业人员转换服务理念,尤其是导游人员要增强宗教知识素养;旅游者培养新型旅游意识,从烧香拜佛、娱乐游玩的浅层宗教旅游向学习宗教传统文化精华的深层宗教旅游转型。总之,需要宗教旅游开发的指导理念由旧式现代性转变为新型现代性,在宏观、中观和微观层面创造有利于转型的客观条件,对宗教因素和旅游因素中的消极一面进行积极的科学改造。宗教旅游的成功现代转型意义重大,而且必将推动宗教与旅游自身的改革,提升其现代文明素质。我们应该以新型现代性为指导,使宗教与旅游不断提升自我、改造自我,寻找二者有机结合、良性互动的纽带,摈弃与社会主义社会不相适应的落后因素;宗教可以借助旅游的形式服务社会,融入社会;旅游可以为优秀宗教文化的保护和传承创造契机,提供平台,同时提升旅游的文化品味;宗教旅游成为引导宗教与社会主义社会相适应的重要途径,使宗教的心理慰藉、群体整合、道德规范、生态保护等社会功能在更大的范围内更好的发挥出来,为社会主义和谐社会建设贡献应有的力量。

表3　宗教旅游的历史形态与现代转型

阶段与形态		主体人群	构成要素	社会本质	主要形式	主要特点
传统宗教旅游	宗教旅	虔诚信徒	旅游者、旅游目的地	旅游苦难神圣化、救赎化	宗教朝圣、宗教传播、宗教参学	出现时间最早,宗教性很强
	宗教游	一般信徒一般游客	旅游者、旅游目的地	宗教圣地世俗化、旅游胜地化	宗教观光、庙会旅游、民俗旅游	出现时间较早,旅游性很强
现代宗教旅游	旧式宗教旅游产业	一般游客	旅游者、旅游目的地、经营者、弱规范者	既破坏宗教又破坏旅游的旧式现代性	对传统宗教产业化经营的一切形式	工业革命的产物,宗教性弱,旅游性强
	新型宗教旅游产业	一般游客	旅游者、旅游目的地、经营者、强规范者	宗教旅游与社会协调发展的新型现代性	宗教生态旅游、宗教健康旅游、宗教休闲旅游	对产业化经营反思的结果,宗教性与旅游性高度结合

四、宗教旅游的行动逻辑与本质特征

(一)神圣与世俗的双重再生产:宗教旅游的行动逻辑

宗教旅游本质上是以游客为中心的相关行为主体在神圣与世俗交织而成的宗教旅游场域中进行的一种神圣与世俗的双重再生产活动。这种双重再生产包括神圣的世俗化生产与世俗的神圣化生产。

1.神圣的世俗化生产

从语言的逻辑习惯分析,"神圣的世俗化生产"包含了两层互为表里的涵义,并在宗教旅游开发的实践中有着相应表现。第一层涵义是"将神圣进行世俗化生产",神圣作为实体是主语,世俗化作为手段是定语,而生产包括了宗教旅游者、旅游经营者、宗教团体等行为主体围绕宗教进行的、以自身利益为诉求的所有旅游相关行为。通俗地说，就是为了俗人的利益，运用世俗化的手段对神圣的宗教资源进行旅游开发、旅游消费、旅游经营和旅游监管等。对于宗教自身来说，"将神圣进行世俗化生产"，就是通过世俗的形式，使宗教不断生产神圣、延续神圣；进而不断生产自身、延续自身。长此以往，所有的神圣化生产都将成为世俗的、都是为了世俗的，必将危害神圣自身的可持续发展，因而呼唤一种制导机制，这是第二层涵义所面临的任务。第二层涵义是"将世俗生产神圣化"，世俗化生产作为实体是主语，神圣化作为手段是定语，意思是将宗教旅游行为主体的有关世俗化活动赋予神圣色彩，是对上文所述第一层涵义的补充和修正，是针对旅游开发、旅游消费、旅游经营和旅游监管等行为中的过度世俗化倾向而进行的带有神圣色彩的规范、限制和引导行为。如此一来，所有的世俗化生产都将成为神圣的、都是为了神圣的。对于宗教自身来说，"将世俗生产神圣化"，是宗教在世俗化面前保持自己的神圣形象、实现自身可持续发展的重要手段。

　　提起"神圣的世俗化生产"人们遵循思维习惯的第一反应就是"将神圣进行世俗化生产"，而且很可能认为这就是唯一涵义。进一步思考，人们就会解读出"将世俗生产神圣化"的第二层涵义。"神圣的世俗化生产"的两层涵义也是实际宗教旅游活动的两层逻辑，相关行为主体尤其是旅游经营者的第一逻辑是"将神圣进行世俗化生产"，如果遗忘了"将世俗生产神圣化"的第二逻辑，就会在没有限制的情况下过度开发宗教神圣资源，给宗教、宗教旅游乃至生态环境、社会稳定造成破坏。这些问题在实际工作中不同程度的存在。我们有必要从宗教旅游行为主体的利益取向、策略选择、具体措施、表现特征等方面对"神圣的世俗化生产"具有的两种涵义、两种逻辑进行深入阐释，以期防范可能出现的谬误，指出正确的方向。

　　宗教是人类社会中储藏最为丰富的神圣资源，在与世俗相对的意义上，神圣就是宗教的代名词。宗教旅游的特色来自宗教旅游资源的神圣性，宗教旅游要突出特色，就需要对宗教的神圣资源进行开发，而对宗教神圣资源的旅游开发本身就是一种世俗化行为，宗教旅游尤其是宗教旅游业也就不可避免地成为宗教世俗化的重要载体。对于宗教世俗化,人们往往谈"俗"色变,认为它是破坏宗教清规戒律、导致宗教腐败堕落的罪魁祸首。实际上,宗教世俗化同时也提供了宗教"化世俗"的契机。"化世俗"不但不会消融神圣、放逐宗教,反而为神圣构筑了更为广阔的自身展演舞台,为宗教提供了更为多样的融入社会的途径,宗教旅游既是其中之一。宗教旅游社会功能的本质就是利用神圣来"化"世俗,即是说如何使相关行为主体如经营者获得利益,宗教团体获得收益,政府部门获得效益,尤其是使行为主体旅游者在宗教旅游中获得教益,并型塑为一种固有习性或机制,返回世俗社会后继续发挥良性作用。这一过程就是"世俗的神圣化生产"的过程,是我们要讨论的宗教旅游行动逻辑的第二个方面。

2.世俗的神圣化生产

"世俗的神圣化生产"与"神圣的世俗化生产"具有相同的语言结构、相似的逻辑结构和相通的实践结构,同样包含了"将世俗进行神圣化生产"、"将神圣生产世俗化"两层互为表里的涵义:前者为体,后者为用;前者既是后者的目的也是后者的手段;后者既是前者的结果也是前者的动因。我们分别对旅游者、旅游经营者、宗教团体、政府的相关行为进行分析。

(1)旅游者

作为"世俗之人"的宗教旅游者在精心设计的神圣宗教旅游空间玩赏秀美的自然风光,身心得到放松的同时,学习和感悟注入新型现代性、与时代精神相符的优秀传统宗教文化,重新生产了自我的人生观、价值观、道德观,此过程即"将世俗进行神圣化生产";并能在重返世俗社会后运用宗教禁杀护生、与人为善等原则处理人与人、人与社会、人与自然之间的关系,从而明显感觉到自己的"世俗生活"更加和谐;与家人、朋友、邻居、同事相处更加融洽,此过程即"将神圣生产再世俗化"。旅游者只有在宗教旅游中重新生产了自我的人生观、价值观、道德观,才能在重返世俗社会后用来处理各种关系。即是说,只有首先"将世俗进行神圣化生产"并取得"产品",才能在此基础上进一步"将神圣生产再世俗化",见得"成效";二者的关系是前者为体,后者为用。另外还有一种情况是,前者既是后者的目的也是后者的手段,后者既是前者的动因也是前者的结果。例如,一些旅游者在世俗社会中遇到了难以解决的困难、问题,借助旅游的形式前往宗教场所"烧香拜佛"以求"神灵保佑",进行完一番带有世俗交换色彩的祈祷、许愿、还愿、捐献功德等"神圣"行为之后,他们往往能得到心理上的充实与安慰,带着"神灵"的恩赐重新开始"世俗"生活。对于旅游者来说,"生产"的全部就是"生产意义",获得种种教益。

(2)经营者

宗教旅游经营者的策略选择和行为特点与宗教旅游者具有明显的不同。他们的主要目的不是以世俗之自我投入宗教旅游,祈求自我的身心能够得到神圣的改造,进而返回世俗社会后能够从容应对各种困难。当然,也不排除经营者在宗教旅游的神圣空间长期耳濡目染,身心发生极大变化的情况,成为一个有信仰、守戒律、讲信用的"佛商"、"道商"。但这毕竟是少数,也不是经营者主要追求的目的。他们以世俗之财注入宗教旅游,借助"神"这块金字招牌,宣传自己的产品可以通神,是如何如何灵验,如何如何能给消费者带来保佑等,"将世俗进行神圣化生产",将"俗财"扩大再生产,换回更多的"神财"。他们的经营活动虽然假神圣之名以行之,但必须以世俗的形式方能完成,也必须要符合世俗经济的市场逻辑,如收取门票钱、香火钱、功德钱。一则材料记载:

> 华东某溶洞开放后,因景观平平,游览者寥寥。开发这个溶洞的投资部门于是动起了"景不够,佛来凑"的念头。因洞内有一个"钟乳滴水"景观,于是就在洞内建起了一尊观世音菩萨,并借此将洞重新命名为"滴水观音洞",广为宣传。与此同时,主事者又让年轻的导游人员穿上古装服饰,成了观音佛像前面的"金童"、"玉女"。她(他)们手执"杨柳枝"为前来拜佛的善男信女们挥洒"甘露"。当然,凡接受观音"甘露"者,都要支付一定数额的香火钱。更有甚者,还用矿泉水瓶盛装洞内的地下水作为观音所赐的"甘

露"出售,并宣传说:"饮此'甘露'者能祛病延年,多子多福……"①

另外,华南某地也有一个刚刚开发出来的溶洞,因洞内有一个熔岩景观状若一只硕大无比的元宝。于是洞主灵机一动,在洞内建起了一座财神阁,同时还在洞壁上雕凿了一尊财神菩萨像。此洞被定名为"财源洞"。洞内烧香点烛,求签问卜,引来了不少祈求财源广进的游人。把一个新开发的溶洞景区搞得乌烟瘴气。②

在经营者眼中,神圣资源可以直接转化为经济资源,他们是在与人做买卖,但发的却是"神"财。即使缺乏神圣资本,他们也往往人工制造出来。为了能够吸引更多的游客,发更多的"神财",经营者总是尽量将世俗进行神圣化生产,为自己本来世俗的产品涂抹一层神圣色彩,比如宣称旅游纪念品"是经过某某大德开过光的,特别灵验";或者借用神圣话语装扮自己的世俗行为,如术士对游客宣称"天庭饱满、地阁方圆"或"印堂发紫、天门带煞"之类的神秘语言以售其奸等等。然而不经过"世俗化"阶段,也就是说不遵循世俗交易原则收取游客金钱,那么前面的"神圣化生产"的所有努力都无法落到实处。对于经营者而言,"生产"的全部就是"生产利润",就是"赚钱"。

（3）宗教团体

对于宗教团体来说,"世俗的神圣化生产"是延续自身生命的重要策略。面对世俗化的冲刷,神圣的生成速度往往落后于衰变速度,并形成一种结构性的堕距。神圣一旦衰变就直接回归世俗。只有不断给宗教注入神圣内容,宗教才能保持神圣性而不至于衰竭;神圣性的衰竭,意味着宗教自身的衰竭。神圣化生产对于宗教具有极端重要的意义,是其生命力所在,保证其常变常新。宗教只有不断"将世俗进行神圣化生产",也就是通过神圣的形式,才能使宗教不断保持活力。只有不断保持神圣对于世俗的优势,通过各种神圣化的方式吸引旅游者前来顶礼朝拜,吸引世俗资财修建宗教建筑、

---

① 陈光照:《"洞中建佛"实堪忧》,《风景名胜》2000 年第 4 期。
② 陈光照:《"洞中建佛"实堪忧》,《风景名胜》2000 年第 4 期。

塑像,扩展道场规模,宗教才能不断发展。而宗教自身发展越大,所能吸引来的世俗资财就越多。对于宗教而言,神圣与世俗是一个相互嵌构的循环过程。从这种意义上,宗教的神圣化生产同时具有世俗的形式,具有面向世俗的一面;相应的,宗教的世俗化生产同时具有神圣的内核,具有面向神圣的一面。神圣与世俗绝不是完全对立的、割裂的。实际上,神圣只有通过自身指斥为世俗的形式才能延续香火,保持自己的生命,这是一个悖论式的生产过程。

神圣无法自我生产、自我界定,只有通过世俗,神圣才能生存,才能延续。寺院对自己所拥有的神圣资源仅仅进行神圣性的生产,则难以生存、延续和发展。如果没有世俗资财源源的注入,寺院可能衣食无著,陷入难以为继的困境。许多宗教都是禁欲性的,神职人员不能婚配,老一代去世后他们无法用自己的力量补充新一代,人力资源面临枯竭的危险。如果没有"凡夫俗子"不断成为宗教神职人员,同样导致宗教自动衰亡。从这个角度理解,宗教的世俗化不可避免。按照宗教自身的逻辑,世俗化是为了更好的神圣化,世俗化过程也是一个化世俗的过程。宗教旅游本身就是一项宗教世俗化活动。"富贵而多金"的世俗旅游者,往往能够成为"檀越施主",寺庙一般很是欢迎。明末散文家张岱记述了他们的一次世俗性十足的"宗教旅游",他们夜访古寺,高声喧哗,饮酒作乐,杯盘狼藉,寺院不但没有驱逐他们,反而笑脸相迎,表现出极大的热情。在中国古代,寺院成为许多世俗活动的载体。寺院以自身优美的自然风光和华美的建筑装饰,被人们最大限度地"公园化"了。士女游玩、文人聚社、科考投宿等都会选择在寺院里进行,寺院在某种意义上成为一种"公共空间"。明末旅行家、地理学家徐霞客,游览祖国大好河山进行科学考察的几十年中,与寺院结下了不解之缘,寺院成为徐霞客旅行中的一个又一个"客栈",他游记中的很多精彩篇章都是在寺院的青灯古佛旁写就的,他还应邀为一些佛教名山名刹修撰史志,如云南的《鸡足山志》。

中国的佛教和道教寺院宫观,具有极大的世俗性和开放性。"十方丛林"的"挂单"制度极大地方便了僧人、道士的全国云游活动。同时,寺院宫观的大门也随时向社会俗人敞开,功德箱几乎遍布寺院宫观的每一个殿堂,而功德箱本身就是宗教世俗化的一个隐喻。游客越多,香火就越旺,寺院的名气就越大;而寺院的名气越大,游客就越多,香火就越旺。有趣的是,庙(廟)暗含的意思即是需要人来"朝"。庙就是供人前来朝拜、祭祀、举行各种宗教活动的场所、空间,而朝拜、祭祀的原因是庙里供奉了祖先、神灵等,祖先、神灵可以为朝拜、祭祀者提供"福佑"。没有信徒前来朝拜,庙的神圣功能就丧失大半,仅仅成为一个供奉着土偶木偶的空间、场所而已。反映在文字结构上,"廟"失去了"朝",就只剩下干巴巴的"广"。"广"本读(yǎn),甲骨文和金文的写法像屋顶,其含义是依山崖建造的房屋。而现代的"广"读"guang",是"廣"的简体字,原义指四周无壁的大屋。以"广"(yǎn)为偏旁的字大都与房屋建筑有关,如厦、庵等。作为一组房屋建筑及其附属空间的"庙",从物理学的角度来看,与其他房屋建筑没有什么特殊区别,都由大致一样的材料构成。"庙"的特殊性源自与朝拜、朝圣、旅游有关的宗教性和世俗性活动,如果没有一定数量的信徒以及非信徒前来,甚至连生存也是一个问题。以佛教为代表的中国寺庙,总是千方百计吸引信徒和非信徒前来朝拜、旅游。

寺院的建筑高大宏伟,装饰金碧辉煌,空间宁静祥和,大都是当地最好的建筑。北魏杨衒之的《洛阳伽蓝记》以生动优美的笔触描写了当时洛阳佛寺如天上宫阙般的富丽堂皇;《旧唐书·卷一百》载辛替否上书唐中宗的奏折"今天下之寺,盖无其数。一寺当陛下一宫,壮丽之甚矣,用度之过矣!是十分天下之财而佛有七八。"在现代社会,修建一座寺院也是动辄百万、千万甚至数亿。修建这些"神圣庙宇"的钱财有多种渠道,比如和尚出去化缘、政府拨款、工商企业捐赠、个人捐献功德、寺院商业服务、发展旅游等等,但是从根本上说,这些钱财都是从世俗社会而来,而寺院只有借助自己的神圣资源才能赢得信徒,赢得信徒的物质支持。而只有在雄厚资财的支持下,寺院才可能修建庄严神圣的"大雄宝殿",为僧众讲经说法、从事宗教活动提供支持,而这些有利于进一步吸引信徒甚至不信教者捐赠钱财。这些可以看作寺庙"世俗的神圣化生产"与"神圣的世俗化生产"的一种策略、逻辑或者表现。这一逻辑是传统的,一直为寺院所沿用;同时也是现实的,在当今社会仍有明显表现。

但是,如果没有高素质的僧才,这一再生产的链条可能就此中断。全国很多地方不乏金碧辉煌的道场,缺乏的是高水平的僧才,"硬件有余,软件不足","空有其寺,而无其僧",甚至"金玉其表,败絮其中"。《红楼梦》第二回《贾夫人仙逝扬州城,冷子兴演说荣国府》中记载贾雨村读到某乡间小寺山门上的对联"身后有余忘缩手,眼前无路想回头",认定出自"过来人"之手,想与之会晤,可找来找去仅发现一个又聋又哑的老僧,不禁大失所望。徐志摩在《天目山中笔记》里记载了他"佛国之旅"遇到的和尚们:"和尚是没道理的多。方才那位知客僧想把七窍蒙充六根,怎么算总多了一个鼻孔或是耳孔;那方丈师的谈吐里不少某督军与某省长的点缀;那管半山亭的和尚更是贪嗔的化身,无端摔破了两个无辜的茶碗。"即使寻访到一位十二年来日日打钟的和尚,却也只是个"仅仅会念阿弥陀佛,根本没有开窍的蒙昧者。"徐志摩对他的"佛国之旅"不免惆怅失望。我们也发现在一些寺院里,僧人表现得很随意,在大殿前聊天并用手机高声播放流行音乐,换了一首又一首;每一个殿堂里都有功德箱,只要有人走进去,坐在那里的僧人便"铛"的一声敲响大磬,高声提醒"投一些功德啊",甚至有些寺院只要一跨进山门就有僧人提醒"投功德";而大殿门边悬挂的"宣传栏"介绍师父个人情况时不外乎"擅长堪舆、风水、做法事"之类的话;向他们询问一些佛经知识,大都不知道而且不感兴趣。正如一所大学,并不是因为它盖有大楼而是因为拥有大师才能培养出好学生;一个寺院,也不是因为它建有多少高塔大殿而是因为它拥有高僧大德才能真正吸引游客。只有高水平、高素质的僧团才能推动佛教文化中的精华与现代社会的发展相结合,并将佛法精华深入浅出的讲解给大众。游客到佛教圣地不仅仅为了参观建筑,发展新型现代宗教旅游,离不开高水平、高素质的僧团。宗教自身的再生产,离不开高水平、高素质的僧团。在"有寺无僧"现象中,西双版纳地区的南传上座部佛教表现得十分突出,值得我们关注。

目前,一个地方发展宗教旅游,总是从筑路、修庙、建塔、造像等世俗性生产活动开始,然后借助开光等神圣性仪式赋予世俗工程以神圣内涵。从一篇题为《宣传寺文化,做活山文章——安徽冶父山国家森林公园大力发展旅游经济》的正面报道中,我们可以清楚地看到寺院在神圣与世俗之间进行双重再生产的行动逻辑:

> 冶父山佛教文化源远流长。山上保留着伏虎寺,妙山和尚、果安法师真身、伏虎洞、清真寺、实际禅寺、星朗塔铸剑池等佛教遗产。他们利用佛教圣地丰富旅游资源发展旅游业。在经济不太宽松的情况下,挤出了32万元资金,修建了主景区的柏油公路;兴建了具有森林公园特色的竹屋、竹长廊、凉亭、原木结构的公厕;修建了3000平方米旅游停车场;新建全石结构大门楼和公园围墙等基础配套设施,创造了曲径通幽,亭廊相连、林荫蔽日的良好旅游环境。……由于山绿了、景多了,上山的游客逐年增加,每年达25万人之多,寺庙香火旺盛,游人如织,不仅给寺庙、公园及当地政府增加了可观的旅游收入和税收,同时借宣传佛教文化之机,使人们能修身养性,共赏祖国大好河山。①

神圣的世俗化生产与世俗的神圣化生产是相辅相成、相互建构的关系,是一个过程的两个方面。没有神圣化,世俗生产很难为信徒认可;离开世俗化,神圣生产则丧失物质基础。仅仅依靠一方,无法完成宗教的延续和发展。与宗教有关的一切活动都是如此,在神圣与世俗之间展开活动的宗教旅游中表现得尤为明显、尤为典型。宗教旅游的许多现象都可以在"神圣—世俗"、"神圣化—世俗化"、"神圣的世俗化生产—世俗的神圣化生产",这三对层层递进的"二重性"互构式术语中得到解释。

需要指出的是,在宗教旅游中生产与消费是有机统一的。旅游者所从事的消费活动,就是经营者正在从事的生产活动。只有经营者的生产,才能完成旅游者的消费,反之亦然;二者互为手段,互为目的。

---

① 杨曙宏、吴正友,《宣传寺文化,做活山文章——安徽冶父山国家森林公园大力发展旅游经济》,《国土绿化》2004年第1期。

（4）政府部门

从理论上讲，政府应当以一种客观、公正的旁观者身份参与宗教旅游，监管不法行为，协调利益冲突，而不能"分一杯羹"，参与利益争夺。然而实际情况是，很多寺院由地方政府出资修建，宗教旅游开发由政府主导进行。在佛教文化景区建设中，政府的投资力度一般都大大超出寺庙本身的筹资能力，成为促使其迅速复兴发展的重要因素。北方某佛教名山在"文革"中遭到很大破坏，改革开放初期已是一片败落景象。后经地方政府拨款3000万元，修复了28座大寺，方重现昔日辉煌。中国历来是王权大于神权，东晋佛门领袖释道安一语道破："不依国主则法事难立。"此传统一直延续到现代，如果没有政府的首肯或默认，任何公开的宗教活动几乎都是不可能。我们经常听到和尚说"在政府的大力支持和正确领导下，某某活动取得圆满成功"之类的话。在宗教旅游开发过程中政府扮演的角色比较复杂。在很多地方，宗教旅游是当地旅游的有机组成部分，在宗教文化积淀深厚的地方可能还是当地旅游的支柱，这一点，我们从各级政府的旅游规划中可以清楚地看到。宗教旅游不是由寺院主导而是由政府主导，从规划、宣传、推广、门票定价都由政府一手包办，寺院很少参与。佛教四大名山门票都在100元以上，而且还有继续上涨的趋势。新浪网的一篇报道说峨眉山门票提价30元每年可多收7000余万，由此可以推算出其门票总收入当在2亿元左右，而收取门票的机构是政府设置的风景名胜区管理委员会。一些大寺名寺情况也是如此，如少林寺。"少林寺虽然顶住了文物部门的压力，但是却无力抵挡旅游部门的作为。所以，要想走进少林寺，无论是普通游客还是虔诚的朝拜者，都不得不购买昂贵的百元门票。少林寺门票在2005年从原来的40元上涨到100元，是当地政府旅游和其他部门的决定。虽然不是少林寺的决定，少林寺却不得不因此背负骂名。"[1]政府或直接或间接获取宗教旅游的大部分收益，而寺院只能收取游客的功德捐赠等款项。一些有实力的名刹大寺谈判能力很强，能够从门票收入中分来较大的比例，一些中小型寺院

---

[1]　杨凤岗：《少林寺"世俗化"了吗？》，《河南社会科学》2007年第3期。

可能一分钱都分不到。在宗教旅游开发过程中,很多地方寺院与政府的关系都是如此。

有时候寺院不乐意开发旅游,有时候寺院乐意开发旅游但不想遵循政府制定的开发模式。然而,寺院的旅游经营权被政府控制了,只能按照政府的规划方案来开发。在调查中,我们发现有些僧人并不赞同政府的旅游开发行为,但也不公开反对。他们往往"从佛教事业的大局出发"消极配合,或者表示"随缘",或者声称"与我无关"。昆明的国家级旅游度假区滇池附近有一座寺院,当地政府为了发展旅游已经将其作为一个重要景点纳入旅游规划。实际上,该寺院尚处于恢复建设阶段,只是修好了禅堂、僧寮和配殿,大雄宝殿和斋堂仍然是临时搭建的简易工棚。在访谈中,该寺主持说:

> "旅游是政府的行为,我们不能反对。但是我们的初衷不是为了修建一座旅游型寺院,现在全国各地这样的寺院已经很多了,缺乏的是真正讲经说法的弘法型寺院。至于发展旅游,既然政府从大局出发已经将我们列入规划了,我们也不能不做。但是我们不会向游客收门票,即使政府下红头文件命令我们也不会收。寺院收门票不符合佛教的传统。现在很多寺院一搞旅游就要收门票,搞的乌烟瘴气,惹来很多批评,这是佛教的悲哀。不过话又说回来,很多不是寺院想这么做,而是政府要这么做。门票款项几乎全被政府拿走了,寺院即使有也只能分到极小的一部分。"

宗教旅游应该使游客、寺院、居民、政府、商户等行为主体各尽其职,各获所需,而收益不一定是经济效益,社会效益、生态效益更为重要。宗教不应该成为哪一家的私有财产,旅游也不应该成为哪一家的生财工具。遗憾的是,政府的厂商行为在一些地方的宗教旅游开发中时有发生,且愈演愈烈。政府扮演了经营者的角色,"宗教搭台,旅游唱戏",借此发展地方经济,因此,行动策略和行为逻辑与前文所述经营者的策略和逻辑十分相似。地方政府作为强势主体,在出现问题或者违法的时候,缺少强有力的监督主体来制止其行为,从而造成一定的社会恶劣影响。比如,未经国家或者省级宗教事务局批准,非法修建宗教场所,树立露天佛像。我们从云南省宗教局了解到,云南省昆明市官渡区某居委会在一些所谓"见多识广"的居民怂恿下,在没有任何报批手续的情况下,修建了一个占地20余亩的小寺庙,塑起了几尊佛像,设立了几个功德箱,请来了几个和尚,在开光当天就收到功德捐款60多万元;红河州弥勒县因为与弥勒菩萨的名字相同,就大力发展"弥勒经济",修建了号称全球第一的弥勒露天佛像,而这一举动也未经国家和省宗教事务局的批准。还有一些情况是过分追求经济利益,从而侵犯了宗教界的利益。云南省楚雄彝族自治州武定县狮子山号称"西南第一山",因建文帝朱允炆避难于此出家的传说久负盛名。始建于元至大四年(公元1311年)的正续禅寺大雄宝殿有联曰:"僧为帝,帝亦为僧,数十载衣钵相传,正觉依然皇觉旧;叔负侄,侄不负叔,八千里芒鞋徒步,狮山更比燕山高。"狮子山旅游开发初期,曾经在收取进山门票时,没有做出区别对待。在山上领了皈依证的居士要交,上山到寺院办事、做工的人员要交,甚至山上常住和过往的僧人也不能免。如此一来,居士很少进寺院了,寺院的功德收入有所减少,山上的僧人多次向有关部门呼吁减免门票,"出家人以寺院为家","给我们一条回家的路"。类似情况在全国很多以宗教闻名的风景名胜区都不同程度的存在。这些地方普遍设置的"风景名胜区管理委员会"实际上就是一个按照处级、科级行政级别进行建制的政府机构。政府参与宗教旅游一定要摆正自己的位置,不能既做运动员,又当裁判员;不能为了发展经济而片面的发展宗教,也不能为了发展经济而损害宗教的利益;更不能奉行经济至上主义,应该将社会效益、生态效益放在首位。总之,宗教旅游开发要在神圣与世俗之间做好平衡,把握好"度"。

面对上述问题,我们不禁要问,旅游开发究竟是宗教发展的陷阱还是通途?宗教旅游中的政府厂商行为实际上是以合法形式为掩护的非法行为。而实际中还存在以非法形式进行的非法宗教旅游行为,如一些民间组织或个人非法建造宗教场所或利用封建迷信以吸引香客、游客而诈敛钱财。如果说后一种行为是违法的、应该取缔的,那么前一种行为同样如此。政府在宗教旅游中既不能不作为,更不能乱作为。宗教旅游确实是一项赚钱的好营生。"要想发,建佛塔;要想富,开佛铺",两句调侃恰恰道出了佛教旅游项目背后的经济规则。在这一思想支配下,一些寺院景点化、公司化,对外聘请职业和尚甚至假和尚装点门面,和尚如同打工仔每个月都有不菲的工资。和尚成为一种严重世俗化了的职业,赚够了钱马上走人。这些都是侵入佛教神圣肌体的毒瘤,我们必须根除。不纯洁的旅游开发,只能是毁了佛教,富了个人。佛教常言"如法如律",佛教旅游一要符合国家的法律法规,二要合乎佛教的戒律戒规。佛教旅游只有沿着这两条轨道前行,才能健康发展。

(5)居民

宗教旅游的相关行为主体还有当地居民,但是他们参与宗教旅游的方式主要是卖香火或当地特产、开餐馆饭店、当导游、做马夫轿夫等。宗教旅游的开展对当地居民生活水平的改善有明显的推动作用。一则资料表明:1979年以前的少林寺村,有152户人口,人均口粮45公斤,年收入31元。1993年底,人均收入已达2000多元,每年接待中外游客250万人。[①] 所谓"靠山吃山,靠水吃水",旅游开发的大潮唤醒了当地居民的商品意识,他们大都主动融入当地的宗教旅游开发实践中,为旅游者提供各种服务,越来越具有"经营者化"的倾向。鸡足山上从事各种经营活动的店主几乎全部是山下的沙址村居民,他们参与宗教旅游的行动逻辑与前文所属经营者的行动逻辑十分相近。但是与外来经营者相比,他们作为土生土长的"本地人",在价值、行为、观念上带有更多的"地方性"烙印。对于鸡足山,他们拥有更多感情,主人翁意识比较强,能主动保护店铺周围的自然环境。他们大都经历了从社区居民到景区商户的转化。

(6)小结

如果我们以神圣和世俗作为两个要素,并将之分别作为目的与手段,可以总结出四种不同类型的行动逻辑:目的是神圣的,手段是世俗的;目的是世俗的,手段是神圣的;目的是神圣的,手段是神圣的;目的是世俗的,手段是世俗的。前两种行动逻辑分别对应我们上文分析的"神圣的世俗化生

---

① 韩国河:《河南省潜在宗教文化旅游资源开发研究》,《郑州大学学报(哲学社会科学版)》1995年第4期。

产"与"世俗的神圣化生产";后两种行动逻辑我们不妨称为"神圣的神圣化生产"与"世俗的世俗化生产",分别对应着纯粹的宗教活动如传戒、剃度僧人等以及纯粹的经营活动如旅游公司给员工发工资等。这些活动不是人神互构、圣俗交织为主要特征的宗教旅游的主流行动逻辑,因而我们在阐述宗教旅游本质时,主要从"神圣的世俗化生产—世俗的神圣化生产"这一互构关系入手进行分析。

表 4　宗教旅游的行动逻辑类型

目的 ＼ 手段	神　圣	世　俗
神圣	神圣的神圣化生产	神圣的世俗化生产
世俗	世俗的神圣化生产	世俗的世俗化生产

下面三组表格分别从旅游者、经营者、宗教团体三大行为主体的利益取向、策略选择、具体行为、表现特征等方面对宗教旅游中的基本行动逻辑"神圣的世俗化生产—世俗的神圣化生产"进行分析。之所以没有涉及当地居民与政府机构,是因为他们参与宗教旅游的行为具有明显的"经营者化"趋势,甚至宗教团体在宗教旅游中也一定程度上经营者化了,可以将他们归结为广义的经营者类型。因此宗教旅游中的行动主体实际上可以精简为旅游者与经营者,而二者又以旅游者更为根本、更为核心。

表 5　宗教旅游的基本行动逻辑:旅游者

基本逻辑		利益取向	策略选择	具体实例	监管重点
神圣的世俗化生产	将神圣进行世俗化生产	解决生活中的实际问题、烦恼等	将神圣资源化、对象化	许愿、还愿、参观游览	避免流于宗教狂热、封建迷信
	将世俗化生产再神圣化	从神圣资源中获取收益	提供神圣性证明	烧香拜佛、体验佛教文化	避免流于宗教狂热、封建迷信
世俗的神圣化生产	将世俗进行神圣化生产	巩固所获收益	提供神圣性证明	心理安慰、领悟宗教文化精华	避免流于宗教狂热、封建迷信
	将神圣化生产再世俗化	解决生活中的实际问题、烦恼等	将神圣资源化、对象化	在日常生活中应用、获得快乐	避免流于宗教狂热、封建迷信

表6　宗教旅游的基本行动逻辑：经营者

基本逻辑		利益取向	策略选择	具体实例	监管重点
神圣的世俗化生产	将神圣进行世俗化生产	发展经济	遵循世俗市场经济法则	开发宗教旅游资源	兼顾社会效益、经济效益、生态效益
	将世俗化生产再神圣化	制造神圣氛围，吸引游客	提供神圣性证明	天堂化改造或宣传	避免流于宗教狂热、封建迷信
世俗的神圣化生产	将世俗进行神圣化生产	心安理得的赚取利润	提供神圣性证明	收取门票	兼顾社会效益、经济效益、生态效益
	将神圣化生产再世俗化	发展经济	遵循世俗市场经济法则	再投资，扩大旅游开发规模	兼顾社会效益、经济效益、生态效益

表7　宗教旅游的基本行动逻辑：宗教团体

基本逻辑		利益取向	策略选择	具体实例	监管重点
神圣的世俗化生产	将神圣进行世俗化生产	寻求宗教自身发展	遵循世俗市场经济法则	修建寺院	遵循宗教政策，避免盲目扩建寺院
	将世俗化生产再神圣化	生产并掌握神圣资源	提供神圣性证明	请高僧大德为寺院开光	避免流于宗教狂热、封建迷信
世俗的神圣化生产	将世俗进行神圣化生产	获取经济收益	提供神圣性证明	赐福游客，收香火功德	避免流于宗教狂热、封建迷信
	将神圣化生产再世俗化	寻求宗教自身发展	遵循世俗市场经济法则	香火功德投入寺院扩建	遵循宗教政策，避免盲目扩建寺院

（二）人神互构与圣俗交织：宗教旅游的本质特征

　　宗教旅游是一个具有自身逻辑的、相对自主性的场域。该场域中的主要行动者如旅游者、经营者、宗教团体、政府机构、当地居民，从各自占据的位置和附着其上的资本出发，以各自的行动逻辑和策略，展开博弈、合作、竞争，追逐各自的利益需求，形成了人与人、人与社会、人与神、自然与社会，自然与宗教、宗教与社会等微观、中观、宏观层面错综复杂的多种交互关系，并连同行动者及其行动策略本身，作为整体镶嵌在以人神互构为根本过程、圣俗交织为主要特色的社会空间中。宗教旅游场域中的行动者既包括个体的自然人，如游客、商贩、僧人等，也包括机构性的法人，如政府、旅游公司、宗教团体等。宗教旅游场域中的行动者凭借各自掌握的神圣资本、文化资本、符号资本等，进行着协商、博弈、互利、竞争等各种活动。如果将宗教旅游场域进一步细分,其下面又可划分为开发场域、经营场域、监管场域等等具体操作层面的子场域;而在宗教旅游场域之上,还存在宗教场、旅游场以及背后的社会场等宏观层面的母场域和元场域,这些场域之间同样存在各种关系,尤其是宗教旅游子场域之间更具有非常紧密的关系。

按照场域的视角去思考,就是按照关系的视角去思考。面对场域我们关注的不是位置,甚至也不是占据位置的主体,我们关注的是位置间或主体之间的关系,是行动者及其资本、惯习之间错综复杂的关系。宗教旅游场域中的资本从总体上可以分为神圣资本和世俗资本两大类,附着于这两大资本的各方行为主体都有自己独特的价值取向、利益取向以及行动策略取向,并根据所占据的现实和历史位置谋求自我利益的获取。这种利益获取行为既在人与人之间展开的,也在人与神之间展开,但归根结底是在人与社会之间展开的一种互构行为。而人与神之间的关系是宗教旅游中极具特色的一对社会关系,不对宗教旅游场域中特有的人神互动进行深入考察,就无法深入宗教旅游的本质。

在宗教旅游中不仅存在人与人、人与社会的互构,还存在人与神、神与社会的互构。在宗教旅游场域中,互动的行为主体或者是自然人如旅游者、僧侣、当地居民,或者是法人如旅游公司、宗教局、旅游局等,他们之间不仅存在错综复杂的互动互构关系,还从整体上归结为一个大写的"人",与宗教旅游场域中无处存在而又无处不在的"神"进行互动、互构,从"神"那里获取资源,谋取利益。"神"无处存在是从客观而言,无处不在是从主观而言。大多数人一走进宗教场所,都能感觉到一种与日常生活不大相同的氛围,对于虔诚的信徒而言这是与世俗大不相同的神圣,对于一般游客而言,这是与喧嚣大不相同的清静。几乎所有走进寺院的旅游者都有烧香拜佛行为,其中一些是虔诚的信徒,每年都来,而且不止一次;一些是"临时抱佛脚者",为了自己生活、事业、学业中的烦恼祈求保佑;一些是"不可知论者",看到大多数人都烧香拜佛,自己也"随大流";一些既不烧香也不拜佛、自称"无神论者"的游客在宗教旅游场所中只占很少比例,他们大多是"迷信"的家人、朋友的陪客,但也能感受到宗教旅游场所的清静氛围,认为出来走走对于自己的身体健康具有好处。可见,人神互构没有统一的模式,每个人都有自己的策略,同样是烧香拜佛,不同的游客有不同的差别;同样是不烧香不拜佛,不同的游客也有很大的差别。

人与神的关系从本质上说是人与社会、人与人的关系,是宗教学研究的重要课题,然而学界目前还缺少对人与神关系系统而全面的理论研究。人神互构是一个过程、行为,圣俗交织是一种结果、状态;二者既是主观的,又是客观,在宗教旅游中有着突出的表现。我们首先从学理上对人神互构的发生机制、行为动机、表现形式、主要结果等进行分析,在此基础上对圣俗交织的深度、广度、维度、向度等进行客观的、指标化的研究。我们是在马克思主义无神论指导下构建有神论的关于"人神互构与圣俗交织"的理论体系。"神"仅仅作为一个宗教活动中存在的事实来分析,并不意味着我们认为神存在,或主张一种"造神运动"。

1. 宗教中的人神互构与圣俗交织

神是宗教的一个基本要素,人与神的关系是一个客观存在的"宗教事实"。任何宗教活动,都不同程度地表现为人与神之间的互动。在拉丁文里宗教的原意表示人与神的再联结、再重合,中国文化传统里也有类似的"天人合一"论题。人与神的关系问题作为宗教的基本事实和基本问题,同样是宗教研究必须面对的基本事实和基本问题。实际上,这一问题在哲学、文学、史学、法学等人文社会科学中都得到了广泛的讨论,甚至在数学、物理学、生物学、化学等自然学科中也有不同程度的体现。比如牛顿将上帝看成是宇宙的第一推动力,现代当代物理学家如爱因斯坦、普朗克等,仍然有很多人信仰上帝。可以说,人类文明的曙光正是浮现在对人与神关系的思考和探究之中,在漫长的历史长河中,无数思想巨匠都发表了自己对人与神关系的精辟看法。

现代意义上的宗教学研究开始于上世纪初,被誉为宗教学之父的缪勒编纂了煌煌百万言的《东方圣书》,认为对宗教"只知其一,便一无所知",提倡比较宗教学的研究方法。此后,宗教学迅速发展,并形成了许多分支学科,宗教社会学就是其中之一。被誉为社会学三大家的马克思、涂尔干和韦伯,同时也是宗教社会学的三大家,人与神的关系问题是他们研究的重要话题。

中国远古就有崇拜英雄祖先的传统,人们将那些对部族发展、人类文明做出重大贡献,或者在人格上表现出特殊魅力的人物神化,使之成为半人半神的人物,凡有大功者,死皆祀之。《礼记·祀法》曾列举了四种需要祭祀的人物:"以死勤事则祀之,以劳定国则祀之,能彻大灾则祀之,能捍大患则祀之。"历史上的黄帝、炎帝、尧、舜、禹、汤、周文王、周武王以及周公等都被列为半人半神的圣贤,加以隆重地祭祀。后来还有姜太公崇拜、伍子胥崇拜、武侯崇拜和关公崇拜等,其中影响最大的是崇拜孔子。人的神化是一个渐进的社会过程,并不是一次就完成的。神的诞生反映了社会各阶层的利益,哪些人可以被神化,哪些人不可以被神化,可以被神化到什么程度,都是社会中各阶层利益关系平衡的结果。神的背后隐藏的是社会各阶层尤其是统治阶级的权力话语,但是被统治阶级也可以借助神来表达自己的利益,历史上无数次农民起义很多都是借助神的话语宣传来反映人的声音,以此号召群众,凝聚群众。

神的原型有时候并不是人,而是一种动物或者植物,甚至是一种无机物如石头、山丘、星星等,这在原始宗教图腾崇拜中极为普遍。实际上,人崇拜的是这种动物或植物对于人类生产、生活、生存息息相关的功能,从本质而言,仍然是一种社会关系的范畴。《礼记·祀法》指出"山林川谷丘陵能出云为风雨,皆曰神"。所有对人作出贡献,有利于人的事物,都能作为人的祈祷对象而成为神,这是一种"功能主义的神"。此外,神与人从来都不是绝对分裂的,神也并非总是高高在上,他是普通人通过修养可以达到的一个境界,这是一种"生成性的神"。"神,聪明正直而壹者也"[1];"圣而不可知之谓神"[2],"神也者,妙万物而为言者也"[3]。 如同"圣"一样,"神"也能成为人的一种能力,我们常常把具有技艺超群的人称为神工、神医。人神关系是

---

[1] 《春秋左传》。

[2] 《孟子》。

[3] 《易经·说卦》。

贯穿宗教所有关系类型中的一条主线。宗教借助人与神之间的交往,追求人生的终极意义,并解决现实的生存问题。从某种意义上说,神的本质是人,人的本质也是神,只有人才能不断超越自我,迈向更高更远的目标,进入出神入化的境界。理解了人,也就理解了人类的神;而理解了神,也就理解了人自身。人神关系作为宗教古老而永恒的现象,是透视宗教秘密的一扇窗口,是任何对宗教进行科学研究都无法避开的根本问题。

人与神互构的一个直接社会结果就是宗教。宗教总是随着社会的发展变化不断更新人与神互构的方式,进而更新人与神互构的结果——宗教自身。如果宗教在某一社会中占有决定性的地位,那么宗教改革必将导致社会改革,人类历史上一次波澜壮阔的社会革命——早期资本主义革命就与宗教改革运动息息相关。1517 年马丁·路德的宗教改革运动与以人为本而不是以神为本的文艺复兴运动相呼应,提出"因信称义"的新神学观点,主张个人可以不通过牧师而直接与上帝交流,只要虔诚的信仰上帝,就可以得到上帝的恩典和救赎,从而升入天堂。加尔文的新教改革也是以此为中心。在中世纪宗教统治着社会中一切关系的背景下,人神互动模式的改革是一场宗教革命也是一场社会革命。人神互动的新模式必将导致人与人、人与社会关系的新模式。历史上每一次大的宗教改革运动都表现为人神互构模式的改革,而人神互构模式的改革,也将带来社会关系的改革。或者毋宁说,人神互构模式的改革有些时候是为了社会关系的改革。这不仅为世界宗教历史所证明,也为中国宗教历史所证明。如近代中国佛教界提出"人间佛教"的新理念,即是将"佛"从天上拉到人间,从彼世拉到此世,主张"庄严国土、利乐有情","报四重恩"。人与佛的互动不在虚无缥缈间,而应该在信徒的日常生活、工作、学习之中。佛法也是融入生活、融入工作、融入学习的,要将自己生活的家庭、社区乃至国家美化、净化起来。这与佛教中国化最彻底的禅宗"平常心是道"、"搬柴运水无非是道"的精神一脉相承,与党中央"积极引导宗教与社会主义社会相适应"的宗教工作方针相吻合。道教界也提出了"生活道教"的新理念,淡化对"肉身成仙"、"长生不死"等信仰的追求,注重将道教文化中与现实生活息息相关的人生智慧、生态伦理、医药养生知识挖掘出来,服务"众生",服务社会。"人间佛教"、"生活道教"的提出是基于人与社会关系的改革而改革人与神的关系,从而使人与神的关系适应人与社会的关系,客观上使佛教、道教服务社会,适应社会,从而使自身获得更大的发展空间。实际上,在我国社会主义社会的现实背景下,佛教"人间佛教"、道教"生活道教"以及基督教"荣神益人"、伊斯兰教"两世吉庆"等新型理念的提出,从本质而言都是以改造"人与神"的关系为契机,进而改造人与人、人与社会的现实关系,使之更加和谐,因而具有重要的社会意义和宗教意义。

人与神是一种特殊的互构关系,这种互构关系具有选择性、实在性、同向性、逆向性等一系列特征。人建构出了神,并将之作为一种社会结构、心灵结构、行动结构,反过来控制人。但是人还具有反结构、解构的能力,在一定的情况下,人会自己动手打破自己建构起来的神圣结构。人与神是互构的,人怎么理解神,选择什么样的神,可以反映出人是一个什么样的人。人的品味、理想、身份、经历等无不在人所选择的神之中展现出来。人选择一个什么样的神,往往不是个人的一己行为,而会受到社会阶级、社会背景等方面的强大影响或控制。人一旦选择一个什么样的神,就会逐渐成为一个什么样的人,人与神在社会中具有大致相对的位置结构。韦伯指出:"如果要简洁地——换言之,以一句话——描述出所谓世界诸宗教的主要担纲者或传道者阶层的典型代表人物,那么,可以这么说:儒教,维持现世秩序的官僚;印度教,维持现世秩序的巫师;佛教,浪迹世界的托钵僧;伊斯兰教,征服世界的武士;犹太教,流浪世界的商人;基督教,流浪的职工。当然,所有这些类型的代表人物皆不能视为其职业或物质之'阶级利益'的代言人,而毋宁视之为其伦理与救赎论——较结合于社会之处境的——之意识形态上的担纲者。"①

人一生下来进入的是一个世俗世界而不是神圣世界。就我们在世俗生活浸染日深而沉淀的惯习而言,神圣代表了一种否定性的、超越式的思维方

---

① ［德］韦伯:《宗教社会学》,康乐、简惠美译,广西师范大学出版社2005年版,第166页。

式和行动逻辑,而世俗代表了一种肯定性的、此在性的思维方式和行动逻辑。神圣禁止人们做一些世俗人看来是理所当然的事情,鼓励人们必须超越此在的限制,做一些世俗人不能做的事情。比如,佛教要求僧尼终身不娶,任何情况下都要绝对持守不杀、不盗、不淫、不酒、不妄语的清规戒律,努力奉行"众生无边誓愿度,烦恼无尽誓愿断,法门无量誓愿学,佛道无上誓愿成"的行动逻辑等。在一般人看来神圣与世俗是对立的,人们总是自觉、不自觉的将宗教想象为与世俗每每对立的神圣化身。常人看来的美女在高僧眼中不过是革囊盛血,富贵不过是过眼烟云,金钱不过是粪土瓦砾……世间的一切享乐他们看来皆如梦幻泡影,虚妄不实。正所谓"难舍能舍,难忍能忍,难行能行",在这种每每与世俗相左的行为方式和思想模式之中,神圣完成了对世俗的超越,建构了理想天国。

实际上,世俗并不必然代表堕落,世俗并不是与神圣截然相反的行动逻辑,世俗绝对不会鼓励人们杀、盗、淫、妄、酒。但是世俗的限制手段主要是法律,而法律只针对人们身体活动而不针对人们的心理活动。哪怕心中动了一万个邪念,只要没有表现在行动上,法律也不会加以追究。所以法律只能惩恶于后,不能防患于前,法律的局限性有待宗教来补充。宗教作为一种神圣性的信仰体系,将紧箍咒紧紧套在人们的心上,只要动了一个邪念,哪怕是没有付诸行动,死后也要受到上帝的审判。宗教与法律代表了神圣与世俗的控制机制,如果能够良性互动、有机结合必将为社会的安定、和谐发挥更大的作用。世俗并不能彻底摒除神圣,视神圣为虚无;而神圣也不能完全排除世俗,视世俗为堕落。在世俗文明高度发达的今天,神圣因素似乎逐渐被人忘却,神圣自身也面临着世俗化的严重挑战。但是社会中很多单凭世俗手段难以解决的问题日益凸显了神圣的重要性,人类社会的良性运行和协调发展,有必要考虑神圣与世俗的良性互动、有机结合。当然,如果将神圣的作用无限夸大,也会导致偏差。而且我们要清楚,宗教中包含着神圣的因素,但是宗教的并不必然是神圣的,宗教中还残留着一些封建落后、迷信保守的因素;反过来神圣的也并不必然是宗教的,如爱国主义精神、共产主义理想、人类的解放事业等等。

宗教,对一些人意味着神圣,对一些人意味着神灵,对另外一些人则可能只是一种神奇、神妙。这些认识外化为行动,则表现为有人是宗教信仰者,有人是不信教者,而宗教信仰者中一些人更富有人文精神,一些人更富有迷信色彩,一些人更具有功利主义倾向等等。荀子对"星坠木鸣"之类的异常现象评论说"怪之,可也;而畏之,非也";"君子以为文,小人以为神。以为文则吉,以为神则凶"。人们对于神的认识是不同的,而这些认识最终会影响我们的行动,带给我们利益或者危害。在社会主义社会下,我们需要的"神"是一个经过科学精神和人文精神改造过了的"神",是宗教文化中所有有益于人类自身、人类社会和人类文明发展的精华的一个指代名词,是宗教文化与时代精神相协调的所有超越性与肯定性。宗教旅游中的人神互构、圣俗交织,同样应该是人与神圣的互构交织,而不应该是人与神灵、神奇、神妙等"歪神"、"邪神"的互构交织,这些分别体现在核心型、过渡型、辅助型、边缘型等四种宗教旅游类型中。这四大类型的宗教旅游活动,我们将专章论述。

2. 宗教旅游中的人神互构与圣俗交织

宗教是人类一种特有的文化和社会现象,从它诞生之日起,就在有限与无限、生命与死亡、神圣与世俗、信仰与科学、情感与理性等人类至今迷惑不已的矛盾漩涡中纠缠、互构、演进。宗教本身包含着人走向神的隐喻。对神的无限敬仰、向往和依赖,是宗教这一人类创造的最重要、最有影响力的信仰形式的核心内容。随着人类认识水平的提高,越来越多的人试图运用理性对宗教进行反思,对神、神的存在进行科学证明。神学宗教就是人类运用理性的结果:人无可奈何的认识到自身存在的有限性,构建出的一种超越有限世俗走向无限神圣的信仰。宗教的一个重要特征就是它揭示了人类自身存在的有限性,并且提供了一条从此岸之我走向彼岸之神的途径。由此,各种宗教活动的终极目标就是不断走近神、走进神,尽管这一走近有些是心灵上的,有些是身体上的。身体走近神的活动主要表现为各种宗教朝圣、朝拜或者朝觐,而身体走近神的过程往往也伴随心灵走近神的过程。不同的民族创造了各具特色的宗教,无一例外地存在寻求神、走近神的活动,宗教旅游就是其中之一。可以说,宗教天然寻求朝圣。在不断走近神的过程中,信徒的世俗感逐渐减弱,神圣感逐渐增强,信徒失去世俗意义上的自我,赢得一个神圣意义上的自我。只有走近神,才能走进神,实现人神同在、梵我合一的宗教目标。人走近神是宗教旅游的最初动力,而神也并非"如如不动",在人虔诚地走近神的前提下,神作为回报也会走下神坛,伴随人一起巡游人间,也就是通常所说的"游神"活动。

宗教旅游是人试图联结神的一次努力。从最宽泛的意义上讲,宗教旅游是宗教活动的组成部分。宗教旅游是一种内在的神圣价值指涉,它是一种身体的意向性运动和行为,更是一种心灵的情感存在状态。对一种更高神圣价值的渴求促成了宗教旅游的步伐,形塑了宗教旅游独特的文化内涵。就此而言,宗教旅游不仅仅是身体在空间中的一种简单位移,更是带有情感动机的心灵运动,是人类有意识的参与神圣的行为,是一种自我提升运动。宗教旅游深深地涉及身体和心灵的互构关系。

然而,我们在实际活动中更多看到的是为了自己切身利益而祈祷的香客。每个人都在以自己的方式祈求自己的幸福,对此无可厚非,但是必须加以引导。宗教旅游应该寻求具体措施将合理的变为现实的,将不合理的变为不现实的,并采取坚决手段将之清除。一些纯粹为了自身利益而不断寻求神灵保佑的功利主义宗教旅游者,在一个寺院的神灵上无法满足自己的世俗需要,就会寻求另外一地神灵的庇佑。民间有一种说法,"只有拜漏的,没有拜错的",认为遇庙便拜总有好处而没有坏处。然而一位文化型、精神型的宗教旅游者会益发深入神圣之中心,在从价值到价值的精神前行运动中伴随着福乐的增长,体验着宁静和充实。

我们认为存在着一种正值和负值的宗教旅游。虔诚的信徒一般都不会认为自己是在进行宗教旅游,而是在从事宗教活动,进行信仰行为。旅游被放到最小,宗教被放到最大。而另一种宗教旅游,则恰恰相反,人们认为自己是在从事旅游活动、进行文化行为,宗教被放到最小,旅游被放到最大。这两种宗教旅游有各自的主体人群、行为方式和逻辑准则,我们不妨称其为价值满足型宗教旅游和功利满足型宗教旅游,这是宗教旅游中由来已久的两个传统。从价值中立的角度，两者都需要引导。过于世俗化会损害宗教利益，过于神圣化，酿成宗教狂热则损害社会利益。

宗教旅游者或多或少都有神圣性的需求。我们过于重视宗教旅游中的人—人关系、人—物关系，对宗教旅游中客观存在的人—神关系关注不够，置若罔闻。甚至认为，承认宗教旅游中存在人—神关系就是唯心主义，就是在传播封建迷信，事实上这种观点恰恰是违反唯物主义的。神是人创造的，也是可以改造的。我们要以时代精神的精髓，将宗教中的"神"构建为与社会主义社会相适应的"神"，并以之影响信徒的心理和行为，这一过程实际上就是积极引导宗教与社会主义社会相适应的过程。我们研究宗教旅游尤其是旅游型宗教活动中存在的人—神关系，就是为了规范它、引导它，探索宗教、宗教旅游与社会主义社会相适应的正确途径。

宗教旅游不仅涉及人与人之间、人与自然之间的互动，还涉及人与神之间的互动。人是对旅游者、经营者、规范者、神职人员等或直接、或间接参与宗教旅游行为主体的总括，与此相对，神是宗教旅游中所有被神圣化的事物，不同的人有不同的神的概念，对于神的理解也有所不同，从而与神互动的方式也各具特色。古希腊诗人、哲学家色诺芬曾经指出，埃塞俄比亚人的神祇是黑皮肤、扁鼻子的，而色雷斯人的神是蓝眼睛、红头发的。假如马和狮子有神的话，它们的神也一定是马和狮子的样子。这些生动风趣的话表明，不是神创造了人，而是人创造了神。同样，人与神的互动就是一种人与人的互动；或者说，人与神的互动在本质上只能由人与人的互动表现出来。

事实上，我们也只能从人与人互动的分析中，间接分析宗教旅游中的人神互动关系，并且将这种人神互动作为体现在人与人、人与自然、人与社会诸多关系中一个圣俗交织的既定事实。将宗教事实上的人神互动转化为科学事实上的圣俗交织，我们就不会陷入神学的泥淖，从而客观研究这一宗教旅游中带有根本意义的论题。对于虔诚信徒来说，宗教旅游就是人走向神的过程；而一般旅游者宗教旅游仅仅是一次在神圣性或准神圣性、类神圣性氛围中暂时忘却世俗的活动。在宗教旅游中，有不少人借用神圣的方式强化自己世俗性的追求，比如求菩萨保佑自己升官发财、考上大学、爱情成功等;更有甚者是保佑自己的一些犯罪活动,比如求菩萨保佑自己行贿受贿不要东窗事发、贩毒成功等等。这类活动虽然是宗教旅游中现实存在的一种实然情况,但这绝对不是宗教旅游的应然。对于此类实然的改造、引导是一项社会任务,也是一项宗教任务。引导庸俗型的人神关系转化为高雅型的人神关系的过程,本身就是一项推动宗教旅游以及宗教自身改革的过程。宗教旅游的成功转型有待于一种新型的"人神关系"的确立,最终有助于培育一种新型的"人－人关系"。

宗教是一种社会文化形式。佛教、道教在中华传统文化中历来与儒教足鼎而三,其文化精华是一笔宝贵的财富,至今仍有积极意义,这些我们要科学利用;同时,我们也应该看到宗教中残留着一些落后的、与社会主义社会、与现代发展不相适应的因素,这些我们要坚决摈弃。宗教旅游应该成为一种游客与宗教文化精华充分互动的深度旅游,而不能只停留在"白天看庙,晚上睡觉"、"烧香拜佛"的浅表层次。对于那些利用宗教中的糟粕或者打着宗教名义实际上属于邪教、迷信的"伪宗教旅游"则要严厉打击。我们应该在引导宗教文明、健康、和谐发展的同时,引导宗教旅游文明、健康、和谐发展,提倡具有社会主义社会特色的优秀宗教文化旅游,将宗教旅游作为推动宗教进一步改革、提升自身素质、积极与社会主义社会相适应的重要途径。

宗教旅游中的关系以人与神的关系最为特殊,最具特色。许多游客进到寺院里来烧烧香、拜拜佛就走了,期间不与其他游客、经营者、宗教神职人员等交往交流,即使有交流,也仅仅是一种生意上的往来,比如买门票、买香火、问路等,并没有多少实质性的人际关系色彩。在这种情况下,游客"香客化"了,人与人的关系,让位于人与神的关系。我们更需要的是香客游客化,而不是游客香客化。

人与神的关系本质上是一种人与人的关系。面对自己信仰的神的塑像,游客做出诸如献花、鞠躬、叩首等行为,并且以人际关系的准则构建"人神关系"或"神际关系"。所谓"人力穷而天心见,径路绝而风云通",有些游客可能并不具有对"神"的虔诚信仰,仅仅是请神保佑自己解决某些难以解决甚至是难以启齿的问题。而游客也如同在世俗社会中请人帮忙一样,许诺了解决这一问题愿意付出的报酬。对于寻求神帮助的游客,他往往不会认为或者不会承认自己是以世俗的人际关系为准则在和神进行一场交易。例如很多香客并不认为自己的烧香拜佛行为带有与神交易的性质。在人与神关系中有很多世俗的行为不能按照世俗的语言逻辑进行描述,如明明是买一张神像,但我们一定要用"请"而不能用"买"来形容这一行为。更进一步,神圣中的一些世俗行为也不能按照世俗逻辑来理解,对此神圣有其一套相对独立的话语体系,正是这一话语体系,将人与人的关系解释为人与神的关系。

所以,神虽然不是一个实体存在,却是一种实体关系。不承认这一点,不分场合,不分对象,总是将"神"归为一种虚妄,反而不是唯物主义。在宗教旅游中,人与神的关系是一种主导类型意义上的关系。即使在人与人关系中,也不同程度地带有人与神关系的色彩。比如信徒与德高望重的大和尚交往,就带有一种神圣谦恭的心理,在古代社会将大和尚神化是常有的事,即使科技发达的现代社会也不能完全"免圣去神"。商贩、旅游公司、导游等经常"借神说事",宣称自己的产品是多么灵验,该宗教风景区是某某佛菩萨的道场,经常出现佛光、菩萨显灵等等,借此吸引游客。游客也会向当地居民询问一些有关神圣或者灵验的话题,居民之间也经常彼此诉说关于灵验的神话。游客之间的互动话题很多时候围绕宗教景区的神奇、神圣、神灵等展开。

人们对于神圣,敬重的不是他的圣而是他的神;对于神灵来说,关注的是他的灵(灵验)而不是他的神。这在很大程度上就是一种功利主义的信仰世俗化,这在很大程度上是中国普通老百姓宗教信仰的一个特点。究竟是怎么样一尊神,他的名字是什么,属于佛教还是道教,等等问题,普通老百姓不会去深究,他们甚至连道教与佛教的区别也搞不清楚。明明匾额上的题款是佛寺,却供奉太上老君;明明是道观却供奉如来佛祖;明明是在拜菩萨,而非说是在拜佛祖。更有甚者,一些寺院里还供奉耶稣、圣母玛利亚。如著名的泰山玉皇顶,中间主殿供奉的是玉皇大帝,东殿供奉的是财神,西殿供奉的则是观音。韦伯将中国民间信仰称为"功能性神灵的大杂烩",普通老百姓看重的是神的功能和神的"灵验",而不是神本身;并且总是希望神"合署办公",他们不用跑很多地方就能满足自己的各种信仰需求。如昆明市官渡古镇的寺庙,不但供奉有儒、释、道三教尊神,还供奉有当地土主,人们进来可以向文昌帝君求文运、向赵公明元帅求财运、向菩萨佛祖求官运、向本主老爷求平安等等。普通人进到寺院之后,几乎是逢殿即进,逢神便拜。正如人际关系上,人们信奉"礼多人不怪";在人神关系中,人们信奉"神多保平安"。

宗教旅游中的神圣与世俗,首先表现为一种时间和空间的对立划分与交织互构,而且这种划分具有层次性、递进性,人们一步一步、一点一点从世俗世界的中心走进神圣世界的中心;然后又一步一步、一点一点从神圣世界的中心退回世俗世界的中心。在这一过程中,游客的心灵空间也浸透充满了神圣与世俗的对立划分与交织互构。游客从生活世界的中心(家)出发,经过一段时间和路程,前往宗教风景区。而著名的宗教风景区尤其是佛教、道教的景区往往都坐落于风景优美的名山大川,即使不是全国性的也是地方性的。游客在去之前往往已经通过各种渠道获得这些景区的一些知识,尤其是与宗教灵验传说有关的知识。在旅途中,随着向宗教风景区的逐步逼近,游客看到了与自己日常生活完全不同的景物,尤其是生活在繁华都市中的游客,可以明显感受到的山的空灵宁静,暂时忘却城市的喧嚣吵闹。游客的世俗感被一层一层剥落,神圣感被一点一点唤起。当游客到了宗教风景区的山门之外,神圣感就逐渐占据了上风,这时游客已经置身宗教神圣空间的外围了。随着游客步伐的前进,迈入某一知名寺院的山门之内,他就逐渐进入神圣空间的中心,身心被某种神圣的氛围所笼罩。当游客进入供奉主神的大殿面对面与神交流,诉说自己在世俗生活中遇到的困难烦恼,虔诚的向神顶礼膜拜,祈求神的保佑、祝福,这时游客的神圣体验遂达到高峰。当与神交流完毕,游客离开了主殿,离开了庙宇,离开神圣空间的中心,经由神圣空间的边缘,渐次退回"世俗生活"的中心——家。此时,游客的身体已经远离神圣空间,但是心灵很可能还在神圣空间"神游"。而且有些虔诚的游客,会将自己"世俗生活"的中心——家按照寺院神圣空间的模式进行改造:设立专门的神堂,定时对神膜拜。而作为神圣空间中心的寺院,也不是所有的角落都是神圣的,也需要按照世俗空间的模式划定出饮食起居的地方。而且作为大神圣空间的宗教旅游景区,也不是每一个角落都是神圣的,山上除了寺院之外,也需要设立饭店、宾馆、商店、停车场、游客服务中心等场所。当然,这些场所必须要与风景区的整个神圣氛围相吻合,不能过于世俗化,比如不能开设歌舞厅等娱乐场所。宗教旅游场域中,神圣与世俗是交织在一起的;反过来,世俗与神圣也是交织在一起的,同时二者也是互相影响、互相建构的。二者哪一方作为主导因素,以及互构、交织的方式、范围、深度、向度等方面的不同,最终将呈现出不同的面貌。宗教旅游中的圣俗交织,既是在时间和空间中的交织,也是在身体和心灵上的交织。

宗教旅游中的"人神关系"可以从不同的视角来理解,我们也需要从规范、引导"人神关系"的角度,来规范宗教旅游。从宗教旅游的行为主体来看,宗教旅游者、经营者、规范者以及神职人员都不同程度的与神互动,尤以宗教旅游者最为直接,最为明显。宗教旅游中出现的问题,一方面由于宗教旅游行为主体的角色错位,比如本应是规范者的政府相关机构扮演了经营者的角色,参与旅游收益的争夺,既做运动员又当裁判员;经营者冒充神职人员,进行宗教性表演,或者向旅游者兜售宗教用品。另一方面也由于人神关系出现了偏差,比如,旅游者在宗教旅游中进行封建迷信、传播邪教等活动;经营者利用封建迷信或开发非法宗教场所以吸引游客,牟取暴利;僧众在宗教旅游开发的过程中过于世俗化,损害了宗教的神圣性。宗教旅游行为主体的角色错位很容易导致人神关系偏差,而人神关系偏差也会加剧行动者的角色错位,两者交错为一个更为敏感和棘手的问题。引导宗教旅游正确健康发展,绝对不能忽略对宗教旅游中客观存在的"人—神关系"进行规范和管理。仅仅承认和规范宗教旅游中的"人—人关系"或"人—社会关系"、"人—自然关系",是片面的。

宗教旅游中人与神、人与自然的关系实际反映的是人与人、人与社会的关系。宗教旅游不仅仅是旅游者的个体行为,还是一项具有社会意义的社会行为。旅游者在高度重叠的自然空间和社会空间中观看自然景观、人文景观,体验这些景观带给自己的身心愉悦。在宗教旅游空间中,还有一层神圣空间与自然空间、社会空间高度重叠在一起。对于一些人来说,宗教旅游中神圣景观的意义和价值远远超过了自然景观和人文景观的意义和价值。

宗教旅游的脚步究竟应该怎么迈,迈向何方,迈出多远,都需要我们引导。一方面我们要通过引导宗教来引导宗教旅游,使其在心灵慰藉、身体健康、社会教化、政治和谐等方面都发挥一定的作用;同时也要通过改造宗教旅游来改革宗教,推动僧团自身的建设。因为没有能够结合现代社会的发展状况进行讲经说法活动的高素质的僧才,宗教旅游的文化品味就很难提升上去,而这已经是制约宗教健康和谐发展的一大难题。另一方面,我们也需要通过引导旅游来引导宗教旅游,尤其是要大力提倡和发扬社会主义的旅游文明,不断提升旅游的文化品味,使旅游成为保护宗教优秀文化、文物古迹的契机;同时,也要通过改造宗教旅游来改造旅游,推动其真正成为社会效益、经济效益和生态效益三赢的无烟工业。总之,我们应该时时围绕人神互构与圣俗交织的原则进行宗教旅游的开发与保护、改革与创新。神圣与世俗兼顾则赢,偏重则败,绝对不可以执其一端而不及其余。此外,我们还应该把对宗教的革新和对宗教旅游的革新、改造充分结合起来,积极引导宗教、宗教旅游与社会主义社会相适应。

3. 宗教旅游中的个人、社会与自然

宗教不仅与自然相关联也与社会相关联,更重要的是它还与精神相关联。精神既包括神也包括人感知神时的自我状态,还包括宗教文化传统中的人生观、价值观、生态观、伦理观等。因此,宗教旅游的主要场所——寺院从来就是一个与自然、社会和精神高度关联的空间,宗教旅游天然具有自己的物质基础和文化基础。对游客产生吸引力的不仅有形而下的器物层面,如亭台塔殿、自然风光,还有形而上的精神层面如教理教义、神圣氛围。所谓"世间好话佛说尽,天下名山僧占多",游客不仅在自然空间更在精神空间旅游。宗教旅游是一种承载于器物层面然而对人的精神产生更多影响的一种活动。

宗教尤其是中国的佛教、道教是一种高度关注人心的理论体系,将感性、理性和悟性高度融为一体。对于佛教、道教来说,注重悟性甚于感性和理性,提倡旅游者不能仅仅用眼睛看风景,从感性上看到它的美,还要用心灵去看风景,从悟性上见到它的"道",从中得出人生的道理。在禅宗里,有不少以游悟道、藉游参禅的故事。在《五灯会元》等禅宗典籍里我们随处可以看到禅僧动辄因为一个"话头"参悟不透就连夜出发拜访高僧大德。

游心通禅意,旅游的境界蕴藏着无限禅机。很多悟透了的禅僧借用旅游的道理或旅游中的景物来比喻禅的境界:"老僧三十年前未参禅时,见山是山,见水是水;及至后来,亲见知识,有个入处,见山不是山,见水不是水;而今得个休歇处,依前见山只是山,见水只是水";"处处寻春不见春,芒鞋踏破岭头云。归来却把梅花嗅,春在枝头已十分";"本是无家客,那堪任意游?顺风加橹棹,船子下扬州";有学僧问文偃"如何是求学僧人自己"?文偃回答:"游山玩水";真净禅师对浙江籍僧人怀志说:"浙子斋饭后游山好",怀志突然顿悟禅机。① 禅的妙处在于它一瞬间就能使人看清纠缠于自己内心的东西,去除所有烦恼障碍而获得清净快乐;旅游的魅力在于它能使人彻底释放日常工作和生活中的压力,在大自然中获得轻松愉快。

从自然风景、旅游事物中感悟生命、生活、生存的智慧与价值。与精神相连、与悟性相通、与感性相系,这是宗教旅游最具特色、最有吸引力的一部分,我们宗教旅游开发的重点也应该在此,经过我们的引导、改造、提升,这一部分的相关旅游项目必将成为宗教旅游的核心价值所在,也成为宗教与社会主义社会相适应的新契机。

我们日渐生活在由数字、网络、电子等所构成的虚拟空间中。我们每天从电视里看到图像,从电话里听到声音,从手机里读到短信,在电脑上打出论文,在互联网上进行游戏……如此等等,无不是一种对真实的虚拟,而我们却将此执著为比真实还真实的"真实",沉湎其中而被浸淫的面目全非。我们逐渐成为上述物象的奴隶,似乎离开了这些物象就无法生活。金钱连

---

① ［宋］普济:《五灯会元》,中华书局 2002 年版。

同科技挟裹着物质主义的糖衣炮弹,不但在我们的生活世界殖民,还在我们的心灵世界攻城略地。自然、本真的生活离我们渐行渐远,我们也只有追随渐行渐远的真实生活的脚步,离开被殖民化的虚假生活才能找到真正生活的本来意义,恢复心灵世界的本来面目。

旅游作为一种逃离被殖民化生活世界的手段越来越得到了社会的认可,在后现代主义的背景下,旅游很大程度上可以概括为以现代手段(如汽车、火车、飞机等)追寻前现代直至原生态的社会活动;其精神实质是力图在去中心、模糊性、漂泊性的生活状态中重新建立中心化、清晰化、安居化的生活秩序。少数民族风情旅游、宗教旅游、生态旅游等旅游方式之所以在社会上广受欢迎,是因为这些旅游目的地保留了大量与现代性迥异的原生态文化和景观,隐藏着现代人逝去了的生活理想。对于那些热衷原生态旅游并将之作为生活全部的"驴友"、"背包客"一族,我们似乎可以贴一个标签给他们:"现代社会中的原始部落"。对他们而言,旅游就是他们的宗教,而原生态风景就是他们的图腾。

传统与现代、神圣与世俗从未完全断裂。祛魅化、世俗化作为形式理性前脚后步的一个结果是,虽然人们日渐远离神的牢笼,却一脚踏进人的陷阱。宗教旅游表现为旅游者在神圣与世俗之间以悖论形式演绎的生产与消费、真实与表演、逃逸与回归、疏离与融合等各种社会关系。或许,我们可以将这种悖论式对立统一的社会关系,理解为一种社会互构关系。具体而言,宗教旅游是以世俗形式表达的神圣,也是以神圣形式表现的世俗;是对神圣的非神圣生产,世俗的非世俗消费;是以离家出游、逃离日常生活世界形式表现的精神家园回归,也是在回归精神家园过程中的不断离家出游;是以传统形式发明的现代,也是以现代形式发明的传统;是以世俗商业形式表演的神圣真实,同样也是以神圣真实形式表演的世俗商业;是以世俗身体动作说出的神圣心灵语言,也是以神圣心灵洗礼带来的世俗身体愉悦;是以旅游叛离形式进行的社会招安;是不停游走的世俗步履抒写出的神圣华章。

宗教旅游中人与"神"、人与自然的关系实际反映的是人与人、人与社会的关系。宗教旅游不仅仅是旅游者的个体行为,还是一项具有社会意义的社会行为。旅游者在高度重叠的自然空间和社会空间中观看自然景观、人文景观,体验这些景观带给自己的身心愉悦。在宗教旅游空间中,还有一层神圣空间与自然空间和社会空间高度重叠在一起。对于一些人来说,宗教旅游中神圣景观的意义和价值远远超过了自然景观和人文景观的意义和价值。但是,"神圣"只有在与"世俗"相对的意义上才能理解,神圣意义从根本上说也是一种社会意义。宗教旅游镶嵌在社会实体和意义之网中。对于宗教旅游的理解,离不开特定的文化和社会背景。本章拟将宗教旅游置于特定的社会背景,以分析其主要表现、社会成因和基本类型,从与社会主义社会相适应、相协调、相和谐的高度,提出或打击或取缔、或规范或引导的对策措施。

五、宗教旅游的现实表现

改革开放以来,随着人们物质生活水平的提高和文化需求的加大,旅游逐渐成为一种社会生活时尚。几乎与国内旅游的兴起同时,我国的宗教旅游也得到迅速发展。大批游客以高度的热情参与了形式多样的宗教旅游活动,旅游界和宗教界也以前所未有的热情投入到宗教旅游项目的开发中,宗教旅游"供需两旺",出现了所谓的"宗教旅游热"。在党和国家宗教信仰自由等相关政策以及社会文化多元化发展的背景下,"宗教旅游热"仍然持续升温,成为我国旅游业整体格局中独具特色的一种文化旅游形式。"宗教旅游热"集中反映了宗教、旅游、政治、经济、文化等现实社会中相关方面的发展情况,归根结底是一种社会现象。这一现象中也可能隐藏着一些问题,比如说封建迷信复活、邪教传播、宗教渗透等都有可能在宗教旅游的名义掩护下展开活动,而这无疑是危害健康、文明、和谐宗教旅游的毒瘤,严重影响了宗教旅游自身的良性运行和与社会主义社会的协调发展。

(一)当前宗教旅游的主要特征

第一,游客来自不同的社会阶层,规模扩大化。宗教旅游并非信徒的专利,也不是培养宗教信徒的活动。在社会日益开放、文化日益多元的背景下,参加宗教旅游活动的游客中,非宗教信徒逐渐增多并占据了多数比例。这些游客虽然没有宗教信仰,但是大多表现出对宗教文化的强烈认同和喜爱。游客的分布遍及各个年龄段,在教育、职业、家庭等相关背景上也存在一定的差别。几乎社会中每一个阶层都不同程度的存在宗教旅游活动,并因其社会背景、个人信仰等方面的不同表现出很大的差异。即使背景相同、信仰相同的宗教旅游者之间在具体旅游行为上也有较大的差异。宗教旅游的规模从下面一组数据中可窥其一斑:

> 1997 年 11 月 15 日,中国"五方五佛"之一的无锡太湖灵山大佛落成开光,来自世界各地的近 10 万名信众和游客专程前来参加仪式,车流绵延达 20 余公里。2001 年国庆长假,广州举办的"中国古代珍奇佛像展"引起了广州市民的极大兴趣,前来参观的市民达 10 万人之多。普陀山风景名胜区 2002 年接待游客 167 万余人次,创造了连续 15 年接待游客超 100 万人次的好成绩,2006 年游客已经突破 280 万人次;雪域高原的布达拉宫,2001 年上半年接待游客近 20 万,接近 2000 年全年的接待量,2007 年,布达拉宫(包括罗布林卡)共接待游客 163.3 万人次,比 2006 年增加了 57.1 万人次,同比增长 53.7%。[1]

第二,游客具有不同的宗教旅游需求,内容多样化。不同社会背景的游客,具有不同的宗教旅游需求。一般来说,知识文化层次比较高的游客倾向于宗教文化参观、学习和体验等宗教旅游形式;知识层次比较低且有宗教信仰的游客,倾向于烧香拜佛、朝圣等宗教旅游形式。同属烧香拜佛,城市中的游客比农村中的游客更想了解自己所拜菩萨的宗教内涵、文化内涵;而且两类人群在出行方式、出行时间、出行费用等方面也存在一定的差别。我们在鸡足山调查时注意到这样一个现象:游客中有很多都是年轻人,他们大多与自己的恋人、朋友结伴而来,具有较为强烈的宗教感情,很多人都已皈依佛教,成为一名在家居士。如果情侣结伴而来,一般都是女性更为虔诚,她

---

① 曹绘嶷:《剖析我国的"宗教旅游热"》,《海南大学学报》2003 年第 2 期。

们对自己恋人的信仰有着潜移默化的影响,可以带动自己的恋人信仰佛教,起码是增进对佛教的好感。一般来说,烧香拜佛的青年人功利主义色彩比较淡薄,而中年人很多是为了自己的事业、前途、家庭等原因烧香拜佛,乃至专程到寺院做佛事。由于社会的发展、个人个性的增强以及旅游市场的细化等原因,宗教旅游多样化的趋势还会继续扩大。目前,比较受到欢迎的宗教旅游形式主要有以下四种:

宗教朝圣旅游。改革开放以来,党和国家的宗教政策得到较好落实,宪法以国家根本大法的形式规定公民有宗教信仰的自由,广大信教群众的合法宗教活动得到有效保护,一大批在"文革"中遭到毁坏的寺庙得到恢复和重建;宗教界也积极响应党的宗教政策,不断加快与社会主义社会相适应的步伐,宗教进入我国历史上较好的发展阶段。在这种背景下,各种形式的宗教朝圣旅游活动也发展很快。在我国传统的宗教圣地甚至是一些地方性的小型宗教活动场所,人们经常可以看见信众成群结队到寺院进香,在佛诞日、观音诞日、成道节等宗教节日以及五一、国庆、春节等国家法定节日游客更是人满为患,场景十分火爆。当然,这些游客并不全是宗教信徒,但是毫无疑问,他们到宗教场所大都会烧烧香、拜拜佛,为自己和家人求求平安。对于一些虔诚的信徒,到宗教圣地朝拜,已经成为他们日常生活中不可或缺的一个环节。我们在鸡足山遇到的游客很多都把来鸡足山朝圣当作一件重要的事情来准备,他们每年至少来一次鸡足山,一般选择在春节前后。这些人大多是本地人,而来鸡足山朝拜是当地广为流传的民间风俗。当地人介绍,鸡足山至少要来两次:第一次许愿,第二次还愿,这可能是宗教旅游回游率高的主要原因。

宗教文化休闲旅游。伴随生活水平显著提高的是社会生活节奏的明显加快,工作、学习、家庭、感情等各种矛盾把很多人压得难以喘息,人们"身累,心更累"。用鸡足山上一位禅师的话说就是"人们活得轻松一点已经很不容易,要获得解脱就更难了。"这位禅师认为自己扮演着一种"心理咨询师"的角色,每到周末都有一些人自驾车从大理、昆明等地来到他主持的寺院里小住,和他探讨"佛法"以及人生问题。宗教场所的宁静、安详、闲适的氛围和宗教自身具有的心理慰藉、平复情绪、安顿心灵等作用,可以明显地让一些身心感觉疲惫的人放松下来。因此社会上一些对宗教感兴趣、具有较高文化素养的人喜欢到以风景优美而著称的宗教圣地度假,感悟"山光悦鸟性,潭影空人心"、"曲径通幽处,禅房花木深"、"蝉噪林愈静,鸟鸣山更幽"的妙趣,在晨钟暮鼓、经声呢喃、梵呗悠远、道乐清扬等营造的神圣氛围中放松身心,忘却烦恼,甚至可以吃斋念经、参禅打坐、学习经典,运用宗教文化中万缘放下、知足常乐、大肚能容、退后一步等理念化解生活中的一些心理危机。"因过竹院逢僧话,又得浮生半日闲",人们完全可以在积淀了深厚文化内涵的、自然风光优美的宗教圣地达到身心彻底放松的休闲度假目的。目前,宗教休闲旅游仍然是一个新鲜事物,但已经显示出了广阔的发展空间,宗教界、旅游界应该更加自觉、更加积极地开发此类宗教文化旅游活动,而政府相关部门也应该出台相应措施,通过积极引导宗教休闲旅游,发挥宗教、宗教旅游服务现实社会的积极功能。

宗教文化体验旅游。这一旅游形式与宗教文化休闲旅游紧密相关,但是发展相对更快,并受到社会各界的认可和支持。近年来,某些宗教团体为了扩大自身的宗教影响,吸引更多的信众,或为了加强对特定信众群体的培养,结合度假、观光等人们喜闻乐见的旅游方式,组织短期宗教体验学习旅游。由于活动经历特殊,组织细致,而且经常有专门的经费资助,这种方式受到普遍欢迎。[①] 从1993年开始,河北省赵县柏林禅寺"生活禅夏令营"活动每年举办一次,参加对象以大学生、中学生和社会青年为主,到2008年已经连续举办16届了,获得了很大成功,这种类型的宗教夏令营在佛教界逐渐多了起来,如陕西扶风法门寺的"法门之光福慧营",其对象同样是青年大学生。一些佛教圣地如南岳衡山、安徽九华山,还举办了"做一天和尚念一天经"、"做一天和尚撞一天钟"等主题旅游体验活动,受到普遍欢迎。

宗教文化参观旅游。宗教不仅是一种社会意识形态,也是一种传统文化模式,更是一种社会物质力量。在漫长的生存和发展的过程中,宗教借助

---

① 曹绘嶷:《剖析我国的"宗教旅游热"》,《海南大学学报》2003年第2期。

了诸如语言文字、图形色彩、音乐舞蹈和书法绘画等等文化形式来表现和传播自己的精神和内容，形成了浩如烟海的宗教典籍、博大精深的宗教哲学、纷繁复杂的宗教礼仪、庄严肃穆的宗教音乐和雄伟壮观的宗教建筑。宗教文化这一概念，正是建立在宗教对上述各种文化范畴的渗透与影响之上。宗教渗透到了人类创造的一切文化形式，并形成了一种相对独立的宗教文化。宗教文化成为一个民族、甚至一个国家的重要标志，比如藏传佛教之于藏族、南传佛教之于傣族，伊斯兰之于回族以及阿拉伯国家等。宗教文化也是一个民族、一个国家历史文化的重要组成部分，世界文化遗产和非物质文化遗产名录中很多都与宗教有关。在当今世界，宗教文化旅游日渐成为旅游业中一种独具特色的旅游形式，而宗教世俗化的发展也加深了宗教界关注和参与宗教旅游开发的程度。社会上确实存在大量对宗教历史和宗教文化感兴趣的人们，宗教文化参观旅游同宗教文化学习、体验、休闲旅游活动一起，为普通游客提供了一扇了解宗教文化的窗口，成为宗教旅游活动中品味较高、社会效益、经济效益和生态效益结合较好的项目。

　　第三，宗教旅游新建项目多，行为商业化。如果从市场经济运行规律的角度看，宗教旅游项目投资风险小、回报高。"只要寺院建起来了，神像塑起来了，和尚请过来了，功德箱设起来了，就不用害怕没有人给你主动送钱过来。"云南省宗教局的一位专门负责佛教管理事务的主任科员如是说。他还告诉我们云南地方上存在的一些违规修建寺院、佛像借旅游开发敛财的事件。当我们问及为何宗教局不来取缔、禁止，这位主任科员说，"拆毁（违规）寺庙行政成本太高。需要开着挖掘机、推土机过去，还要请十几个工人，宗教局没有那么多经费。有时候还会遇到阻挠，信徒会躺在地上强行拦阻推土机。"实际上，这种情况不仅仅存在于云南，在"宗教搭台、经济唱戏"等口号的诱导下，全国很多地方出于开发旅游、发展经济的商业目的修复、扩建了很多宗教场所，并在全国范围内掀起了一股"立庙造神"的热潮。不仅旅游界投身宗教旅游的大潮，政府乃至宗教界也投身这一大潮。寺院仅仅是以其古雅建筑、优美风光取胜的"观光旅游"场所，宗教启迪智慧、唤起道德、重塑精神等功能被遗弃一旁，太多与佛教文化相违背的商业化行为令游客反感。以至有的游客大发感慨:"大陆哪里有什么佛教寺院,不过是打着幌子来诈骗游客钱财的旅游场所罢了"。一些原本没有什么宗教活动场所的旅游景区,也大打宗教牌,修建起富丽堂皇的宗教活动场所。在旅游界和宗教界的共同推动下,近年来,宗教旅游项目开发有增无减,并不断升级,追求大投入、大规模、大手笔,追求轰动效应。而且,还通过各种媒体炒作,满足旅游者的猎奇心理,扩大自己的影响,世俗化、商业化色彩越来越浓。在一些经济比较发达的地方,掀起了一股竞相攀比建造最高佛教塑像的热潮。如,浙江普陀山观音,1997 年落成,高 33 米;无锡灵山大佛,1997 年建成,高 88 米;广东西樵山观音 1998 年建成,高 61.9 米;①安徽九华山的地藏菩萨青铜立像,高 99 米,连同底座高 155 米;三亚南山的南海观音立像,高 108 米,2005 年落成,共花费人民币 33 亿元。另外还有已列入计划的四川乐山大佛的修缮扩建工程、辽宁广佑寺的樟木坐佛等等。这些行为虽然不能排除发展和保护宗教文化的目的,但是从根本上说是为了吸引游客,发展旅游。环视旅游网报道说,南山海上观音圣像凌波伫立在直径 120 米的海上金刚洲(观音岛)上。下面用金刚石座在海里砌成。像体为正观音的一体化三尊造型,宝相庄严,脚踏一百零八瓣莲花宝座,莲花座下为金刚台,金刚台内是面积达 15000 平方米的圆通宝殿。金刚洲由长 280 米的普济桥与陆岸相连,并与面积达 60000 平方米的观音广场及广场两侧主题公园,共同组成占地面积近 30 万平方米的"观音净苑"景区。② 这些"世界级、世纪级"的大型"宗教旅游工程"个个规模宏大,投资动辄成百上千万,甚至数亿。同时,一些传统宗教旅游景区中寺院和佛像也不断扩建、翻新。浙江杭州著名的佛教圣地灵隐寺景区,其占地规模在 3 年内扩大了 13 至 15 倍,整个工程项目共投资 7.9 亿元人民币。③

　　宗教旅游活动的世俗化、商业化倾向不仅表现在修建寺庙、神像等"硬件开发"上,在其指导思想、文化内涵、主体活动等"软件开发"也表现得相

① 曹绘嶷:《剖析我国的"宗教旅游热"》,《海南大学学报》2003 年第 2 期。
② http://www.tvtour.com.cn/dms/scape_index.php? id=3956.
③ 曹绘嶷:《剖析我国的"宗教旅游热"》,《海南大学学报》2003 年第 2 期。

当明显。宗教旅游与经贸洽谈、民俗活动、娱乐活动紧密结合,并创造出一些"新民俗"。很多地方"宗教搭台、旅游唱戏"的综合性活动成为当地的盛大节日。2001年10月,南京灵谷寺举行桂花节,吸引了众多南京市民和游客前来赏桂,桂花节期间灵谷寺日均客流量逾万人;2002年春节期间,武汉归元寺举办归元庙会,该庙会包括"祈祷世界和平、国泰民安、风调雨顺"为主题的大型法会、公益慈善活动、文艺演出、休闲娱乐及商贸洽谈展销等系列活动,成为春节期间全市规模最大、文化旅游精品迭出的综合性盛会。①经过多年的发展,一年一度的南岳衡山"宗教旅游文化节"已经成为集宗教、旅游、经贸、民俗等活动为一体的大型综合性活动,为当地政府带来可观的经济效益。

(二)宗教旅游需求的现实原因

以佛教、道教为代表的宗教文化,本身就是我国传统文化的重要组成部分。随着改革开放和宗教信仰自由等各项宗教政策的落实,人们物质生活更加富裕,精神生活更为自由,曾经长期被高度压抑的对宗教及其文化的向往和好奇极大程度地释放出来。各种宗教活动逐渐复苏,宗教旅游也从少到多,从冷到热,并汇聚为一股参与人数多、投资规模大、内容花样新、社会影响深的"宗教旅游热"现象。理解这一现象离不开我国社会转型时期特殊的政治、经济、文化和社会环境,而引导宗教旅游与社会主义社会协调、健康、和谐发展,同样也需要考虑这些宗教旅游紧紧镶嵌其中的相关社会因素。当然,我们还需要考虑宗教、旅游以及旅游者等相关方面的微观因素。

首先,党和国家的相关宗教政策为宗教旅游发展提供了政治前提。正常的宗教和宗教活动是宗教旅游得以展开的重要前提,在宗教的合法存在都成问题的社会里,肯定不可能有宗教旅游的合法存在,更谈不上什么"宗教旅游热"。新中国成立以来,党和政府在对待宗教的态度上曾经走过一段弯路,特别是"文化大革命"期间,全国几乎所有的宗教团体被解散,宗教场

---

① 曹绘嶷:《剖析我国的"宗教旅游热"》,《海南大学学报》2003年第2期。

所被拆除或占用,宗教活动被禁止,宗教文物遭到严重破坏。

国家政治层面的宗教政策、方针、法律、条例等构成宗教和宗教活动合法存在的重要前提。十一届三中全会以后,党在宗教政策和宗教工作方面拨乱反正,各种正常的宗教活动得到切实保护。中华人民共和国新宪法规定"中华人民共和国公民有宗教信仰自由。任何国家机关、社会团体和个人不得强制公民信仰或者不信仰宗教,不得歧视信仰宗教的公民和不信仰宗教的公民。国家保护正常的宗教活动,任何人不得利用宗教进行破坏社会秩序损害公民身体健康、妨碍国家教育制度的活动。宗教团体和宗教事务不受外国势力的支配。"在宗教信仰自由的大政策下,一系列有关宗教的法规条例相继出台:1989 年,国家税务局发出《关于对宗教活动场所的门票收入特案免征营业税的通知》;1994 年,国务院颁布《宗教活动场所管理条例》;1994 年,国务院出台《中华人民共和国境内外国人宗教活动的管理规定》等等。根据中央的政策精神,一些地方性宗教政策法规也纷纷出台。例如,1997 年 10 月 22 日,海南省人民代表大会通过《海南省宗教事务管理条例》;1997 年 12 月 25 日,云南省人民代表大会通过《云南省宗教事务管理条例》。此外,各地级市和县也根据中央以及所在省区的相关法规条例制定了相应的《宗教事务管理条例》。

与此同时,党对宗教工作越来越重视,逐步提出宗教工作的根本方针、基本策略和具体方法,明确指出了宗教在我国社会主义初级阶段的性质、地位和作用。1993 年 11 月,江泽民在全国统战工作会议上提出了当前宗教工作的"三句话":"一是全面贯彻党的宗教政策,二是依法加强对宗教事务的管理,三是积极引导宗教与社会主义社会相适应。"2001 年 12 月,江泽民在全国宗教工作会议上的讲话中,又在"三句话"的基础上,加上了"坚持独立自主自办的原则",并写进了党的十六大报告中。政治层面的因素一方面为各种正常宗教活动以及教宗旅游的开展提供了基本保障,另一方面,也为宗教活动和宗教旅游提出了限制和要求,只有与社会主义社会相适应、相协调、相和谐的宗教活动和宗教旅游才能存在和展开。目前,国家对宗教仍然采取比较审慎的态度,宗教项目包括旅游特征明显的宗教项目的建设,都要经国家有关部门的审批。但毕竟我国的宗教政策已经得到了真正地落实，日趋自由、开放的政策环境，对宗教旅游的发展而言，不啻是一个福音。

其次，社会发展产生了宗教旅游的实际需求。当今世界，科学技术突飞猛进，社会生产力迅速发展，经济一体化和文化多元的趋势空前加速。人们的物质生活高度发达，各种各样以享乐、安逸、舒适为目的的生活设施充斥着人们的日常生活，并且进一步向人类的文化生活、精神生活领域殖民挺进。人类的精神活动越来越依靠高科技的工具或手段，出现严重的物化、对象化倾向。人们似乎离开了电视就无法娱乐休闲，离开了"电子词典"就无法学习英语，离开了电脑就无法从事文艺创作、哲学思考。与此同时，人类的精神活动却日渐退化、萎缩甚至麻木，在高科技手段面前，人们"一听就信"、"一看就信"，"喜欢就好"、"快乐万岁"，懒得去思考事物和现象背后的本质、原因。一般人倾向于通过互联网搜索，寻找答案。越是大众化、流行化、通俗化的信息点击率就越高，就越容易顶置在前面；越是有着深刻见解、曲高和寡的信息往往被置于末后，被淹没在动辄十万、百万量计的相关网页信息的汪洋大海中。因此人们搜索出来的信息往往是没有多少思考深度的东西，反而进一步强化了人们的思维弱势。浅俗的感官刺激的快乐和享受，正在置换人们深刻思考的乐趣。而大众化的传媒工具借助国家话语的力量，为了经济、商业等机构的自身利益，不惜拼命将人们向浅俗的感官享受、物质欲望甚至低级趣味方面引导。人，在他们的眼中，几乎蜕变成一个掌握着金钱、需要也只有在他们的指导下消费各种物质产品才能快乐的"欲望动物"，这是比"单相度的人"更为可怕的图景。人的尊严、地位、价值似乎只有在购买得起在大众媒体广告中宣传的生活产品时才能充分体现。他们的逻辑是一个没有某某品牌学习机的学生就不是一个能学好英语的学生；一个没有使用过某某品牌化妆品的女人就不会是一个美丽的女人，一个没有穿着某某品牌西服衬衫的男人就不是一个成功的男人；一个不给老人买某某保健品的子女就不是一个孝顺的子女，一个不带孩子去某某快餐店的父母也不是一个称职的父母；如此等等。人们的正常需求被商业机构引导成一种永无止境的欲望，需求是可以得到满足的，而欲望则无法得到满足。人们不断追求更舒适、更高级、更"有品味"的生活，但是总感觉幸福就像水中月、镜中花，可望而不可即。在繁华、奢侈、喧嚣的物质文明包围圈里，人们感到从未有过的疲倦、紧张、空虚和无助。

物质生活虚假繁荣的背后隐藏着精神生活的巨大危机，这一危机很大程度上表现为一种信仰危机。许多人在高度发达的物质生活面前，丧失了崇高的理想和目标，精神上无所寄托。加之现实生活中充斥着多元文化和多种价值观的相互碰撞，很多人找不到行为的准则，行动的方向。现代社会人类高度发展的物质文明还带来了两个副产品：一是自然资源的大量开发使用，环境遭到严重破坏，大自然对人类的"绿色惩罚"越来越严厉，甚至威胁到人类自身的生存；一是人们的生活节奏越来越快，压力越来越大，日复一日紧张压抑的生活使人们产生强烈的逃脱现实的愿望，①希望能够暂时摆脱社会的束缚，回归自然，过一段返璞归真、恬淡清新的生活。

许多宗教所提倡的精神境界和生活理想与此不谋而合。宗教优秀传统文化的精华为现代人提供了一种可能的生活态度和生活方式。佛教主张"万法缘起"、"无情有性"，万事万物都含有佛性，都逃脱不了因果报应"规律"。而且，"是法平等，无有高下"，无论是人还是动物都是平等的，人没有资格杀戮动物，破坏自然环境。人与人、人与自然万物应当相互友爱，和谐共处，放弃过度的欲望和消费，过一种简朴、宁静、知足、自然的生活。道教也要求人们"去子之骄气与多欲，态色与淫志"，"常能遣其欲，而心自静；澄其心，而神自清"，认为"鹪鹩巢林，不过一枝；鼹鼠饮河，不过满腹"，过分的物质欲望是人生的最大"赘疣"，主张"去甚、去奢、去泰"，"疏瀹五藏，澡雪精神"，"少私寡欲"，"守静去躁"，并提倡"教人修心即修道也，教人修道即修心也"，保持一颗常清、常静、常无欲的"婴儿之心"，追求一种心远意静、悠然自得、淡泊宁静的生活态度和生活理想，从而"采菊东篱下，悠然见南山"。中国宗教"天人合一"的追求恰恰迎合了现代人对自然生活方式和优美自然环境的需要，以宗教优秀传统文化的精华为依托，结合现代社会中人

---

① 曹绘嶷：《剖析我国的"宗教旅游热"》，《海南大学学报》2003 年第 2 期。

们的需要而展开的健康宗教旅游活动也就应运而生,并广泛受到人们的欢迎。

此外,在行为准则比较混乱的今天,宗教还提供了清晰的道德规范。宗教中包含了许多人类世代相传的对社会发展、人类存在、人际关系都极有价值的普遍道德准则,如不偷盗、不妄语、帮助弱者、买卖公平、孝敬父母、诚恳待人等。宗教教义通常也规定了涤罪、悔改、洁净等内容。宗教道德的神圣性、权威性、高效性吸引了一些人对宗教的追求。[①] 宗教对现实社会和现实生活的人们具有明显的启迪、安慰、寄情作用。宗教用不同的方式,对生命和世界作出解释,能够适应人不同层次的精神需求,有助于人摆脱恐惧和孤独,宣泄情感和不满。人需要有所信仰,也需要有所寄托与抚慰。宗教中的神灵,被信徒认为是具有超自然力的可以依靠、信仰的对象。宗教具有社会认同、群体整合、行为规范、心理消解和情操美育等诸多社会功能,能够为信徒提供一个交往、归属、求真、证善、求美等活动的基本平台。而文明、健康、和谐的宗教旅游活动从其社会本质而言,即是一种在神圣帷幕掩饰下的追求身心放松、体验真善美、寻求社会交往与社会归属的综合性社会行为。

再次,宗教自身的生存与发展需要文明、健康、和谐的宗教旅游。时代的发展给宗教自身的生存与发展不断提出新课题、新挑战,同时也蕴藏着新机遇、新希望。一方面,科学技术的发展和生活水平的提高并没有解决人类所面临的许多困惑和问题,丰富的物质生活和贫乏的精神生活之间的反差使更多的人关注宗教,另一方面,科技革命、基因革命的发展及应用直逼宗教的核心教义,宗教迫切需要不断调整自身以适应科技的发展和社会的变革。在科技发展和经济全球化的大背景下,东西方宗教普遍出现世俗化、大众化、现代化、普世化、本色化等趋势。[②] 宗教与社会、经济、政治、文化活动的结合更加紧密,新兴宗教运动方兴未艾,世界上很多地方涌现出具有浓厚宗教色彩的政党和社会团体。据不完全统计,全世界现在约有 50 余个宗教政党是直接以宗教教派的名义出现的,如意大利的天主教民主党、荷兰的基

---

① 曹绘嶷:《剖析我国的"宗教旅游热"》,《海南大学学报》2003 年第 2 期。

② 曹绘嶷:《剖析我国的"宗教旅游热"》,《海南大学学报》2003 年第 2 期。

督教民主联盟、秘鲁的基督教人民党等;此外还有很多虽未直接以宗教命名但是与宗教具有密切联系的政党,如以"一个国家,一种宗教,一种文化"为宗旨的印度人民党,以日莲宗佛教信徒为基础成立的日本第三大政党公民党等。① 大多数宗教已经放下了高高在上的神圣姿态,努力以更加通俗易懂的理论、直观明了的形式、平易近人的态度融入人们的日常生活之中。很多宗教力图与当前社会的政治、法律、道德或新科技相适应,致力于和平、环保、慈善、教育、保护妇女儿童、提升人类幸福等各项事业,以求不断扩大自身影响,获得更大的社会发展空间。而当社会上一些人士遇到在社会之中难以化解的烦恼、问题、矛盾之时,往往也会主动寻求宗教的帮助。"心有疑难可问神",前往宗教圣地朝拜、烧香拜佛甚至散心,是社会上一部分遇到挫折困难之人的思想和行为模式。一方面是宗教的吸引力和拉力,一方面是社会的离心力和推力,在这一推一拉之间,形成了宗教旅游的强大动力。宗教与旅游有着某种天然的密切联系。

宗教包含了人类创造的伟大艺术。教堂、寺庙、宫观、清真寺、陵墓等是建筑艺术的完美体现,或庄严朴素,或金碧辉煌,凝结着人类的智慧。宗教绘画、雕塑、舞蹈、音乐等艺术形式或描述宗教故事,或寄托宗教情思,或反映神灵威仪,是人类艺术想象力和创造力的高度体现。宗教文化是旅游文化的重要组成部分,宗教文化和宗教艺术都是极其宝贵的旅游资源。现代旅游中到处可见宗教的影子,几乎所有的宗教圣地都已成为重要的旅游目的地,著名宗教场所也是著名的旅游参观点,大型宗教活动也成了旅游地的重要吸引因素。据统计,我国3批国家重点风景名胜区中,以宗教景观为重要内容的占47.9%。② 宗教与民俗融合,成为旅游地重要的社会文化环境,如云南傣族的南传上座部佛教文化、香格里拉的藏传佛教文化,都是当地发展旅游、促进经济发展的重要背景和平台。反过来,旅游经济的发展,也为宗教文化的保护、传承和发展提供了新的契机。以社会效益、经济效益、生态效益三赢为目标,促进宗教文化与旅游经济良性互动、协调发展,有利于

---

① 陈麟书、陈霞主编:《宗教学原理》,宗教文化出版社2003年版,第382页。
② 曹绘嶷:《剖析我国的"宗教旅游热"》,《海南大学学报》2003年第2期。

社会的和谐、稳定。

宗教和经济之间存在一种悖论式的互动关系。历史证明,各大宗教无不从事经济活动。因此,宗教对财富的贬斥,与其说是一种行为准则,毋宁说是一种道德规范。在市场经济高度发达的今天,宗教对经济的依赖愈加明显。在西方社会,基督宗教一直存在着教会举办各种实业的传统,比如梵蒂冈就拥有大量资产;而东方的佛教和道教主张对世俗财富采取超然的态度,主要依靠田产地租以及施舍捐助、托钵化缘维持宗教生活的开支。在社会主义社会里,宗教的田产已经收归国有,依靠封建地租以农养寺的方式已经成为历史,以工养寺、以商养寺逐渐成为宗教自养的主要途径。旅游业的发展,为宗教团体带来了滚滚财源,很多寺院如少林寺等都开展了形式多样的旅游活动,旅游成为一些名山大寺最主要的经济来源之一。宗教场所沉淀了人类大量的历史文化瑰宝,宗教文化的神圣性、神秘性对信教和不信教游客普遍产生较大的吸引力。事实上,中国的佛教、道教历来就有宗教旅游的传统,游客带来的大量香火钱、功德钱成为寺院最主要的经济收入之一。在现代中国社会,"大款"们花费成千上万的钱财烧高香、争头柱香、撞头声钟已经不是什么新闻了。例如,每年除夕夜,杭州灵隐寺总是人满为患。2002年2月11日的除夕夜,灵隐寺的门票限量公开发售1万张,每张200元。据称,这已经是自2000年灵隐寺除夕夜门票价格最低的一次。就按此计算,除夕夜灵隐寺仅门票收入就可达200万元,如果加上数目更大的香火收入、功德款收入以及纪念品、饮食品收入则远不止此数。① 在素以"香火灵验"著称的昆明市晋宁县盘龙寺,每年春节期间前来烧香、拜佛、求签的人们络绎不绝,车辆从寺院门口开始沿盘山公路一直停放一两公里长。

宗教团体在人们自发的旅游活动中已经看到了巨大赢利空间,并获得了相当客观的经济收益。然而,如果紧紧盯住经济效益这个目标不放,并谋求与商业资本、政治权力结盟,将宗教的神圣性、神秘性作为一种经济资源进行批发、零售、贩卖,忘记了宗教自身肩负的神圣使命和目标,社会责任和

---

① 曹绘嶷:《剖析我国的"宗教旅游热"》,《海南大学学报》2003年第2期。

义务,必定招致人们的谴责,影响宗教自身的清誉,最终将影响宗教的生存和发展。而宗教及其神圣性的衰竭,必定带来宗教旅游的萎缩。因此,我们应该对所谓的"宗教旅游热"保持清醒的认识和态度,既要看到其对宗教、旅游、社会和个人发展存在的积极有利一面,更要看到其存在的消极不利一面。我们应该提倡一种文明、健康、和谐的宗教旅游活动,努力推动宗教、旅游、社会和个人自身的全面、协调、可持续发展。这一目标的实现,对于宗教发展和社会发展功莫大焉,而这本身就是一项社会系统工程,需要社会各界尤其是宗教界的共同努力。

六、宗教旅游的基本类型

宗教旅游是旅游型宗教活动和宗教型旅游活动的综合。当然,这一综合不是静态的简单相加,而是一种动态的交织渗透、交叉互动。我们将宗教要素和旅游要素视为宗教旅游活动两个不可分割的核心要素。失去宗教特色,宗教旅游与一般的旅游活动别无二致;失去旅游目的,宗教旅游可能演变成一般的宗教活动。更有甚者,由于宗教的传播性和扩展性,也由于旅游的涉外性和开放性,"宗教旅游"可能会成为敌对势力的传教甚至渗透工具。我们既不能重旅游轻宗教,更不能重宗教轻旅游,这两种倾向是我们实际工作中应当极力避免的。在发展宗教旅游时,我们必须引导优质宗教文化资源与健康的旅游活动充分良性互动,既不损害宗教利益,产生宗教问题;又促进旅游,活跃经济,丰富人民的物质和文化生活。鉴于此,我们根据宗教要素与旅游要素良性互动、有机结合的紧密程度、优劣程度将形形色色的宗教旅游划归边缘型、半边缘型、半核心型、核心型四大类型,每一类型又包含数种不同的宗教旅游子项目。有了这一理论模型,我们就可以从宏观上分析、整体上把握我国的宗教旅游市场,发现存在的问题,提出解决的对策,指出宗教旅游与社会协调发展的方向。这一理论模型同样具有中观和微观意义,对于区域性宗教旅游活动也具有一定的理论指导意义。

(一)边缘型宗教旅游

边缘型宗教旅游活动主要指以宗教和旅游为双重幌子,实际上既不是正常宗教活动也不是常规旅游活动,我们将其称为旅游传教和旅游渗透。边缘型宗教旅游活动还有一种表现形式就是打着发展旅游的旗号宣扬封建迷信,这与那些以封建迷信为内容发展以"烧香拜佛""占卜算卦"为主体的所谓"宗教旅游"活动都是在打国家政策的擦边球。下面这则以《警惕打着发展旅游、保护文物的旗号搞封建迷信活动》为题的材料对此类现象有所揭露:

> "近年来,一些信奉佛教的群众到宗教管理部门申请开放活动场所。由于我市(河南安阳)无佛教组织,按有关规定不予批准,他们就到旅游、文化部门,以发展旅游、保护文物为名申请开放。一旦得到批准,他们就大兴土木,或对原来寺庙翻建扩建,或在废墟上重建,或占用耕地新建。部分农村基层领导和群众认为既然上级有批文就是政府支持,便积极参与。于是,一座座寺庙拔地而起。旅游文化部门只管批准建设,却不加强管理。只要有人投资,有人捐款就行,至于在里边是否搞封建迷信,他们就不管了。事实上,这些寺庙绝大部分没有什么旅游价值,基本上也没有什么'文物'可保护,里边的活动,除个别与佛教有关外,大多是封建迷信。"①

在旅游的名义下乱建寺庙,不仅占用大量耕地,还助长了封建迷信,破坏了社会风气。对此,政府有关部门如宗教、旅游、文化、公安等需要统一行动,对已经批准的宗教活动场所应重新审查,加强监管力度,坚决遏制以发展旅游为名乱建寺庙的不正之风,不给此类边缘型活动"打擦边球"的机会。

旅游传教和旅游渗透活动在涉外宗教旅游中时有发生,具有现实的和潜在的巨大破坏作用。近年来,随着我国旅游市场的进一步开放,大量国外游客涌入。宗教信仰者在国外游客中占有较高比例,他们合法的宗教活动

---

① 李新明:《警惕打着发展旅游、保护文物的旗号搞封建迷信活动》,《中州统战》1996年第7期。

是我国政策允许并且加以保护的。但是,也要警惕极少数敌对分子以游客的身份做掩护,利用宗教对我进行渗透,或者暗中传教,发展骨干,企图重新控制我国宗教,以达到其险恶的政治目的。旅游场所人员集中,这就使宗教渗透活动者有机可乘。《中华人民共和国境内外国人宗教活动管理规定》第八条明确规定:"外国人在中国境内进行宗教活动,应当遵守中国的法律、法规,不得在中国境内成立宗教组织、设立宗教办事机构、设立宗教活动场所或者开办宗教院校,不得在中国公民中发展教徒、委任宗教教职人员和进行其它传教活动。"国外游客在中国旅游过程中不得散发宗教书刊和宣传品,不得发展教徒、建立宗教组织和机构。在宗教景点参与宗教活动时,必须服从中国宗教组织和教职人员的安排,遵守相关规定,不得讲经、布道、主持宗教活动。我们不能只盯着外汇而看不见问题,给那些游离于宗教与旅游之间企图钻法律和政策空子的别有用心者以可乘之机。我们要制定相应的法律规范涉外宗教旅游市场,依法取缔旅游传教,坚决打击旅游渗透活动。

借观光旅游、探亲访友之名行政治渗透之实向来是境外敌对势力的惯用手法,这一情况在任何一篇关于宗教渗透的文献资料中都有涉及。我们曾经对云南旅游中的宗教渗透问题进行了集中调查:

自1994年云南省作为代表中国的唯一省份参与了"大湄公河次区域旅游合作",与其他东盟国家开展旅游合作以来,东南亚各国已成为云南海外旅游市场的主要客源地。在这些前来的游客中,有些是当年传教士的后代,他们多以旅游观光、探亲访友为名,前往其先辈传教故地,寻访当年的教会人员、以叙旧联络感情,试图恢复旧日教派以及与国外教会的隶属关系,并向政府提出一些带附加条件的"捐赠",遭拒绝后以此为由煽动信徒对政府的不满情绪。另有一些游客则深入民间,私自组织聚会点传教布道,或散发宗教宣传品,建立渗透网络。例如,在怒江州,一个名叫黎约瑟的"牧师"连续三次入境,他自称是"美国宗教联络委员会"成员,入境后曾在福贡县中学讲授了两节英语课,后又到贡山县永拉干等地活动。他明确表示：如果可能，要在怒江州搞一个傈僳族文化协会；如果能批准，他愿在怒江州传教。

云南独特的人文地理、民族风情也吸引了国外一些文艺团体、学术机构前来进行交流、考察。一些受境外敌对势力和宗教团体指派的人员以教师、学生、专家的身份，或以非政府组织之名搞学术研究和交流活动，实则进行情报收集和拉拢人员的活动。例如，一个自称"语言学博士"的美国人保罗·刘易斯，曾协助红河州编写了《哈（哈尼族）汉词典》。随后，他两次到中缅边境的澜沧县活动，表示来考察民族民间工艺，准备开发民族工艺品，随后到了拉祜族聚居的糯福及班利教堂捐了款。后经安全部门查明，此人曾在缅甸景栋、腊戍教会活动，是教牧人员。

此外，在云南跨境民族地区，境外势力主动举办一些大型宗教庆典活动吸引我境内信徒前往观光、参观，并趁机对我进行宗教渗透活动。例如，缅甸教会在西方国家教会组织的影响控制或直接参与下，有目的性、针对性地在缅中边境一线的缅甸境内频繁举办各种名目的纪念大会、庆典仪式，以此名义向中国境内的地方政府、教会组织及广大信徒普遍发出邀请，争取中方人员过境参加聚会，从思想、心理上施加影响，拉拢人心。例如，1994年12月，缅甸教会在云南省瑞丽市弄岛乡隔江相望的缅甸木姐寨，举办了所谓"基督教传入缅北地区百年庆典"，英、美国家教会不仅派员参与了大会，而且在幕后直接操纵了这次活动。与此同时，缅北基督教傈僳族浸信会在缅甸帕嘎举办了"宗教民族融合大会"。1994年6月，美国插手在泰国成立了"全世界克钦族同盟"，随后于1995年12月30日至1996年元月2日在缅甸曼德勒举行了"景颇文创制100周年庆典"，编写了大量宣传材料散发，邀请全世界许多国家的基督教会参加，目的在于"宣传景颇族（克钦族）民族大家庭（声称'同胞盛会'）"，"到2000年使人类都成为基督教信徒"。又如，2005年5月，缅甸拉祜族浸信会在缅甸荷岛景北县景坎举办了一次"缅东地区拉祜族基督教赛诗会",即演唱《赞美诗》的歌咏比赛,广泛邀请我境内信徒参加。

这些大型庆典活动,对我境内信徒的影响是很大的。据不完全统计,仅在德宏州盈江县境外一侧,从1995年至2004年,缅甸景颇基督教浸信会和傈僳基督教浸信会便举办了七八次大型宗教庆典活动,对前往参加的人境外教会派车接送到边境口岸,减免一切费用。盈江县景颇族和傈僳族信教群众先后前往参加活动500多人次。①

正常的宗教传播和宗教交流与宗教旅游活动时有交叉重叠,从广义而言,属于旅游型宗教活动的一种,有时我们经常将三者混为一谈。而宗教渗透时常以宗教传播、宗教交流和宗教旅游为幌子,因而有必要从理论上辨析它们之间的异同,从而有效防范和打击宗教旅游活动中的渗透行为。

宗教传播是以宗教人生观、世界观和价值观为手段,跨越特定的空间和时间界限争取信徒、扩大宗教影响的一系列宗教性活动。在这些活动中,宗教主要作为一种信仰资源而被宗教组织或个人所使用。这种活动表现为宗教组织或个人针对个人的单方行动,是将外在的宗教世界观内化为个人的世界观,从而使个人转化为特定宗教徒的传教过程。只有通过宗教传播,宗教才能生存和发展。宗教交流是以宗教自身作为媒介开展的一系列旨在促进交往双方的友谊、加深相互理解的宗教间双方面的文化友好性活动。在这些活动中,宗教是一种良性的文化资源。这种宗教友好交流活动从本质上说是一种双方自愿、互利互惠、互相平等的文化交往行为。而宗教渗透是在宗教的名义下进行政治破坏的活动,其目的不是争取更多的个体信仰者,而在于消融异质社会的信仰基础,是针对异民族的文化整体进行的一种单方面的政治霸权行为,能够给对象国带来灾难性的后果。

宗教渗透是敌对势力以宗教传播、宗教交流或者宗教旅游为掩护,以宗

---

① 张桥贵主编:《云南跨境民族宗教社会问题研究(之一)》,中国社会科学出版社2008年版,第58页。

教信仰自由为借口,使非马克思主义意识形态从西方渗透到我国社会主义社会的现实土壤中,并将其逐步社会化的过程。在这一过程中,敌对势力有目的、有计划、有步骤地占领和控制社会主义思想阵地,企图消融和瓦解社会主义意识形态,影响和同化社会主义社会中的人民,干涉宗教事务,破坏祖国统一,颠覆社会主义制度。在发展宗教旅游尤其是涉外宗教旅游中,一定要认识到宗教渗透的巨大破坏作用,并制定积极有效的措施,坚决抵御,以保护宗教旅游活动健康发展。

(二)辅助型宗教旅游

辅助型宗教旅游活动主要包括宗教购物旅游、宗教祈愿旅游(典型的如抽签、算卦、占卜、烧香拜佛等)、宗教朝圣旅游。这些活动在宗教旅游的整体格局中具有辅助性,比如,下文将要界说的半核心型宗教旅游如宗教节日旅游、庙会旅游中也存在宗教购物、烧香拜佛,即使在核心型宗教旅游如宗教体验旅游、休闲旅游、生态旅游中也难免要购买宗教纪念品。从其在整个宗教旅游格局中所处的地位来说,辅助型宗教旅游又可以称为半边缘型宗教旅游,是由宗教文化中的半边缘性因素与旅游活动不充分互动而成,而这些旅游活动没有突出作为宗教文化精华的核心内容,存在注重经济效益而忽视社会效益、生态效益的弊端。从宗教与旅游互动结合的角度看,半边缘型宗教旅游中的宗教购物旅游、宗教娱乐旅游属于"强旅游性—弱宗教性"的结合;而烧香拜佛则属于"强宗教性—弱旅游性"的结合。

1. 宗教购物旅游

购物是旅游的六大要素之一,人们到了旅游景点难免会买一些精美的特色产品作为到此一游的纪念,在宗教旅游中同样如此。当然对于信徒而言,宗教物品的意义远非单纯的旅游纪念品可比。在某些情况下宗教购物甚至会成为旅游的主要目的,一些佛教信徒会不远千里专门赶来购买开过光的佛像、法器、吉祥物,消费素食斋饭等。为了迎合游客的这一需要,现在超过半数的寺院都在山门旁的醒目位置设有"法物流通处"。用世俗商业的眼光来看,实际上就是"法物小卖部",把佛像、佛经还有佛珠、法器等当作商品一样流通,而且标价不菲,给人的感觉是"既庸且俗"。《梵网经·菩萨心地戒品》明文规定"不得贩卖佛像佛经",但是很多寺院出于种种原因已经这么做了。目前全国很多地方的宗教场所周围甚至内部,商贩摊点触目,叫卖吆喝盈耳,形成了所谓的美食一条街、购物一条街。小吃街的店铺甚至将肉食摆放在十分显眼的位置以吸引游客就餐。更有一些不法分子以次充好,强买强卖,坑害消费者。可以想象,在劝善止恶的宗教圣地,这些行为是一个多么强烈的讽刺。浓厚的商业气息会冲淡宗教圣地应有的庄严肃穆,宗教购物旅游不宜大力开发。

2. 宗教祈愿旅游

宗教祈愿旅游是旅游主体与宗教因素甚至迷信性因素不充分结合的互动行为,主要包括宗教抽签、烧香拜佛等活动。

在全国各地宗教旅游景点或周围几乎随处可见抽签、占卜、算命活动,久而久之竟然形成了庞大的市场群体。对于大多游客来说这些活动属于带有迷信色彩的世俗性宗教娱乐活动,以博一笑而已。一些寺院也开展了类似活动,比如抽签、投幸运币等等,也吸引了不少游客。实际上一些游客本身就是专程为抽签、卜卦而来的。我们在鸡足山调查时,发现几乎每个寺庙都设有专门的抽签处,抽一支签一般是二元或者三元。偶有不设抽签活动的寺院甚至会使游客遗憾。我们在鸡足山祝圣寺做调查时,遇见一位中年男性游客,声称自己之所以对祝圣寺感兴趣,年年都会前来,起因就是"祝圣寺的签太灵了"。"二十年前我刚参加工作不久和大约三十多个同事一起来祝圣寺玩,那是我第一次到鸡足山。同事们都抽了签,很多人都说灵验,劝我也抽一颗试试。真是太灵了。"现在这位游客每次来祝圣寺都会抽签,而且渐渐烧香拜佛,并有了一定的宗教信仰。

无论是抽签占卦还是宗教购物在整个宗教旅游谱系中都处于半边缘地位,人们不会整天都在购买宗教物品,也不会整天都在求签占卜,仅仅作为观光考察疲倦之后的休息与消遣。辅助性地位决定了它们不可能作为主要的宗教旅游类型进行开发,同时还要对其中出现的问题进行规范引导。重点管理那些在宗教景点及其周围乱占摊位、非法经营的商贩和传播迷信、骗钱敛财的巫婆神汉。现在很多知名寺庙的周围都自发的形成了颇具规模的"算命一条街"，他们端一个小板凳一字长蛇式的坐在人行道路两边，向游客频频招手示意。在昆明某寺周围不仅有很多摆放在三轮车上的香烛摊位，而且每天都有20位左右"算卦先生"，一般抽签2元，算命10元，倒也有不少人光顾。

另外一类在宗教旅游中最传统、最常见的烧香拜佛活动，我们也将其归入辅助型。虽然从活动本身来说，烧香拜佛确实算得上是宗教旅游中的主流活动，但是这一活动与文明、健康、和谐的宗教旅游活动并不相符。烧香拜佛大都出于功利性、世俗性目的，有些游客甚至要求佛、菩萨、"神"保佑自己做坏事成功或者免受处罚。而且烧香拜佛对自然环境的破坏很大，对宗教活动场所的安全也存在巨大的安全隐患。宗教场所的火灾大都与烧香有关。如鸡足山最高峰四观峰上有一座金顶寺，是全山最有名的寺院之一。明代徐霞客在此"东观日出，西望苍洱，南赏祥云，北眺玉龙"，自然风光殊胜，很多人都认为到了鸡足山没有到金顶等于没来鸡足山；而且许愿还愿只有到金顶寺完成才能算数。因而金顶寺香火很旺，即使山下一些小寺庙没有几个游客，金顶寺仍然人来人往。寺里的大雄宝殿和迦叶殿前设有两个大香炉，终日烧香焚表之人不绝，火焰有时可高达两米左右。山顶风非常大，纸灰和火星四处弥漫。"十里松风吹不断，金殿空中香雾迷"，金顶寺因而多次遭受火灾。山上的香灰纸屑随风飘出四外，对周围环境也造成了污染。

对于宗教信仰不能依靠政治力量强行取缔，历史事实证明，强制禁止宗教信仰只能适得其反。但是对于打着宗教信仰旗号的"封建迷信"，必须采取有效措施加以取缔。对于一些游客而言，烧香拜佛是其宗教信仰行为的一种特殊表现方式，我们不能强行干涉。但这并不意味着我们要放任自流，我们应该加大宣传教育力度，逐步提高人们的科学素质和文明素质，引导信众文明进香，文明拜佛。同时，还要大力倡导文明、健康、和谐的宗教旅游活动，将"烧香拜佛"式宗教旅游活动限定在一定的时间和地点之内，并逐步削弱其不良影响。

3.宗教朝圣旅游

宗教对人的精神具有多重作用,它具有非凡的感召力,吸引人们跋山涉水前往圣地朝拜,形成蔚为壮观的宗教朝圣活动。宗教朝圣的内涵远比烧香拜佛更为丰富,一些与佛教信仰形态不同的宗教如基督教、伊斯兰教的朝圣活动根本就找不到烧香拜佛的影子。即便是以烧香拜佛为表现形式之一的佛教朝圣,也不能与烧香拜佛划等号。佛教朝圣有更为丰富的文化和信仰内涵,他追求的是超凡脱俗的精神愉悦和心灵解脱;而烧香拜佛具有强烈的世俗性功利目的,追求物质利益和现实好处。世界各大宗教都有自己的圣地,罗马圣墓、耶路撒冷圣城、克尔白清真寺、鹿野苑等等,不但是信徒们一生不能不到的地方,对于普通游客来说也是重要的旅游目的地。虽然他们不是纯粹意义上的宗教朝圣,但大多数也在浓厚的宗教氛围中怀着心诚则灵的心理加入到朝圣人群中,暂时忘掉自己的俗人身份,感受宗教的精神感召和道德教化。朝圣虽然具有一系列良好的社会和心理功能,尤其对于信徒来说更是人生不可或缺的一部分。但是宗教朝圣往往与烧香拜佛、顶礼膜拜等活动联系在一起,也不能排除在宗教狂热的支配下演变为破坏活动的可能性。明太祖朱元璋就曾经多次颁布条例规范僧道的云游朝圣行为,他还下令编造了登有全国僧人、道士年甲、相貌、籍贯等情况的《周知册》,颁行天下所有寺、观,如果遇到"游方行脚"僧道,就以此册进行核验,时至今日仍有其借鉴意义。我们经常在媒体上看到假扮成和尚、尼姑、道士四处"化缘"、"卖艺"、"卜卦"而诈取钱财的案例,如果政府多一点监管措施,群众多一点防范意识,此类严重影响宗教形象的事件会降至最低。

(三)过渡型宗教旅游

过渡型宗教旅游活动主要包括宗教民俗旅游、宗教节日旅游、宗教庙会旅游、民间宗教旅游等。这些活动由宗教文化中的半核心性因素如宗教民俗等与旅游不充分互动而成,这些旅游活动仍然没有将社会效益、生态效益、经济效益高度结合起来,但是这类宗教旅游活动在新型现代性的指引下,具有向核心型宗教旅游过渡的巨大潜力。实际上,在宗教旅游整个活动谱系中,它确实处于半边缘型(辅助型)宗教旅游与核心型宗教旅游活动的中间阶段。从宗教与旅游互动结合的角度看,宗教民俗旅游、宗教节日旅游、宗教庙会旅游属于"强旅游性—弱宗教性"的结合;而民间宗教旅游则属于"强宗教性—弱旅游性"的结合。

1. 宗教民俗旅游

宗教民俗是宗教世俗化的重要方面,它既葆有丰富的宗教文化底蕴,又充满多彩的现世生活情趣。作为一种极具吸引力的文化资源,其开发价值在现代宗教旅游中日益凸显。尤其是西部风光旖旎的少数民族地区保留了大量原生态的宗教民俗风情,自然和人文景观相得益彰,对于生活在钢筋水泥丛林中的"文明人"具有无穷的诱惑力,越来越多的人们向往置身其中体验一把回归自然的乐趣。在一些少数民族中,宗教就是他们的民俗,民俗就是他们的宗教,在他们的婚姻、丧葬、农事、建房、生育、节庆等一系列民俗活动中渗透包含了特定的宗教观念或宗教活动的内容,他们可能习以为常,但是对于"外人"却具有极大的吸引力。宗教民俗具有原生性、不可再生性、不可替换性,许多海外游客就是为了探访民俗风情才到中国旅游的,宗教民俗旅游前景十分广阔。但是我们应该看到宗教民俗极易在旅游开发过程中受外界强势文化的影响而发生变迁,我们一定要坚持保护与开发并重、保护优先的原则。

2. 宗教节日旅游

宗教节日是为了纪念具有重大宗教意义的人物、事件而赋予神圣色彩并且举行相关庆祝活动的某一天或一段日期。世界各大宗教都有自己的重要节日如:基督教的复活节、圣诞节;佛教的佛诞节、成道节、盂兰盆节;道教的燕九节、本命之神日;伊斯兰教的开斋节、古尔邦节等。在这些节日里都要举行盛大的宗教活动,信徒也会从四面八方赶来。宗教节日蕴藏的强大旅游吸引功能不可小觑,在这些游客中出于宗教动机的占有相当高的比例,我们一定要防范可能出现的问题,如非法传教、宗教狂热等。

还有一些宗教节日几乎很难寻觅宗教的影子,反而集宗教、娱乐、健身、旅游于一身,演变成全民性盛大的娱乐休闲节日,如原本是浴佛节的傣族泼水节,藏族沐浴节等等。尤其是傣族泼水节已经成为该民族的一个标志,在旅游开发中发挥重要作用。宗教要想发展自身扩大影响,就不可避免的要与社会相适应,走向世俗化、人性化。许多宗教节日增添了适合非信徒需要的内容,宗教节日逐渐为社会大众所接受并积极参与。此外,宗教节日相对于一般性节日来说具有更为深厚的文化沉淀,人们在宗教节日里到宗教场所旅游不仅可以得到旅游的各种收获,还可以感受宗教传统文化,获得知识和审美享受。世界许多国家都有意识地将旅游与宗教节日结合起来,取得了较好的经济和社会效益。国际上的成功经验值得我们借鉴。

3.宗教庙会旅游

庙会是极具中国特色的宗教高度世俗化的产物,它以寺庙宫观为核心依托,集宗教、经济、文化、娱乐、旅游诸多功能于一体。在传统社会,寺庙是善男信女聚集的地方,民间交易大都自动集中于寺庙四周。寺庙带动了佛具业、香烛业、箔纸业、糕点业等相关行业的勃兴,寺庙附近店铺林立,摊贩聚集,其周围往往形成一定规模的集市区、商业区。寺庙自古即成为地方性商业活动中心,是人民生活不可或缺的一环。在北方很多农村,过庙会是当地仅次于过春节的隆重节日。很多著名宗教场所也因定期举行的庞大庙会而声名远扬,奠定较高的信仰地位、历史地位和宗教地位。庙会旅游自古就是中国社会各阶层雅俗共赏的传统游玩项目。例如北京的妙峰山庙会、山东泰山的东岳庙会、湖南衡山的南岳庙会都是香客与游客同来,文化活动与经济活动共举,场面非常盛大。今天庙会的旅游价值仍然很高,招商引资功能依然很大。人们在欣赏独具特色的宗教表演的同时,开展经贸、投资洽谈和旅游交易等各项活动,效果十分明显。我们从互联网上搜索的资料表明,南岳衡山 2006 年十一黄金周期间举办"第三届寿文化节暨南岳庙会"活动,共接待中外游客 21.56 万人次,实现旅游总收入 4760.98 万元,而全年总收入则为 12.72 亿元。安徽九华山 1999 年举办第 17 届庙会,十天的时间内共接待 10 万海内外游客;2006 年第 24 届庙会接待海内外游客 14.81 万人次,旅游经济总收入近 5000 万元;2008 年仅庙会高峰时段的 8 月 29～30 日两天就接待游客 5.5 万人次,旅游收入达到 4745 万元。全国各大佛教场所举办庙会的收入也同样巨大,因此庙会旅游不仅仅为佛教界所重视,也受到当地政府的极力支持。庙会的宗教功能已经让位于经济功能,庙会旅游表现出强旅游性—弱宗教性的典型特点。

4. 民间宗教旅游

杨庆堃先生从结构功能主义的角度,区分了中国宗教的两种结构:制度性宗教(institutional religion)和分散性宗教(diffused religion)。[①] 前者有自己的神学、仪式和组织体系,独立于其他世俗社会组织之外。后者的神学、仪式、组织与世俗制度和社会秩序其他方面的观念和结构紧密相连。与基督教、佛教、伊斯兰教等"制度性宗教"相比较,民间宗教是一种"分散性宗教",它有着广泛的形式。民间宗教是非体系化的宗教,具有鲜明的"草根性",是整个社会宗教信仰的底色和基石。我国自古以来就存在形形色色的民间信仰,其产生和发展远远早于后来传入的世界三大宗教。民间宗教在中国具有十分广泛的群众基础,我国各个民族包括汉族在内都有自己的民间信仰、祖先信仰。如瑶族的盘瓠信仰、苗族的蚩尤信仰、壮族的布洛陀信仰等。民族共同的祖先信仰可以强化人们的民族意识,加强民族团结。在海内外炎黄子孙中间开展寻根祭祖游活动能够增强中华民族的凝聚力。台湾的主要民间神祇妈祖、清水祖师、保生大帝等都来自一水相望的福建,开展相关的宗教旅游活动有利于推动两岸经济文化交流,促进祖国统一。发展宗教旅游,不能忽视有着丰富文化内涵的民间信仰。但同时也要看到民间宗教中带有迷信色彩的低层次信仰因素可能带来的社会危害,尤其要坚决打击少数敌对势力企图以共同的民族民间宗教信仰挑战国家认同和中华民族认同,进行颠覆、分裂、渗透活动。

(四)核心型宗教旅游

核心型宗教旅游活动主要包括宗教观光旅游、宗教休闲旅游、宗教生态旅游、宗教体验旅游,是优秀宗教文化精华与健康旅游元素良性互动、有机

---

① 杨庆堃:《中国社会中的宗教—宗教的现代社会功能与其历史因素之研究》,上海人民出版社2007年版。

结合的产物,是"强宗教性—强旅游性"高度结合的类型。这里的"强宗教性"主要指宗教的文化性强,而这种文化是经过新型现代性改造过了的、与社会主义社会发展相适应的宗教文化精华;"旅游性强"主要是指旅游的品味高雅,而这种旅游同样是经过时代精神改造过了的、与社会主义社会发展相适应的健康旅游活动。从这种意义而言,核心型宗教旅游是新型现代宗教旅游的真正"核心",是宗教旅游转型的方向,开发的重点。

1. 宗教观光旅游

"观光"一词出自《周易·观卦》"观国之光,利用宾于王"。意思是说,参观一个国家的文治武功,有利于成为君王的宾客和辅佐。观光不仅是观赏自然风光,还包括观赏异国异地的风景名胜、人文古迹、城市美景及其风土人情等。通过观光游览,旅游者可以达到改变常居环境、开阔眼界、增长见识、陶冶性情、鉴赏自然造化之美、享受田园生活之趣等多方面的需求和目的。与其相似,宗教观光旅游是以非宗教信仰者为主体,对有形的宗教文化旅游资源包括建筑、雕塑、绘画、园林等进行的以游览、欣赏、参观、考察为主的旅游活动。它主要侧重于对历史知识、艺术审美的追求,以及对宗教神秘性的感受等几个方面。宗教观光旅游可以进一步分为宗教人文景观旅游和宗教自然风光旅游,人们置身这些具有浓郁宗教氛围的景观当中,往往会油然而生离尘脱俗之感,享受世俗观光旅游体悟不到的乐趣。在宗教观光旅游的基础上,我们还可以展开宗教文化参访游、宗教文化考察游、宗教文化学习游等不同的宗教旅游形式。从广义的角度而言,宗教观光即是"观宗教之光",这就不仅仅是观看宗教风景,也包括了学习、参访、考察宗教文化,甚至下文的宗教休闲旅游、生态旅游、体验旅游也都是"观宗教之光"的一种。

2. 宗教休闲旅游

在中文语境里,人们经常用"出家"、"出世"、"世外之人"、"看破红尘"、"跳出三界外,不在五行中"等词句来形容宗教界人士,将他们的行为置于和日常生活相对的意义上进行严格的比较。韦伯通过对基督教新教、天主教、犹太教、印度教、佛教、儒教、道教的考查,根据其起源的先知预言性质把宗教概括为禁欲主义和神秘主义两大类型,同时也将救赎方式分为入世和出世两大类型,综合得出入世禁欲主义、入世神秘主义、出世禁欲主义和出世神秘主义四种类型。他认为基督教新教属于入世禁欲主义,儒教属于入世神秘主义,道教属于出世神秘主义,天主教属于出世禁欲主义。[①] 实际上,入世—出世、神秘主义—禁欲主义也是可以融为一体的。佛教代表了一种看破、放下、闲适、恬淡、知足的"生活伦理",与世俗生活伦理的执著、坚持、勤奋、享乐、不满等形成了鲜明的对比。但是佛教并非主张消极放弃,"勇猛精进"是佛教六种修炼成佛的必要途径之一,现代佛教更是积极主张"以出世的精神做入世的事业"。佛教破除的是人不切实际的执著和妄想。一个人要想在世俗社会中成功,离不开奋斗、争夺甚至是阴谋诡计。但是还有很多人用尽各种合法的、甚至是非法的手段也不一定能够获得自己希望的成功。在这种情况下,暂时脱离社会压力中心去旅游、度假、休闲,等身心恢复后再回归社会压力中心,不失为一种选择。

"欲求生富贵,须下死功夫"。在现实生活中,人们为了获得成功必须付出艰辛的劳动,而在很多时候,即使人们付出辛劳也不一定能够成功。"铁甲将军夜渡关,朝臣待漏五更寒,山寺日高僧未起,算来名利不如闲。"如贾宝玉般可以号称"富贵闲人"的能够有几人呢? 一些人很有钱,但是没有闲;一些人很有闲,但是没有钱。世俗生活的劳累辛苦与宗教生活的闲散恬淡形成了鲜明的对比,对一些"终日役役而不见其功"的人会产生一定的吸引力。当吸引力达到一定程度就会推动宗教休闲旅游的步伐;当吸引力进一步强大到足以阻止世俗生活的吸引力并且同时具备了其他社会条件或原因时,宗教休闲旅游的步伐可能就不再迈回生活世界的中心,这一行为的外显就是"出家"。古人已经认识到了宗教旅游蕴藏的巨大休闲功能。中唐诗人李涉《题鹤林寺僧舍》:"终日昏昏醉梦间,忽闻春尽强登山。因过竹院逢僧话,又得浮生半日闲。"[②]宗教休闲旅游古已有之,古代士人常常到寺院道观及其附近的山林访僧问道,品茗闲话,参禅悟道,以文会友,悠哉山

---

① ［德］韦伯:《宗教社会学》,康乐、简惠美译,广西师范大学出版社2005年版。
② 赵兴勤、杨侠:《千家诗新注》,四川人民出版社1982年版,第22页。

水,放松身心,这体现了一种高雅、脱俗、闲适、安详的生活态度。在快节奏的现代社会中,人们倍感工作、学习和生活的压力,一些人的身心一直处于亚健康状态,他们迫切希望能够在旅游中得到调节和放松。占据天下名山胜水的宗教也拥有高超的般若智慧,为开展休闲旅游提供了人文和自然双重优质资源。寓教于游,游教并重是宗教休闲旅游的特色,它远远高于表层化的宗教观光旅游。在欣赏风景、放松身心的同时领悟到生活的真趣,生命的真理,生存的真谛,这是宗教休闲的主要目的。"本来无一物,何处惹尘埃"、"天下本无事,庸人自扰之"……一些具备高超宗教知识和修养的高僧大德,往往只言片语就可以喝醒处于苦闷烦恼之中的人们迷途知返。宗教休闲旅游是具有高度中国特色的宗教旅游新形式,符合21世纪宗教旅游发展的新方向,需要我们深入挖掘宗教文化的相关精华,并不断注入更多的时代精神,合理引导,积极支持。

3. 宗教生态旅游

宗教生态旅游是优质宗教文化资源与健康旅游活动良性互动、有机结合的典范。宗教为旅游活动提供了秀美的自然风光和深层次的生态智慧,保障和指引宗教旅游积极健康发展;旅游活动则为优秀宗教文化的传播提供了纯净的空间和途径,吸引更多的游客了解宗教,弘扬宗教的真善美精神,保护不可再生的宗教资源。具体而言,宗教生态旅游,是以有形的宗教自然风光和文化设施作为发展生态旅游的依托,通过挖掘宗教蕴涵的万法缘起、天人合一、返璞归真等深层生态理念,使游客感受宗教慈悲为怀、和睦祥瑞、惜福感恩等生态伦理,正确认识人在自然界中的地位,从心灵深处改善自身行为,在自觉保护环境,美化、净化环境的同时,完善人类自身建设。宗教生态旅游可以促进环境保护,促进旅游发展,进而推动人类自身发展,所能产生的社会效益、生态效益和经济效益十分巨大。我国的传统宗教佛教、道教乃至少数民族原始宗教、民间宗教都蕴涵着丰富的生态智慧,具有发展宗教生态旅游的巨大潜能,我们应该制定合理的开发规划,将其转化为现实的宗教旅游产品,使它们更好地服务于社会主义和谐社会。

4. 宗教体验旅游

随着文化旅游的不断深入,消极被动的静态参观方式已经远远不能满足人们的需要,于是积极主动的参与方式越来越受到旅游者的欢迎。人们兴致勃勃的去体验原汁原味的"他文化",享受身临"他者世界"带来的快乐。现在越来越多的非信徒愿意到宗教场所和宗教人士同守戒律,同求正法,一起劳动,一起作息,希望通过这些活动来感受宗教及其文化。宗教体验旅游方兴未艾,成功的案例有河北柏林禅寺的"生活禅夏令营"活动、九华山的"做一天和尚撞一天钟"活动,都产生了良好的品牌效应。在宗教景区这种特定的宗教氛围里,旅游者逐步改变常人的身份,进入到"情境身份"中来,把自己想象为一个"不杀生,不偷盗,不邪淫,不妄语,不饮酒""的和尚,从前的不良行为和习惯现在能加以控制了,真正"诸恶莫作,众善奉行"。宗教体验旅游的宗教性最强,其参与者主要是信徒,起码也是对佛教很感兴趣的人。他们带着一颗虔诚的信仰之心走进宗教圣地,强烈的宗教倾向冲淡了旅游色彩,旅游成为他们实现自己宗教情感的一种手段。宗教体验旅游是宗教旅游与一般宗教活动的临界点,再向前迈出一步就是宗教活动了。宗教体验旅游体验的主要是诸如听经问法、参禅打坐之类的宗教活动。不同之处是宗教旅游者是专程来到宗教场所体验做和尚的感觉而不是真正要成为和尚。宗教体验旅游并非要将游客培养成信徒,将信徒培养成僧侣,若如此行事,宗教体验旅游就成为宗教传播了。宗教体验旅游必须瞄准传统宗教文化中有益世道人心的因素,着重开发宗教中最吸引人的真、善、美精神,使游客体验宗教的慈爱、宽容、博大,等他们回到现实生活后能助人为乐、与人为善。开展健康的宗教体验旅游,本身就是积极引导宗教与社会主义社会相适应的重要途径。宗教体验旅游不能因为迁就普通人而改变宗教文化的内涵,降低宗教文化的标准,放松宗教戒律的要求,一定要避免媚俗化、商业化、模式化的开发倾向。

5. 小结

核心型宗教旅游是宗教旅游开发的重点,它主要包括了宗教观光旅游、宗教生态旅游、宗教休闲旅游、宗教体验旅游等四个子项目,四者之间在开发思路、主要目标、基本特点等方面存在很多共通或相似之处,这是他们之所以归结为一个旅游类型的主要依据。但是,四者之间仍然存在差别,这些差别有助于我们进一步加深对核心型宗教旅游类型的理解。所得之规律性结论在边缘型、辅助型、过渡型旅游活动子项目中具有一定的推广意义。如此我们就能更好的理解宗教旅游的整体格局，并将其视为一个镶嵌在社会有机体之内的、有其自身运行规律并与社会保持千丝万缕联系的独立运行整体，因而也是一个可以良性运行并与社会协调发展的整体。如此就为我们从与社会主义社会相适应、相协调、相和谐的高度出发，依据宗教旅游子项目的各自特点、利弊采取或禁止或规范、或引导或提倡等措施提供了理论支持。

此外还有一些有益的宗教旅游项目我们没有展开讨论，如宗教考察旅游（对象为宗教历史、宗教文物等等）、宗教健康旅游（对象为宗教气功、宗教武术等）、宗教学习旅游（对象为宗教文化、美术、音乐等）。这些项目也属于宗教性与旅游性结合比较完美的核心型宗教旅游。当然，宗教旅游的各个子项目之间并不是纯粹独立而没有交叉的。对于旅游者来说，有时一次旅游活动可以包含多重目的，比如既来考察宗教古迹，又来学习宗教知识，还要获得宗教体验等等，因此我们可以适当开发诸如宗教观光考察旅游、宗教生态体验旅游、宗教健康休闲旅游等具有复合功能的旅游项目，以满足不同游客的旅游需求。

核心型宗教旅游是新型现代宗教旅游的主体，代表了宗教旅游的发展方向，但是目前在我国宗教旅游格局中仍然属于新生事物，宗教界、旅游界对此还缺乏自觉的意识，更没有科学合理的发展规划，而且往往被半核心型、半边缘型宗教旅游活动压抑和排斥，因为后者更容易见到经济效益。核心型宗教旅游以社会效益为中心，寻求与生态效益、经济效益的三方共赢，必然不为短视之士所欢迎。我们必须采取有效措施将合理的转变为现实的，将不合理的转变为不现实的，逐步以新型现代性为指导，对所有宗教旅游类型进行改造、升级、淘汰、摒弃等工作，将宗教旅游切实转化为新型现代宗教旅游，使宗教旅游在创造更好更多的社会效益、生态效益、生态效益的同时，与社会主义社会和谐、健康、协调发展。

表 8　宗教旅游的基本类型

分析类型	内容	特点	互动程度	对策
边缘型	旅游传教、旅游渗透	破坏性:现实的或潜在的	游离于宗教与旅游之间	坚决抵御
辅助型	宗教购物旅游、宗教祈愿旅游、宗教朝圣旅游	辅助性:在宗教旅游整体格局中处于辅助地位	由旅游与宗教不完全互动	规范管理
过渡型	宗教民俗旅游、宗教节日旅游、宗教庙会旅游、民间宗教	过渡性:具有向核心型转化的潜力	由宗教与旅游不完全互动	积极引导
核心型	宗教观光旅游、宗教生态旅游、宗教休闲旅游、宗教体验游	核心性:宗教旅游的发展趋势	高度互动	合理倡导

即使同属一大宗教旅游类型中的子项目,各自之间也存在着类似核心、边缘、辅助、过渡的区别。从动态的角度分析宗教旅游,各类型之间具有一种相互转化的关系:核心型宗教旅游如果退化、萎缩了宗教性、旅游性,就可能沦为过渡型、辅助甚至边缘型宗教旅游;而辅助型、过渡型宗教旅游如果不断挖掘宗教文化的精华,赋予和强化旅游活动的健康、文明、和谐因素,就很可能上升为核心型宗教旅游。而边缘型宗教旅游由于其背后的政治原因,不存在与宗教旅游整体格局相适应的基础,因而不能向核心型宗教旅游升越,也不能向辅助型、过渡型宗教旅游转化。同时,边缘型宗教旅游也不存在与旅游、与社会主义社会相适应的基础,我们必须坚决打击。除边缘型宗教旅游外的三大类型之间的统一关系远远大于对立关系,毋宁说,宗教旅游三大类型之间是对立统一的。宗教旅游各子项目之间也是联系大于区别,宗教旅游作为一个整体,在新型现代性的指引下,具有自身良性运行并与社会主义社会和谐、健康、协调发展的可能。如何使这一可能变为现实,应该成为宗教界、旅游界、学术界以及社会各界共同关心的课题。

只要我们以新型现代性为指导,结合时代发展的需要,取缔边缘型宗教旅游活动,改造辅助型宗教旅游活动浓厚的经济、商业和世俗氛围,提升过渡型宗教旅游活动的宗教文化品味,宗教旅游完全可以成为优秀宗教文化精华与健康旅游因素良性互动、有机结合的整体,统一为"新型现代宗教旅游",为推动宗教自身的健康发展、提升旅游活动的文化品味、满足人民的物质文化生活需要、进而为社会主义和谐社会建设贡献应有的力量。文明、

健康、和谐的宗教旅游,对于整个社会的良性运行和协调发展具有一定的促
进作用。

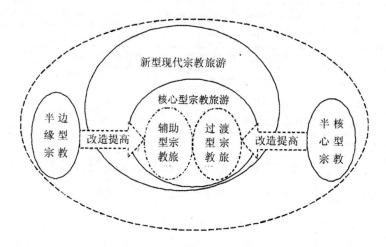

图3 宗教旅游动态发展示意图

现　实　篇

　　云南向来以"植物王国"、"动物王国"、"民族文化宝库"、"宗教博物馆"著称于世。在这块美丽、神奇、富饶的红土高原上,繁衍生息着包括汉族在内26个人口在5千人以上的世居民族。云南宗教形态纷繁复杂,从原始宗教到世界宗教,种类齐全,内容丰富,佛教、道教、天主教、基督教、伊斯兰教五大宗教俱全,尤其具足汉传、南传、藏传三大主要佛教部派,而成为世界上独一无二的地区。云南许多民族至今仍不同程度地保留着本民族的传统信仰,如本主崇拜之于白族,毕摩教之于彝族,东巴教之于纳西族;有些民族几乎全民信仰某一种宗教,如藏传佛教之于藏族,南传上座部佛教之于傣族,伊斯兰教之于回族。在漫长的历史演化进程中,这些宗教已成为各民族历史文化、现实生活以及社会心理的有机组成部分,成为他们独特民族风情的底色,与旖旎秀美的自然风光、异彩纷呈的民族文化相互交织,吸引着大量中外游客前来观光旅游。假如失去了这些独具特色的宗教文化风情,云南的旅游形象一定大打折扣。

　　随着云南建设民族文化大省和旅游经济强省战略的实施,宗教文化作为一种特殊的旅游资源日益为人们所关注,宗教文化旅游也将进一步纳入云南旅游的整体格局之中。机遇来临,挑战接踵而至。云南宗教文化旅游虽初见成效,但仍有很多不足,尤其在基础设施、区位条件、项目设计、品牌宣传、管理水平、导游素质等方面存在较大劣势;在旅游开发过程中也出现利益分配不均、保护措施不力、文化品位不高、市场定位不清、综合效益不显、后续发展不足等问题。我们将在对云南宗教文化旅游现状作出整体判断的同时,选取有代表性的宗教旅游项目予以重点调查。以期理清发展思路,解决现有问题,推出具有云南特色的宗教文化旅游精品。

云南不同宗教的旅游开发程度很不平衡,天主教、基督教几乎没有什么旅游项目,伊斯兰教主要是朝觐旅游,少数民族宗教旅游则多作为民族风情旅游的附属产品。佛教和道教旅游开展得有声有色,以建水祭孔为代表的儒家文化旅游方兴未艾。佛教文化旅游更是红红火火,尤以汉传佛教为盛,南传佛教和藏传佛教很大程度上镶嵌在民族旅游之中,作为独立的宗教旅游项目尚不具备代表性。因此,课题组重点选取佛教名山鸡足山、道教圣地巍宝山、儒学重镇建水作为云南宗教文化旅游的典型代表,进行较为深入的实地调查,以此折射宗教文化旅游的共同情境和遭遇。

一、云南宗教文化旅游概况

(一)云南宗教文化概述

1.佛教

佛教约于公元7世纪从印度、缅甸、西藏和中原多路传入云南,历史上曾形成了阿吒力教、汉传佛教、南传佛教和藏传佛教4大派系和众多的小派别,多源多流、教派繁多、文化内容丰富的特点十分鲜明,并在边疆少数民族社会生活中具有广泛的影响。由于传入渠道各不相同,加之各地自然环境、社会发展、生活习俗等存在的差异,云南佛教表现出了强烈的地域性特点。

阿吒力教属印度密教,唐代中期传入云南大理,曾在洱海地区的白族和彝族中有较大影响。元明两朝,阿吒力教的宗教地位和政治地位逐渐衰颓,清康熙时又被作为邪教加以禁止,此后虽然仍有组织及活动,但规模及影响都已衰落,庙宇和教徒多被汉传佛教的禅宗所融合,仅在民间有其残余变种流传。目前,云南阿吒力教已无宗教组织和庙宇,僧侣也演变为类似居士的信徒,只在农村从事念经、驱邪禳灾、超度亡灵等活动,并兼任民间组织"莲池会"坛主,在重要佛教节日中主持活动。

汉传佛教约在公元八世纪中叶分别从中原和四川两路传入云南,宋、元、明时期达到鼎盛时期,清代以后逐渐衰微。现主要分布在昆明、大理、保山、玉溪、红河、楚雄、曲靖、临沧、昭通等地,为部分汉族、白族、纳西族、彝族、拉祜族群众所信仰。主要寺庙有昆明圆通寺、筇竹寺、华亭寺,安宁曹溪寺、晋宁盘龙寺,大理崇圣寺、感通寺,宾川鸡足山寺庙丛林等。

南传上座部佛教大约于公元7世纪以后从缅甸传入西双版纳,13世纪晚期传入德宏。15世纪以后逐渐发展到临沧、普洱等地,成为傣族全民信仰的宗教并被当地其他一些民族如布朗族、德昂族所接受。南传上座部佛教在中国唯云南独有,并与傣族传统文化相融合。主要寺庙、建筑有景洪市曼飞龙塔、景真八角亭,芒市菩提寺,瑞丽姐勒大金塔,沧源广允缅寺等。

藏传佛教约于公元7世纪传入云南迪庆藏区,11世纪以后有较大规模的发展。早期以萨迦派(花教)、宁玛派(红教)和噶举派(白教)为主,清代以后格鲁派(黄教)日益兴盛,而其他各派则日渐衰落。除藏族外,丽江的纳西族、永宁的普米族、摩梭人也有部分群众信仰藏传佛教。主要寺庙有中甸归化寺(松赞林寺),德钦县德钦寺,丽江玉峰寺、指云寺、文峰寺等。

2. 道教

道教在云南有悠久的历史。自东汉末年张陵在四川创立五斗米道以后,便在川滇交界的金沙江南岸地区产生了一定程度的影响。由于早期道教特重占星祭天、祀神驱鬼的"鬼道",与当地的原始宗教十分相似,因此其教义也就融入了这些民族的原始信仰中。此后,由于统治者的政策变化以及受诸葛亮入滇征战等历史事件的影响,不少道徒陆续进入云南,逐渐在巍山地区以及澜沧江、金沙江流域获得发展。唐代以后,道教在云南的影响不断扩大,成为当时主要的宗教信仰之一。明代中期以后,随着中原地区大批汉人迁入,道教的发展空前繁荣。清代中期以后道教逐渐衰落,主要从事超度亡灵、求雨、建房奠土等活动。

云南道教派别繁杂,仅全真道就有天仙派、龙门派、随山派、长春派等流传于昆明、巍山、保山、腾冲、临沧等地区。道教长期与儒教、佛教融合交流,从传入之初就与彝、白、纳西、壮、瑶等少数民族的原始宗教相互吸收融合,形成了鲜明的地方民族特色,并影响了洞经会、圣谕坛、同善社等各类民间宗教团体。云南道观主要有昆明的金殿、黑龙潭、西山三清阁,腾冲云峰山,昭通大龙洞,临沧三元观等,而巍山县巍宝山更是集萃了准提阁、巡山殿、文昌宫、灵官庙、玉皇阁、老君殿、斗姥阁、朝阳洞、长春洞等宫观,成为云南著名的道教圣地。

3. 基督教

基督教(新教)于1881年从缅甸传入云南,是全国传入基督教较晚的省份之一。早期由于传统文化的抵制,发展十分缓慢。1904年,循道公会英国传教士伯格里在滇东北苗族地区获得成功,推动基督教先后在昆明以及滇东、滇北、滇西北、滇西、滇西南、滇南各地获得了较快的发展,在少数民族特别是边疆少数民族地区产生了很大的影响。尤其是传教士通过创制推广苗文、景颇文、傈僳文、拉祜文、佤文、独龙文等少数民族文字,使这些民族的社会生活面貌发生了较大的变化。

4. 天主教

根据史料记载,唐代和元代曾先后有"景教"和"也里可温"在云南活动,但未能流传下来。明末清初天主教再次进入云南,主要集中在滇东北川滇两省交界的偏僻山村。此后由于"百年禁教"的影响,逃迁或发配入滇的信徒渐多,向各地缓慢发展,先后设立了昆明、大理、昭通三个教区以及西藏教区云南铎区,最终形成了以滇中、滇东北、滇南、滇西为主的分布格局,主要为汉、彝、苗、傈僳、景颇等民族部分群众所信仰。

5. 伊斯兰教

1253 年,伊斯兰教随元世祖忽必烈蒙回军队征战云南而传入。明代又有大批回民军士及外省回族农民、商人进入云南,使云南成为回族的一个主要聚居区。经过元明两朝的大规模入滇,回族穆斯林在云南的人数和分布地不断扩大,使伊斯兰教得到广泛的传播和发展。清代前期,随着经堂教育的逐渐兴起而至盛极一时,云南成为中国经堂教育的三大中心之一,造就了"云南学派"在全国范围内的地位和影响。云南伊斯兰教分格底木(老教)、哲赫林耶(新教)、伊赫瓦尼(新新教)三大派别,都不同程度地受到中国传统文化的影响。云南伊斯兰教主要分布在昆明、玉溪、红河、文山、大理、保山、昭通、楚雄、思茅和曲靖等地,为回族和部分傣族、白族、藏族、彝族群众信仰,产生独特的傣回、白回、藏回、彝回等现象。

6. 原始宗教

云南民族众多,且各民族的社会发展极不平衡,导致云南少数民族原始宗教内容丰富、形态多样。新中国成立前,独龙族、基诺族、傈僳族、怒族、布朗族等几个居住在山区的少数民族基本处于原始社会末期向阶级社会过渡的历史阶段,小凉山地区的彝族还保留着奴隶制,傣族、藏族还保留着封建农奴制,其他如壮、苗、白、哈尼、阿昌、纳西等少数民族已进入封建社会。处在不同发展阶段上的云南少数民族,都不同程度的保存着原始宗教内容的残余。其形态有自然崇拜、动植物崇拜、图腾崇拜、鬼魂崇拜、祖先崇拜、性力崇拜、灵物崇拜等。在现代社会中,原始宗教对云南少数民族的影响有所衰退,并呈现出民俗化的特点,但作为一种文化现象,仍将长期存在。随着云南旅游业的发展,原始宗教中与民族风情紧密相连的部分将进一步凸显,并作为旅游的亮点加以展演。

(二)云南宗教文化旅游的特点

在市场经济大潮的冲击下,云南宗教文化与旅游的结合更加紧密,传统宗教活动逐渐演变为民俗活动甚至民族歌舞大会,如傣族的泼水节、景颇族的目脑纵歌等,几乎成为这些民族的旅游符号象征;一些濒于失传的宗教文化又借助旅游开发再度兴盛,如丽江旅游之于东巴文化,大理白族的本主信仰也借旅游开发之机热闹起来;彝族积极筹划为"毕摩"文化申请世界遗产。云南宗教文化旅游以云南内涵丰富的宗教文化为依托,作为一种特殊的社会文化活动,呈现出强烈的民族性、多样性、民俗性、地域性等特点。

1.民族性

宗教作为社会历史现象,是云南许多民族历史和现实不可分割的一部分,在漫长的发展演化过程中与民族生活方式紧密结合,从而对民族传统及文化教育、风俗习惯、行为规范乃至心理特征均有程度不同的影响,并由此熔铸出相关的民族心态,形成了"宗教－民族"相互对应的文化关系,如藏族与藏传佛教,傣族与南传佛教,瑶族与道教,白族与本主崇拜,纳西族与东巴教,回族与伊斯兰教等等。例如西双版纳、德宏州信奉南传佛教的傣、布朗、德昂、阿昌等民族,基本上每寨一寺,佛节活动以村寨为单位同时进行,不论男女老少人人参加。即使基督教与天主教,也一定程度上民族化了。苗族、傈僳族、景颇族、拉祜族等民族部分群众从20世纪初接受了基督教信仰以后,通过创立民族文字、使用民族语言传教、成立民族教会等活动,逐步改变了传统的信仰和生活方式,并使基督教作为一种文化因素融合到了自己的社会文化之中。"宗教－民族"的相互对应关系,导致了民族传统文化的宗教性内涵。一些少数民族的服饰,从形状、式样到图案、色彩,都隐含着特定的神性意识。例如彝族的火焰纹、虎头图案,体现的是崇火、崇虎的观念;纳西族的羊皮披肩,是图腾崇拜意识的外化;傣族的衣服则很像和尚的无领衣。在居住习俗方面,佤族的住房有专为鬼魂出入而设的鬼门,屋内供设着各种祭祀用品和鬼神象征物;基诺族屋顶装饰有象征房主父母灵魂的草排;傣族竹楼则力图模仿缅寺的尖顶方角或屋顶重叠的式样。云南各民族的神话、史诗、传说、故事、祭祀歌舞、民间体育竞技也与宗教文化有着千丝万缕的联系。少数民族的创世神话既是各民族最恢宏壮丽的原始文学作品,也是各民族最系统的原始宗教经典。如彝族的《查姆》,白族的《开天辟地》,傣族的《莱叭》,傈僳族的《木挂布》,纳西族的《崇搬图》等等。[①] 民族旅游绕不开、也不能绕开内涵丰富的本民族传统宗教,民族旅游因之具有浓厚的宗教特色;同样,宗教文化旅游也带有浓厚的民族特色。通过丰富多彩的宗教文化旅游,游客能够较为全面、深入了解云南少数民族的文化风貌。

2. 多样性

云南是我国宗教形态最多的省份,境内有佛教(包括显密二宗,南传佛教、藏传佛教、汉传佛教、阿吒力教四系,以及各系中的诸多派别)、道教、伊斯兰教、基督教、天主教,以及异彩纷呈的各民族传统宗教和民间信仰形式,宗教文化氛围浓厚。同时,云南又是我国少数民族种类最多的省份,共有26种世居民族。云南地处青藏高原连接中南半岛的中间地带,是各民族沿横断山脉南北迁徙的走廊,历史上随着北方氐羌族群的南迁,南方百越族群的西移以及中原文化的进入,再加上历史上的土著族群,使云南成了众多民族集团构成的汇集中华历史文化最为丰富的地区之一。多民族、多宗教、多元文化和谐并存,成为云南文化的典型特征,一个民族同时信仰好几种宗教,一种宗教同时为好几种民族所信仰的现象非常普遍。比如彝族群众既有信奉毕摩教的,又有信奉佛教、道教的,近代以来也有信奉天主教、基督教的;南传上座部佛教既为傣族信仰,也为布朗族、阿昌族信仰,还为德昂族、佤族信仰。尤其是佛教和道教包容性更强,可以共居一山,也可以彼此供奉对方尊神。云南宗教文化内容多样、形态完整、兼容并蓄,必然使以其为依

---

① 刘稚、秦榕:《宗教与民俗》,云南人民出版社1991年版。

托的宗教文化旅游带有多样性的特色。

3. 民俗性

在云南各民族的社会文化系统中,宗教文化不仅仅作为一种观念体系,而且还作为一种实践体系存在于人们的日常生产生活中,形成了民族传统的文化习俗和伦理道德,对人们的实践活动以及社会文化发展起着巨大的、直接的影响和作用。在社会发展日趋多样化、世俗化的背景下,少数民族宗教融入民俗的步伐正进一步加快。实际上,在云南民族地区,没有哪一种宗教不曾与民俗相结合,世界宗教如此,民族宗教更是如此。伊斯兰教以宗教的形式引导回族群众的生活习俗,基督教也以宗教形式涉足教徒人生礼仪的各个主要环节,佛教对其传播地区人们的衣食住行、行为举止、婚丧嫁娶等方面影响至巨。在少数民族的婚姻、丧葬、农事、建房、生育、节庆等每一方面、每一环节的风俗习惯中,都包含了相应的宗教观念或宗教活动的内容。如南传上座部佛教的浴佛节演变为傣族的泼水节,始于唐代汉传佛教的"观音街"演变为大理白族的民俗节日"三月街",藏族传教的"萨噶达娃节"(释迦牟尼诞生节)、祈福节、跳神会等均演变为藏族、普米族及摩梭人的风俗节。云南宗教文化与民俗文化紧密结合的特征,决定了云南宗教文化旅游的民俗性特点。

4. 地域性

云南地域呈自西向东逐渐下降的趋势,由此形成了在云南的山间和平地风格多样迥异的山川风貌和自然风光,所谓"一山有四季,十里不同天"。云南有北半球最南端终年积雪的高山,也有西双版纳茂密热带雨林,还有险峻深邃的怒江大峡谷和发育典型的喀斯特岩溶地貌,盆地和湖泊星罗棋布。云南众多少数民族以大杂居、小聚居的方式生活在这块土地上,形成了多姿多彩的民俗风情,神秘邃远的宗教文化。由于地理环境的多样性,造成了云南民族宗教文化发展的不平衡和多层次特点。同时,历史上形成的这些具有多形态、多层次特点的文化成分,在云南相对封闭、稳定的自然和社会历史环境,被最大限度地保留下来。时至今日,云南宗教仍呈现出鲜明的地域特征。藏传佛教主要分布在滇西北的香格里拉,南传佛教主要分布在滇西南的西双版纳、德宏,汉传佛教主要分布在滇中昆明、楚雄以及滇西的大理、保山一带。宗教文化旅游因此也带有鲜明的地域性特征,并与云南的"一中心三线四地五区"的旅游格局基本相符。所谓一中心是指昆明作为全省旅游的中心,三线是指滇东南旅游线、滇西旅游线和滇西南旅游线,四地是指大理、丽江、景洪、芒市四个全省旅游集散地,五区指滇中、滇西、滇西北、滇东南、滇西南五大旅游区。上述地区的自然风光、民族风情与具有鲜明地域特征的宗教文化相得益彰,在人与自然、人与社会、人与"神"和谐相处的独特空间中,营造出祥和、宁静、恬美的旅游氛围。列入《中国名胜词典》的云南名胜有110多个,其中有近40处是宗教圣地。宗教已经成为云南旅游的重要文化符号,这一符号赋予现实旅游空间以无限魅力,无数游客徜徉其中而乐此不疲,同时想以宗教符号为"靓点"发展旅游而振兴经济的地方政府更是不遗余力,依托本地独特的宗教文化元素吸引游客,如"香格里拉"、"司岗里"、"目脑纵歌"等,极富地域宗教和民族文化特色。

(三)云南宗教文化旅游存在的问题

云南宗教文化旅游资源异常丰富,然而由于观念落后、规划落后、管理落后、资金缺乏、认识缺乏、人才缺乏等原因,对宗教文化的深层内涵挖掘不够,致使旅游项目商业气息过浓,文化品味偏低,宗教旅游资源的高品位、多样性、文化性与低层次、单一化、商业化开发之间矛盾突出。同时,一些地方没能处理好保护与开发之间的关系,甚至借修缮古建筑的名义破坏文物;没能理顺旅游收益的分配关系,园林、宗教、旅游、文物、寺院各方存在利益纠纷。

1. 开发观念落后,专业人才缺乏

云南具有得天独厚的宗教旅游资源优势,但是由于受到传统观念尤其是历史上极左思潮的影响,普通民众对宗教的理解仍停留在"烧香拜佛"、"封建迷信"等肤浅认识上,政府也未能充分认识到宗教旅游对旅游业整体发展的特殊作用,在具体工作中忌讳宗教,对于社会主义制度下如何定位宗教文化,如何发展宗教旅游等问题认识不到位。宗教旅游资源仅仅属于"概念性"资源,缺乏转化为现实旅游产品的机制。云南省至今仍然没有全局性的宗教旅游发展规划,在以宗教为主要旅游资源的县域,也缺乏专题性的宗教旅游发展规划。在管理过程中过多使用行政手段,缺乏专业的旅游管理人才,尤其是缺乏专业的导游人才。一些导游在介绍宗教景点时信口开河,我们在魏宝山调查时,见到导游介绍坤道时用了"尼姑"的称呼;介绍道教神祇时,若神像周围有立牌书名的,便照本宣科,若是没有便信口开河,甚至将玉皇大帝介绍为韦陀。其他宗教旅游景区也不同程度的存在类似情况,严重影响了云南宗教文化旅游整体水平的提升。

2. 商业气息过浓,文化品位偏低

目前,云南很多宗教旅游景区以自然观光或烧香拜佛为主,没有充分挖掘宗教和历史文化内涵。相当多的地方只满足于建庙塑像,设置香炉、功德箱,有的地方甚至连一块必要的说明牌都没有。在大多数宗教景区,宗教人员所做的无外乎诵经、为进香者祈祷、发放一些经义小册子、维持秩序等世俗性活动,很少为游客进行讲解。游客多是看看宗教建筑、宗教雕塑,或参观法事活动。以游客为主体的参与性项目极少,游客很难体验到宗教文化的深层次内涵,加之各地宗教旅游项目重复、形式单调、大同小异,难以调动游客兴趣,降低了宗教景点的旅游吸引力。一些宗教旅游场所"既庸且俗",弥漫着浓厚的商业气息,商贩摊点触目,叫卖吆喝盈耳。面对往来如织的游客,个别和尚、道士舍弃了清规戒律,主动与旅行社、导游合作,向游客出售价值百元、千元的高香,再为其开光、祈福,谋取暴利。更有甚者,如昆明的黑龙宫和龙泉观,为了迎合部分游客的猎奇心理,在宗教场所辟专门殿堂为"鬼屋"或者"古尸展览馆",既违反国家宗教法规,又严重破坏了宗教场所的神圣气氛。

总之,宗教旅游活动中游客严重"香客化",旅游严重"娱乐化",寺庙严重"私产化",僧侣严重"职业化",不但破坏宗教的形象,还极易成为封建迷信活动的温床,宗教文化的精华难以通过旅游发扬出来,社会效益也为经济效益所扼杀。

3. 基础设施落后,接待能力不足

云南很多保留着丰富宗教文化资源的地区,往往经济落后、交通不便。

例如位于滇西北的怒江州,是一个多民族、多宗教、多元文化和谐并存的典型地区,以位于该州贡山县北部滇藏交界、怒江大峡谷深处的丙中洛乡为例,即居住着怒族、独龙族、傈僳族、藏族等少数民族,藏传佛教、天主教、基督教和原始宗教并存,有200多年历史的藏传佛教圣地普化寺、100多年历史的重丁天主教堂、香巴拉宫遗址和黄金洞遗址。但经济落后严重制约着当地基础设施的发展,至今仍然没有机场,只有一条进入州府的狭窄公路,相当一部分还是砂石路面,由于自然条件的限制在冬季常常因大雪而封闭。交通不便使游客不能直接到达目的地,丰富的宗教文化资源"藏在深山人不知",失去了发展旅游的大好机遇。事实上,即使交通便利、靠近城市的名刹古寺,如昆明近郊的筇竹寺、晋宁的盘龙寺等,也存在旅游基础设施落后的问题,平时接待少量游客尚可,游客自行进寺游览也行,但按照旅游产业的标准来衡量,所产生的综合效益却很少。云南还有一些古刹名寺僻处深山,交通不便,且寺院基本没有旅游基础接待条件,非十分虔诚的宗教信徒,很难到此一游。宗教与旅游不能有机结合、良性互动,宗教旅游的经济效益和社会效益将难以实现。

4.利益分配不均,部门纠纷不断

因为部门的现实利益夹杂其间,旅游、文物、文化、宗教、园林等部门本该携手共谋发展宗教旅游大业,却往往陷入争权夺利之中。《国家宗教事务条例》第二十六条明确规定:"以宗教活动场所为主要游览内容的风景名胜区,其所在地的县级以上地方人民政府应当协调、处理宗教活动场所与园林、文物、旅游等方面的利益关系,维护宗教活动场所的合法权益。"然而实际情况是一些地方为争门票收取权或分成比例,造成许多矛盾,甚至大打出手,完全将整体利益抛至脑后,以至造成很大损失。这方面的例子很多,如昭通市道教圣地大龙洞,就是因为旅游开发,景区管委会想挤走道士独享旅游收益曾经放水淹道观,道士不得不向省宗教局寻求帮助。楚雄市武定县狮子山曾经在收取进山门票时,没有做出区别对待。在山上领了皈依证的居士要交,上山到寺院办事、做工的人员要交,甚至山上常住和过往的僧人也不能免。如此一来,居士很少进寺院了,寺院的功德收入有所减少,山上的僧人多次向有关部门呼吁减免门票,"出家人以寺院为家","给我们一条回家的路";大理州宾川县鸡足山曾经发生山上僧人因景区向他们收取门票而静坐示威的事件,后经佛教协会和鸡足山旅游投资开发公司多次交涉达成协议,山上常住僧尼可以不交门票,且后者每年从其门票收入中拿出3%来作为前者的办公经费。

5.保护措施不力,影响持续发展

宗教旅游高度依赖原生的、不可替代的宗教自然风光和人文风光,在开发中不注意保护,过度商业化、产业化,给宗教带来危害的同时,旅游也将丧失可持续发展的资本。如巍宝山群山绵延,可是山上因过度开采而留下一块块"补丁",实在有煞风景。由于缺乏相应的保护措施和资金,一些具有悠久历史的宗教建筑、宗教文物不能及时补救、修复。而在维修过程中,如果忘记了"修旧如旧"的原则,可能转化为破坏行为。筇竹寺由于失火,重建的后殿富丽堂皇透着俗气,并且成为整座寺院彻底翻修的标准;丽江有名的白马龙潭寺居然隐藏在一个民俗旧器私立博物馆中,而且寺内加建的铝合金玻璃附属建筑实在有碍观瞻;鸡足山祝圣寺在大殿维修工程时就曾经整体拆除了顶部木制结构,给历史文物造成了不可挽回的损失。有些寺观里堂而皇之地挂上了游乐场的招牌,还有一些宗教场所内部或周围存在大量粗制滥造的临时性建筑,严重影响了古建筑群的整体美感,而这些建筑往往用于商业目的甚至从事封建迷信活动,与周围环境格格不入。由于云南旅游业的整体发展,近年来许多宗教景点一到旅游旺季便游客云集,远远超过当地旅游资源和环境承载力。特别是宗教节日期间,游人香客摩肩接踵,拥挤不堪,难以开展正常的朝拜与游览活动,甚至可能造成秩序混乱,给游客的人身安全带来威胁。在一些过度旅游开发的寺院,僧人修行受到了极大影响,静谧祥和、晨钟暮鼓的人文景观已很难寻觅。实际上,对于宗教旅游资源的保护,不仅仅是政府和寺院的事情,游客也与有力焉。我们看到,一些游客在宗教景区乱丢垃圾,乱写乱画,越是年代久远的标志性文物越难幸免;一些游客无视宗教风俗习惯,乱说乱动,对僧人缺乏应有的尊重。旅游者文明素质的提高,同样有助于宗教旅游的和谐发展。

二、鸡足山佛教文化旅游调查研究

(一)鸡足山概况

　　鸡足山古称青巅山、九曲山、莲花峰,位于云南省大理白族自治州宾川县西北隅,距县城33公里、大理市区90公里、省会昆明400余公里,位于北纬25°56′~26°00和东经100°20′~100°25之间,最高海拔天柱峰(俗称金顶)3248米,最低海拔沙址河1780米,相对高差1468米。鸡足山东西长7公里,南北宽6公里,总面积2822公顷,跨宾川、洱源、鹤庆、大理3县1市,因山势顶耸西北,尾掉东南,前列三支,后拖一足,宛若鸡足而得名。鸡足山垂直高差较大,呈立体气候。以沙址河为起点至金顶寺,可分为三个垂直气候带:干热河谷气候带(海拔1780~1900米),属南亚热带气候;温暖湿润山地气候带(海拔1900~2800米),四季如春,年均气温13℃,属中亚热带和亚热带气候;温凉潮湿的亚高山气候带(海拔2800~3248米),全年无夏,冬季寒冷,终年云雾缭绕,气候潮湿。鸡足山的气候特征,为植物区系的演化和发展提供了有利条件。据初步统计,鸡足山有高等植物80多科,500余种,特种植物和药用植物100余种。山中保留着原始的亚热带常绿阔叶森林,覆盖率达85%。低等植物中有较高经济价值的鸡足山冷菌、香菌、鸡枞、板栗、香笋、木耳等。优越的自然条件又为各种动物创造了良好的生活环境,禽兽种类达数百种。

　　鸡足山不仅是自然景观胜地,还是佛教圣地。在此人们既可以领略千岩竞秀、百涧争鸣、古木参天的自然情韵,也可以感受"十里松风香雾迷"和"天开佛国云为护"的灵光神韵。鸡足山拥有四十座奇山,十三座险峰,三十四座崖壁,四十五个幽洞,百余处泉潭。自华首门①、罗汉壁、天池山、九重崖到文笔山,有长达 5 公里、高 500 米秀丽壮观的构造断块山中高山地貌,其间怪石峥嵘、峰险洞幽、藤萝披拂,与寺院建筑融为一体,蔚然大观。鸡足山的一草一木、一山一石,都被人们赋予了浓厚的佛教色彩,有"石作袈裟玉裂纹"的"袈裟石"和"梵钟响彻三千界"的"石钟"佳话流传。悉檀溪纵贯全山,沿溪两岸有尊胜塔院、悉檀寺、祝圣寺、石钟寺、虚云寺、寂光寺等大型寺院建筑群以及众多庵、阁、亭、台,恰似佛线穿珠,一直延伸至鸡足山最高峰天柱峰脚下的慧灯庵。鸡足山还有很多以佛教语言命名的大小山泉如曹溪水、八功德水,在纵横交错的溪水泉畔,分布有九莲寺、传衣寺、牟尼庵、华严寺、放光寺等著名寺院。在原始森林深处,还有多处僧人结草而居的静修禅室、茅屋。古人曾用一鸟、二茶、三龙、四观、五杉、六珍、七兽、八景来概括鸡足山的自然风光。② 鸡足山是自然景观和佛教特色融为一体的佛教风景名胜区,自然山水与佛教景观相得益彰,令人叹为观止。

传说释迦牟尼大弟子摩诃迦叶,"抱金襕袈裟,携舍利佛牙,入定鸡足山,辟华首门为华化道场",等待未来佛弥勒降生向他传授佛祖衣钵。据《鸡足山志》记载,蜀汉时期山中始建小庵,唐代扩建,宋代形成规模,元、明两代,形成了以迦叶殿为主的八大寺七十一丛林,鼎盛时期发展到大寺八、小寺三十有四、庵六十有五、静室一百七十余所、常驻僧尼数千人的宏大规模。鸡足山历代高僧辈出,唐代的明智、护月,宋代的慈济,元代的源空、普

---

① 华首门是鸡足山顶峰天柱峰西南的天然绝壁,笔直如削,下临万丈深渊,宛若崖壁上镶上镶嵌着一道大石门。华首门高 40 米,宽 20 米,上部圆形石崖出近 3 米,中间有一道垂直下裂的石缝出,把石壁分为两扇,"门"的中缝悬挂着距离大致相等的石,这就是"石锁",檐口、门楣清晰可辨,酷似一道貌岸然相等的石门,相传释迦牟尼大弟子摩诃迦叶持佛祖衣钵在内入定以等待五十七亿六千万年后未来佛弥勒降生,因而华首门被佛教界尊为"中华第一门",是鸡足山最具神圣性和标志性的景观之一。

② 一鸟即迦叶鸟,叫声酷似"洗洗手烧香",当地百姓又叫它念佛鸟或烧香雀;二茶为云南茶花,一为狮子头,二为通片草,皆九心十八瓣,有云南古茶花之称;三龙即龙棕、龙竹、龙爪杜鹃;四观即东日、西海、南云、北雪,徐霞客赞叹说:"日海云雪四观,海内得其一,已为奇绝,而况乎全备者耶?此不特首鸡足山,实首海内矣";五杉即冷杉、油杉、柳杉、红豆杉、杉木;六珍即香笋、冷菌、板栗、岩参、香菌、银耳;七兽即猴子、岩羊、獐子、豹、熊、野猪、鹿;八景即天柱佛光、华首晴雷、苍山积雪、洱海回岚、飞瀑穿云、万壑松涛、重崖返照、塔院秋月。

通、本源,明代的周理、彻庸、释禅、担当、大错、中峰,清末民初的虚云等都是名播九州的大德高僧。鸡足山素以雄、奇、险、秀、幽著称,以"天开佛国"、"灵山佛都"闻名。徐霞客盛赞"实首海内矣",徐悲鸿赋诗称赞"灵鹫一片荒凉土,岂比苍苍鸡足山"。鸡足山因其较高的信仰地位和文化地位,被尊为中国佛教第五大名山,四面八方善男信女争相朝拜,影响力远及南亚、东南亚各国。鸡足山千百年的历史积淀了无穷的文化内涵,历代文人墨客纷纷选胜登临,参禅问道,游哉山水。明神宗颁藏经到山,赐紫衣圆顶;光绪、慈禧敕封"护国祝圣禅寺",赐銮驾、紫衣、玉印等珍贵文物。吴道子的《瘦马》,李霞的《十八罗汉过江图》,徐霞客的《鸡足山志》,屈尔泰的《墨龙》,徐悲鸿的《鸡·竹·山》《奔马》,以及杨升庵、李元阳、李贽、董其昌、孙中山、梁启超、袁嘉谷、赵藩、赵朴初等留下的大量诗文画卷,这些都是我国宝贵的文化遗产。

解放后至文化大革命前(1950年—1966年),鸡足山仍有寺庙二十八座、大殿二十四幢、亭阁五座、钟楼三幢、鼓楼三幢、楼房一百零五幢共三百间,平房六十六幢共二百零五间,僧尼八十三人。据1962年统计,鸡足山还有塔两座(楞严塔、尊胜缅塔),大小铜像四百四十四尊,泥塑佛像包括五百罗汉和十八罗汉近八百尊;铜、瓷花瓶八十二支,香炉一百五十七座,铜钟四十九座,鼓二十只,铜塔五尊;著名字画一百一十六件,《藏经》三部半(其中日本《藏经》一部),《释迦谱》四本,《贝叶经》一部。①

十年"文革"期间,鸡足山佛教遭到严重毁坏,八十三名僧尼被全部驱赶下山。据1979年统计,当时鸡足山劫后幸存破烂不堪的寺庙还有六座,大殿二幢,钟楼一座,楼房十九幢共五十七间,平房十二幢共三十间,楞严塔一座,名贵字画六十二件,大小铜像二十四尊,玉佛四尊,花瓶七支,小香炉三座,小铜钟一口。

十一届三中全会后,宗教政策得到落实,僧尼也逐渐回山。1979年鸡足山开始有选择性的重建、重修寺庙,中央、省、州、县各级政府拨款和寺院

---

① 鸡足山佛教协会编:《云南宾川鸡足山概况》,1987年(内部资料)

自行募捐一百余万元,到 1986 年底共修复九座寺院一万多平方米的建筑。(鸡足山佛教协会,1987:6)至 2008 年底鸡足山修复并重新开放的寺院有十七所,另外有五所正在筹建,全山共有僧尼二百名左右。随着寺院的修复,鸡足山旅游开发也逐渐提上议事日程。政府对交通、住宿、环境等基础设施进行改造升级,鸡足山旅游已经颇具规模。文革前每年上鸡足山朝拜和游览者近五万人次,现在高峰期每日就接近两万人次。鸡足山是云南面向世界推出的 23 个精品景区之一,2003 年被评为国家 AAAA 级景区,是以展示佛教文化和生态景观为主的集佛事朝拜、佛学研究、观光旅游、科普科考为一体的多功能景区。

鸡足山旅游大体可以分成三个阶段。1982 年之前的自发旅游阶段,1982 至 1999 年的逐渐开发阶段,1999 年之后的快速发展阶段。在 1982 年之前鸡足山没有主动的旅游开发和规划,游客或者香客出于习惯来此游玩或者烧香拜佛、许愿还愿。直到 1999 年,政府对鸡足山旅游的认识程度不高,重视程度不够。1999 年昆明世界园艺博览会后,云南的旅游业有了总体性的提升,鸡足山旅游也在这一大背景下快速发展,政府加大对鸡足山景区建设的投入,形成保护与开发相结合,以开发为主的思路。鸡足山景区的水电、游道、索道、路标、牌示、旅游厕所等基础设施迅速得以完善。2008年,宾川县政府与大理旅游集团签署了合作协议书,要求集团在 3 年内投入2 个亿的基础建设资金,鸡足山旅游从政府主导逐渐迈向市场主导。

(二)鸡足山佛教文化旅游现状

当前,鸡足山佛教旅游中存在的突出问题主要有:旅游者需求日渐多样,部分游客文明素质有待提高;僧人对旅游的态度各异,部分僧人热衷参与旅游,部分僧人抵触旅游,旅游商业化、世俗化对佛教的影响不容忽视;旅游者与僧人缺乏互动,彼此印象不佳;僧人与旅游公司立场各异,存在分歧冲突;经营者形成自发市场,亟须引导规范;有关部门认识不一,存在角色失误。

1. 旅游者的类型日渐多样

很多宗教旅游者都是兼具游客和香客的身份,其旅游活动也呈现出交叉性、多样性的特点。旅游者作为旅游活动的主体,其旅游需求与动机决定了旅游活动的发展方向。宗教旅游活动如果不能满足旅游者日趋多样的旅游需求,仅仅采取"白天看庙,晚上睡觉"的单一模式,必将失去客源市场而逐步萎缩。当然,由于宗教自身的特殊性和敏感性,在满足大多数旅游者健康合理需求的同时,必须抑制少部分旅游者的低俗需求,提高游客的文明素质,使优质宗教文化与健康旅游活动良性互动、有机结合,而不是相反。

我们可以将宗教旅游者分为五种类型。一是观光型旅游者,其宗教性动机远远低于旅游性动机,他们在乎的是欣赏沿途的风光,把宗教事物如寺庙、神像、法事等当作"景点"来参观。二是文化型旅游者,该类型旅游者对古典文化比较看重,着意欣赏楹联诗词,以文化的眼光审视宗教,追求人生哲理,并不一定拥有宗教信仰。三是解脱型旅游者,又可细分为信仰型和非信仰型,前者旨在摆脱生活中的烦恼,后者则主动寻求或参与各种宗教活动、宗教体验,不仅希望摆脱烦恼,更希望"开悟""解脱"。四是功利型旅游者,该类型游客旅游具有特定目的或动机,求平安,求财,求官,求学等比较常见。五是朝圣型旅游者,该类型旅游者带有明确的宗教动机,要么本人就是宗教人士,要么本人对宗教非常虔诚。

实际上,宗教圣地作为自然风光、人文古迹、宗教氛围的集萃之地,很大程度上可以自发满足上述各种类型旅游者的需求。然而在将宗教圣地开发为旅游胜地的过程中,或者因不注意保护生态,破坏了其自然风光;或者因急功近利,损害了其人文古迹,或者因商业气息浓厚,冲淡了其宗教氛围,宗教旅游必将损失相应的客源市场而逐渐萎缩。宗教文化旅游要想获得可持续发展,将其社会效益发挥到极致首先必须引导游客走出功利主义的圈子。文化型的游客是不会参与低俗迷信活动的,而功利型的游客,就很难说会不会了。

(1)观光型旅游者

此类旅游者的特征是基本没有宗教信仰,主要针对鸡足山秀美的自然风光而来,将其作为休闲度假、放松心情之地。其典型话语有:"我不信佛,也没有入教。鸡足山风景很好,我过来就是走走看看";"刚好是节假日,就和几个朋友一起出来。这里山清水秀,空气比较清新,换一个环境就是换了一种心情。鸡足山是佛教圣地,很多人大老远虔诚的过来烧香拜佛。但我们主要是喜欢这里自然、天然的味道,如果这里商业气息浓了,我们就不会再来了"。观光型游客虽然缺乏宗教信仰,然而对于没有喧嚣、没有烦恼、乌托邦式的"佛门净土"仍然心向往之,这种向往的行为外化既是宗教旅游。所谓到宗教圣地"走走看看"、"换个心情"、"体验氛围",这种"心情"、"氛围"或多或少带有一定的宗教色彩。所以,在一定条件下,观光型旅游者是可以向文化性旅游者、解脱型旅游者乃至朝圣型旅游者转化的。

"天下名山僧占多",宗教圣地往往因风光秀美而兼为旅游胜地,既可以作为宗教品牌促动朝圣者的步伐,又可以作为旅游品牌引来观光者的目光。与现代性伴生而来的是宗教信仰的"祛魅化",宗教在对部分人失去其原初意义的同时,通过旅游等方式重新"复魅"。在市场经济大潮中,愈来愈多的宗教品牌被打造成旅游品牌,佛教四大名山如此,鸡足山也如此。旅游部门在大力宣传鸡足山是"佛教第五大名山"、"迦叶道场"的同时,也不忘宣传鸡足山自然风光优美,作为"休闲圣地"、"静心天堂"的旅游功能。对于观光型旅游者而言,鸡足山作为旅游品牌的号召力显然大于宗教品牌的号召力。尽管他们对宗教并无太大的抵触情绪,有时也随大流"烧香拜佛",但大多数情况下仅仅作为一种游玩仪式,没有特别的宗教内涵。

(2)文化型旅游者

此类旅游者具有较高的文化素养,其旅游方式在某种程度上是对中国传统知识分子旅游方式的特定延续。雷德菲尔德用大传统与小传统分析复杂社会中两个不同层次文化传统。所谓"大传统"指的是少数上层士绅、知识分子所代表的文化;"小传统"则指散布在村落中多数农民所代表的生活文化。中国古代文人有"达则兼济天下,穷则独善其身"的文化传统。得意时,以拯救天下苍生为己任;失意时,悠哉山水,寻僧访道,诗酒唱和。他们大都通读儒释道经典,宗教在他们眼里是一种高雅文化。"读万卷书不如行万里路",在传统文化里,游与学同样重要。他们对于旅游有着特殊的文化情结,对于名山大川有着如同书本般的痴迷。对这一群体而言,无论前往何地旅游,都会引发他们文化性的"旅游凝视",宗教寺院同样不会例外。一位游客说:"我到寺院很喜欢看对联,很多都出自名人手笔,里边有很深的人生哲理。鸡足山文化底蕴很深,出过很多高僧,也来过很多名人。我到这里主要是来学习的,我不是什么佛教信徒,(指着山门上的对联说)只是对这些感兴趣。"

一位游客谈起他很不喜欢参加旅游团而是独来独往的原因时,调侃说:"现在的旅游团就是上车睡觉,下车要么拍照,要么撒尿。我喜欢的旅游就象喝茶一样,越慢越好,越慢才越有味道"。随着社会节奏的加快,"麦当劳化"已经蔓延到了整个旅游业,可以慢慢品味的旅游成为一道文化快餐。导游操着标准的导游词毫无表情的讲解,对每一位游客都规定了景点的参观时间,"看完后到某处集合,千万别掉队呀。"越来越多的旅游是花钱买时间,花时间赶景点,走马观花,唯一的收获就是一大堆证明"到此一游"的相片。文化型游客对这种旅游方式深恶痛绝。他们关注的是文化体验,这种体验如同品茗一样悠长。在宗教旅游中,他们既会欣赏山门上镀金的楹联,也不忘搜寻荒草丛中湮没的残碑断碣。对于他们而言,宗教旅游与其说是一种宗教之旅,毋宁说是一种文化之旅。

(3)解脱型旅游者

旅游的功能之一即是使旅游者从日常生活的压力中走出来,获得暂时的放松和解脱,宗教旅游在此类"解脱"的基础上赋予了更多的神圣内容。此类旅游者具有一定的宗教知识,对宗教抱有浓厚的兴趣,能主动与僧人接触,并从事一定的宗教活动以求的宗教体验,不仅希望借助旅游暂时摆脱生活中的烦恼,还希望通过宗教获得"开悟","解脱"烦恼。一位游客说:"社会上的人都有烦恼、都有难题,这是产生宗教需求的一个重要原因。一般人信仰宗教就是烧烧香、拜拜佛了。没有人随随便便来烧香拜佛的,总是有所求的。就算他没有什么具体的要求,烧香拜佛也能够缓解他心理的压力,调节自己的身心。"

实际上,解脱型旅游者对于烧香拜佛有一种抵触情绪,认为这种方式带有较为浓厚的功利色彩,不能从根本上解决问题。在旅游方式上他们更倾向于文化型旅游者。虽然他们理想中的"解脱"途径因人而异,既可以借助谈禅论道,甚至仅仅是游山玩水本身,但他们大都希望借助旅游获得宗教知识,认清烦恼的根源和本质,从根本上解决问题,获得轻松愉悦的心情。在高度紧张的现代社会中,人们面临越来越多的工作与生活压力,焦虑不安与日俱增。很多到宗教圣地旅游的人,都希望能够借助宗教的神圣疏解功能,将自己的各种烦恼驱除消散。从本质上看,解脱型旅游者追求的是生活解脱,而不是宗教解脱,他们并不因此而出家,从旅游者转变为宗教职业者。

（4）功利型旅游者

功利型旅游者为了自己或家人的各种世俗利益而到宗教场所求神拜佛,他们的旅游动机服从于功利目的。杨庆堃指出,在他考察的 500 名到寺庙进香的人中百分之九十以上与治病、婚姻、发财等有关;在广东某村庄的火神庙调查时,庙祝告诉他百分之八十的进香者都是为了祛病强身。[①] 葛兆光指出,到寺庙道观祭祀还愿的个人,依次为了以下目的:一是治病求医,二是求生子孙,三是求发财。[②]。我们调查中了解到的情况大致相同。一位寺院主持说:

> "现代社会是一个弱肉强食的工商社会,人们总是希望自己获得成功,过得更好。人们在社会中争名夺利,压力很大,在这样的社会环境下人们的得失心很重,功利性很强,活得都很累,想轻松一点已经很不容易了,更不要谈什么解脱了。所以一有机会人们就想出来走走,放松一下身心。这些人就是你说的游客了。但是他们虽然出来了,可仍然念念不忘世间的功名富贵。这些游客来自社会中的各个阶层,70% ~80% 的游客是有所祈求的,他们带有功利性的目的到寺院里烧香拜佛,他们还停留在宗教氛围里;烧香拜佛是一种宗教行为,还没有上升到真正的"佛法"。从最理性的角度将佛法看成是教育的游客占到了 10% 的样子,真正求佛、学

---

① 杨庆堃:《中国社会中的宗教—宗教的现代社会功能与其历史因素之研究》,上海人民出版社 2007 年版。

② 葛兆光:《认识中国民间信仰的真实图景》,《寻根》1996 年第 5 期。

佛、懂佛的人是不会抱着功利心烧香拜佛的,他们也并不十分注重烧香拜佛。还有大约20%～30%左右的人是纯粹来观光旅游、走走看看的,他们也不怎么烧香拜佛,这些人大都是有些文化的人。还有一些从农村来的普通老百姓,他们的心态非常淳朴,但是由于文化水平较低,不可能深入了解佛教,对佛教带有一种迷信的想法,他们过来就是为了烧香拜佛的。"

另一位僧人将游客分为功利型和非功利型两大类:"游客主要有两类人。一种是来祈祷、许愿、还愿的,这样的人占了多数;一种想了解佛法,这样的人比较少。第一类游客主要问怎么烧香拜佛,怎么求签,他们的所求不外乎世间的福利,比如求健康,求平安,求财富,求子女,求学业,求功名,绝大多数的游客都是如此。真正的佛法是在自己的心灵中求得解脱,第二类游客虽然只占少数,但他们的层次比较高,问一些深层次的社会、人生问题。这些人从古代讲就是士大夫、文人墨客之类的;在现代社会也不是泛泛之辈,是社会上的精英。这些人已经有了富贵,他们的信仰和追求和一般人是很不相同的。这样的人来到寺院里一般都是找方丈。这些人属于大护法的一类,寺庙大多靠他们出钱盖起来,建寺庙需要很多手续、批文,也不是一般人就轻易能够弄下来的。社会的上层到寺院里来,一般都不公开自己的身份,尤其一些高官,也经常来寺庙,虽然大家也知道是那几位,但是他们不便公开自己的身份。"

可以说,一半以上的人抱着各种功利目的前往宗教场所,他们的香客身份与游客身份虽有重叠,但仍以前者为主。其进香行为的功利性很强,要解决的是家人平安、身体健康、事业顺利等实际问题,以"灵验"为本位,追求的是"有求必应",对于所膜拜的神灵与教义,则常常带有认知上的暧昧,在特定条件下极易演化为封建迷信活动。所以,关键的问题不是争论他们从事的究竟是宗教活动还是旅游活动,他们到底是不是旅游者,而是采取必要的措施对其加以引导。

(5)朝圣型旅游者

朝圣型旅游者往往是宗教信徒,他们怀揣强烈的宗教情感来到宗教圣地,或者寻求特殊的宗教体验,或者提升自己的精神境界。如果说观光型旅游者将宗教因素淡化到了极点,朝圣型旅游者则将旅游因素淡化到了极点,旅游仅仅是实现特定宗教目的的一种手段。正如一位游客所言:"我们不是来旅游的,也不是来烧香拜佛的;我们是来敬佛的。"宗教旅游者很看重宗教场所的神圣性,对于旅游开发带来的种种弊端深表不满。对于佛教而言,朝圣型旅游者不仅有职业僧侣,还有一般居士,甚至普通游客。对于职业僧侣之外的朝圣型旅游者,他们对所信仰宗教有关的一切事物保持高度的崇敬感,并希望借助宗教的神圣性改正世俗生活中的坏习惯,不断完善自身的道德修养。

> "在寺院里吃斋饭,就不能浪费一粒粮食。我们在城市里吃饭多奢侈,多浪费";"我们不能做到像僧人那样的境界,我们只是一个俗人,但是我们还是很向往那种清净、安详、没有琐事烦恼的生活";"我已经皈依了,每天都要在家里念经,拜佛,平时也都按照佛教的道理为人处世,佛教对我生活的影响还是蛮大的";"在我心目中佛就是劝人向善的,就是引导你成为一个好人。要做一个合格的佛教徒,必须先做一个好人";"我们在乎的是过程而不是结果,最重要的是在过程中的一种体验。"

在我们的调查中,诸如上述个案中的许多朝圣型旅游者,不是将佛"神化"而是"人化"了,他们认为佛是存在的也是可以沟通的,宗教旅游的目的就是与自己心目中的佛进行互动。对于宗教的追求实际上是对自己心中一种理想的追求,如果向神灵提出太过现实、太过功利的要求,最终之结果可能是对神灵信仰的幻灭。一位游客道出了此中真义:"灵验不灵验,就看你的愿望是什么了。一般的求身体健康、平安就可以了;求升官、求发财恐怕佛爷不会保佑你的";"懂佛的人是不会对佛祖有所乞求的,最多求求平安也就是了。"相对于功利型旅游者,我们认为,朝圣型旅游者是一群追求自己心中宗教理想境界的人,宗教圣地是能够激起其真实自我的最佳场所。

事实上,现实生活中宗教旅游者的动机经常交织在一起的,可能既有观光目的、功利目的又有文化目的,同时还兼具解脱动机和朝圣动机;具有不同动机的旅游者也常常在同一宗教仪式、宗教活动中"碰头",场景彼此重叠,氛围相互交融,共同构成了宗教旅游的"蔚为大观"。

表9　宗教旅游者类型分析表

旅游者类型	所占比例%	有无宗教仪式	旅游者动机	备注
Ⅰ观光型	70%	可有可无	观赏风景	与Ⅱ、Ⅳ部分重叠
Ⅱ文化型	20%	无	体验文化	与Ⅰ、Ⅲ部分重叠
Ⅲ解脱型	10%	有	解脱烦恼	与Ⅴ、Ⅳ部分重叠
Ⅳ功利型	80%	有	祈求愿望	与其他类型略重叠
Ⅴ朝圣型	10%	有	与神对话	与Ⅳ略有重叠

2. 僧人的旅游参与态度逐步分化

寺院是僧侣开展宗教活动的主要场所。在佛教里,寺院按其性质、作用的不同而有多种名称:供四方游僧停息修学之所,名为"招提",乃"四方"之意;供奉佛骨、舍利、尊像、灵塔者谓之"制底",为信众朝礼参拜之地;有经藏及大德说法者谓之"毗诃罗"(精舍),为学僧听闻修习佛法之处;山林中静修之舍名曰"兰若",俗谓之茅蓬、茅棚;兼具园林之胜者谓之"伽蓝",意指僧众所居之园林。我国的寺院多为"伽蓝",寺院里僧侣少则几人,多至数百人。要维持数百人的生活,必须有相应的经济实力作为保障。佛教传统的自养方式主要有外出化缘、信徒布施、佛事收入、香火功德等。最具中国特色的一项就是"农禅并重",很多寺院拥有一定数目的土地,或收取地租,或亲自耕种;而处于城市中的寺院则"佛商并重",很多寺院出租铺面或放贷收款,基本实现自足。

新中国成立后,寺院自养方式发生了极大改变,最明显的一点就是寺院不再拥有土地,更加倚重捐款布施、香火功德等项收入,有些有条件的寺院也将各种工商活动纳入行动议程。十年文革期间,很多寺院被当作"封建迷信的大本营"毁掉,只有一小部分作为名胜古迹或其他用途而幸存下来。改革开放以后,随着旅游业的迅猛发展,许多寺院又从废墟中重建,具有风景园林之胜的寺院大多被当作游览景点而重新开放,旅游成为寺院兴建高潮的强有力推动者。旅游部门的介入、大量游客的涌入、世俗化运动的深入，一系列社会力量将寺院卷入旅游开发的浪潮中。无论是主动之为还是无奈之举，寺院普遍从事各种旅游服务活动，比如住宿部、素食馆、停车场、法物流通处等，收入显著增加。如2008年鸡足山金顶寺年收入500多万，祝圣寺300万左右，石钟寺因为有鸡足山最大的停车场，年收入200万左右，九莲寺100万左右，迦叶殿80多万，五华庵50多万，更小一些的寺庵也有7、8万。不管情愿与否，一些和尚被安排到上述经营部门"接待客人"，有些小和尚还被安排去打扫卫生、收拾游客丢下的垃圾。旅游的发展证明了它确实是一把双刃剑，宁静的寺院日渐喧嚣，和尚们发现偌大的寺院竟然安放不下一块打坐的蒲团。各式各样的游客来了，和尚说，他们有拜佛的、求佛的、学佛的还有毁佛的；政府发展旅游的各种措施出台了，和尚说，这些有偏招、怪招、损招还有歪招。在鸡足山的田野调查中，我们发现绝大多数的僧人对旅游开发持一种"好恶交织"的态度。他们既看到了旅游开发积极的一面，也看到了旅游开发消极的一面，对此他们感到回天乏术。毕竟是政府统一规划、统一开发、统一收取门票。面对政府他们自认为是弱者，不能不配合，不能不参与。但他们有自己的立场和原则，坚持旅游开发不能损害佛教的利益；有自己的策略和方式，最好能够成为游客的精神导师，退而求其次，心理咨询师也行。还有一些僧人信奉"随缘主义"，"你旅你的游，我念我的经，你来了我欢迎，你走了我也欢迎"。也有一些僧人说"和尚是修行人，不是生意人"，"为佛门保留一片净土"，对旅游开发的商业化行为持反对态度。

我们将卷入旅游开发的鸡足山僧人们划分为三种类型：一是参与者，他们中的大多数人属于寺庙中的优势群体，能够清楚地认识到旅游带给寺庙的各种机会和风险，并利用自己掌握的神圣资源以趋利避害。二是旁观者，他们对旅游经济带给寺庙生活的变化有所察觉，对公共设施如交通、水电等的便捷也颇为受用；但是他们是一群真正的"出家人"，对于他们来说，佛教的神圣性不容玷污。三是随缘者，这是一个相对特殊的群体，在具备"机缘"时向参与者转化，在不具备"机缘"时则又倒向旁观者。鸡足山僧人中

属于参与者类型的最多,我们可以按照其程度和方式进一步细分为积极参
与者、消极参与者,主动参与者、被动参与者等。不同类型的僧人在对旅游
的认知、态度、行为等方面表现出极大的不同。

宗教旅游中僧人的类型化,固然与佛教观念有关,但更受寺院地理位置
和内部等级分化的影响。首先是地理位置的影响。鸡足山上的寺庙在地理
分布上存在着"中心地"、"半边缘地"和"边缘地"的差别。处于中心地的
寺庙能够获得更多的香火、功德的供养,中心地的僧人特别是住持能够得到
更多的社会声望,伴生而来的还有巨大的商业利益。而边缘、半边缘的寺庙
由于人迹罕至,更多的作为一种附生的"背景"存在,其僧人的地位也相对
被边缘化了。

其次是寺庙内部等级体系的影响。一个完备的寺院,自住持以下,至少
设有监院、僧值、知客、佛家弟子、俗家皈依弟子以及居士等复杂的地位角
色。一个寺庙权力体系中处于顶端的仅有住持或监院,一般的弟子只参与
寺院念经打坐等日常事务。而大多数驻寺居士则扮演着照顾和尚饮食起居
的"打工仔"角色。对于住持而言,由于具备"大德高僧"这样的声望标签,
游客与他们的互动最为频繁。在互动过程中,声望作为一种中介资本被用
来转化和博取其他资本。声望越大,所能获得的游客信任也就越大,所能获
得的金钱交易也就越多,从而也能够形塑更大的权力地位;同时,这些反过
来又建构了更高的声望。对于其他各类地位角色而言,其利益的获得直接
与住持的利益获得机制紧密相连,只是充当了服务性的角色。在宗教旅游
中,不同僧人的地位差异影响了他的个人利益,进而影响了他的行动选择,
因此也表现为一系列清楚有别的行动类型。

(1)参与者

五华庵是鸡足山上一座规模中等的寺院,共有和尚6人,其中常住4
人,另外两位在外参访游学。住持 YC 法师生于1967年,云南大姚人,曾经
担任两届鸡足山佛教协会会长,在2008年的换届选举时,辞去了会长职务。
五华庵占地30亩左右,面积不大,但环境优美,按二星级标准专门建有两栋
二层的"贵宾楼"接待客人,房间总数在20间上下,其硬件设施在鸡足山数

一数二。YC法师1984年即来鸡足山出家,当时鸡足山的旅游开发还没有正式起步,他可谓见证了鸡足山旅游发展的全过程。

　　旅游发展起来以后,鸡足山的交通状况明显改善,再也不用人背马驮搬运东西了;还有政府一直都在加强饮水、照明等生活设施,这些对山上的寺院和个体户的生活都产生了良好影响,这是有利的一面。负面作用主要是对僧人修行和身心的影响。公路修好后每天都有游客到寺院来,嘈杂吵闹。这些很容易波动人心,使僧人不能静修。现在的旅游是在走极端,没有形成良性循环。旺季的时候,人一下子都来了,让你都招架不住;淡季的时候人一下子都走了。那么多的游客一窝蜂般的涌过来,对我们身心的影响和伤害还是蛮大的。而且不单单是影响修持的问题,游客集中在一起,对山上环境的破坏也是相当大的。有些游客到处丢垃圾,大声吵闹。金顶上的风比较大,纸屑香灰被吹得到处都是,山上的师父和居士整天忙着打扫卫生了。一些较小的溪流这两年已经没有水了,玉龙瀑布里的水也越来越少了,到了冬季枯水季节都快缩成一条线了,远没有以前壮观了。如果游客还是像这样集中在一起涌上山来,玉龙瀑布怕是再过十几年就要断流了。旅游无休止的开发,肯定会影响到佛心、佛性。真正想修行的僧人就会到僻静处修行,象武当山的道人一样躲到山洞里修行;信仰不坚定的僧人很可能就还俗了,寺院只剩下一个空壳子,专门提供给游客烧烧香、拜拜佛而已。这肯定就是佛教的一个悲哀了。旅游发展还要看寺院大和尚的态度和行动。如果大和尚过于看重香火和功德收入,一味追求经济效益,徒弟自然效仿,寺院里就不会有人真正修行,佛教必然走样,成为一种被人摆布的赚钱机器,佛法就会陷入万劫不复的境地。

　　一部分旅游参与型僧人能够理性分析旅游开发的利与弊,并寻找趋利避害的有效方法。他们认为问题首先出在旅游身上,旅游远未形成科学合理的可持续发展模式,不但破坏着山上的生态环境,也破坏了佛教的神圣氛围,不断动摇着出家人的道心。旅游追求的富丽堂皇,与佛教向往的清净道场中间存在巨大的张力。其次是游客也远未具备文明健康的旅游行为,成为破坏佛教神圣性和自然生态直接实施者。寺院的神圣氛围和佛教的神圣性遭受破坏,真正想修行的僧人就不会继续呆在寺院里了。愿意留下的只能徒具僧人之名,而无修行之实。不恰当的旅游开发实际上是驱逐僧人,动摇佛教的基石。当达到一定程度时,寺院就只剩下空壳子,佛教就只剩下空架子,面临衰亡的危险。虽然结局如此可怕,但 YC 法师并没有主张取缔旅游,其原因表面看来是服从国家的安排,"旅游是国家的一项主体政策,我们不会反对";但更为关键的是演诚法师有着充分的自信,相信随着国家对传统文化的重视,游客文明素质的提升,僧人佛学素养的增长,就能逐步化弊为利,使旅游为宗教服务,成为佛教文化发扬光大的契机。

　　旅游是国家的一项主体政策,我们不会反对。我们维护佛教文化并不是说我们反对旅游。"谋事在人",佛教旅游开发需要领导人拿准政策,需要佛教方面与旅游方面坐下来心平气和、认真地讨论,找一个双方都能接受的契合点。旅游不是游玩而是游学,通过旅游,要对自己的品味有所提升;佛教名山积淀的文化品味十分深厚,也不缺少高僧大德,关键是看我们如何利用这些资源。"佛教"这个词里面有一个"教"字,它本来就是教育人行善积德的。所以游客到佛教名山来不仅仅是游玩还要游学,学习佛教劝人向善的一面,改掉自己的坏习惯,回去后做一个好人。问题是,现在的旅游只知道抓经济,不知道发扬文化。"宗教搭台,经济唱戏"的提法就是错误的。一些领导对佛教的认识比较肤浅,佛教旅游只是用另外一种方式来发展经济。现在的做法只是将佛教作为经济资源来开发、来获利,而不是将佛教作为文化来保护、来发扬。这实际上是在挖老祖宗的根,最后断了根,就什么也没有了。总有一天,我们开展佛教旅游不是为了发展经济、为了赚钱,而是为了回归传统文化。

　　旅游参与型僧人试图找到一条旅游与佛教和谐发展的可持续道路。他们认为旅游是手段而不是目的,通过旅游发挥佛教的社会教化,恢复佛教的人文精神是一件彼此双赢的好事。问题是现行的旅游开发将佛教资源化、工具化为吸引游客的一种手段,佛教蕴含的社会效益被片面的经济效益所掩盖,神圣与世俗之间出现了巨大的利益裂痕,佛教面临着难以为继的危险,旅游也失去了提升自身品位的机会。一个可行的解决方法就是自上而下共同抵制商业化、世俗化的侵蚀。在我们的访谈中,一些普通和尚也发表了他们对旅游的看法。

> 旅游开发不是我们能把握的事情。一个地方出了名,游客就会像海水一样涌过来。政府、开发商也都会盯着你,又是做广告,又是做宣传,还会投资修路,这样,游客来的就更多了。旅游现在应该是一种政府行为吧,也是国家发展的一个大趋势,我们左右不了。

> 旅游也是佛教适应现代社会现实的一种需要。就算我们不愿意,政府也会将寺庙列入旅游景点的规划。旅游开发之后,路也修上来了,我们的吃穿确实都不用愁了。但是游客来的多了,就会影响修行;利益得的太多了,也会腐蚀道心,这些都是客观的事实。在现代背景下,商业化对寺院的冲击越来越大。过分的开发,也会影响山的灵气、山的气场、气脉。

虽然国家没有明确规定,但是"宗教搭台,经济唱戏"已经开始从观念层面向制度层面转化,各级政府纷纷将宗教寺院、宗教景区纳入当地的旅游规划,作为发展经济的一种手段,这必然进一步给寺院带来商业化、市场化的影响,僧人也难免职业化。"出家做和尚就是掌握唱念敲打的技能,做做法事,讨生活而已"。一些僧人出于对佛教的神圣色彩、社会职责被商业化过分侵扰等的担忧,比起给人做佛事,一些僧人更情愿以精神导师和心理咨询师的角色参与宗教旅游。然而问题是,"精神导师"似乎过于庄严神圣,"心理咨询师"又略显浅薄世俗,如何在神圣与世俗之间寻找到平衡点,成为僧人们参与佛教旅游实际上面临的核心问题。

　　修行也要入世，要是不接触游客，就会失去很多弘扬佛法的机会。通过接触各类游客，我们也能体会和观察到社会上的方方面面，这很能助我修行。如果我们都闭门修行，不接待游客，游客的苦恼就会少一个倾诉之处，这不符合大乘佛法普度众生的精神，也不利于社会和谐。佛法说"一切皆苦"，社会上的人都很苦，我的苦就是不能解脱，不能应对每个人，使每个人都获得解脱。

　　社会上的人压力很重，烦恼也很重，内心的痛苦很想找个地方倾诉，可是社会上的心理咨询师不能完全化解人们的苦恼，他们不了解烦恼的根源，只能解决皮相问题。佛法从根本上为一切问题而设，为一切众生而设。众生有烦恼，我们有义务帮他们解决。出世间与入世间没有冲突，佛教与旅游也是可以融合的。大乘佛教提倡庄严国土、利乐有情，就是要教给众生超越和解脱烦恼的法门，将众生塑造成佛。旅游完全可以作为塑造众生的一种形式。游客来了，我们可以设一个讲座，教给他们佛法的精华，也可以耐心开导他们，使他们烦烦恼恼来，欢欢喜喜去。这也是在为和谐社会贡献力量呀。

　　旅游参与型僧人几乎毫无例外地认识到了旅游存在利与弊，虽然见解有深浅之分，但他们都是站在佛教的本位立场上做出评判。他们认为只要将旅游限定在合理范围之内，且注入佛法精华，就能发挥积极作用。只要引导得当，佛教与旅游便可相得益彰：游客获取佛法教益，僧人实现自度度人的理想，不但能为社会创造财富，更能为社会提供"和谐"。佛法不能一味追求出世间，它也需要入世间，"庄严国土，利乐有情"。面对旅游，参与型僧人的立场是基于"人间佛教"的，认为参与旅游是必要的，也是可行的。对他们而言，旅游恰恰是宗教融入社会的契机，借助旅游他们可以做一些想做而又无法做的事情。旅游是一个跳板，一座桥梁，一种工具，他们希望宗教能够更好的发挥社会效益，并且通过参与旅游，能够为寺院和自身积攒更多的神圣资本、社会资本，而不仅仅是经济资本。

　　（2）旁观者

虚云禅寺偏离鸡足山主游道,如果不是专门寻访,很多游客很难走到这里。现任主持 WS 法师,1973 年生于广东,毕业于云门佛学院教理专业正科班,曾任鸡足山佛教协会副会长。

> 寺院和旅游公司有联系,但并不是很强。在内部事务上,双方互不干涉。出家人称为"方外之士",就是说出家人虽然和在家人同住一个地球,但出家人是另一个世界的。和尚的本分就是一门心思的修行佛法,世俗间的事情我们不去随便掺和;我们也不能让世俗间的事情随便来打扰我们。但是这一点已经很难做到了,净土只能是红尘净土,要想在现代社会寻找一块纯粹的净土是不可能的事情。我们要做的就是守住自己的本心。

惟升强烈要求寺院能够在经济上独立,同时还要求在宗教上独立,不受政府、旅游公司的辖制。但是在新的社会变革下,宗教与旅游开发的结合已经成为佛教寺院必须面对的现实。对于旅游,旁观者采取的态度是不参与,不反对,旁观中立,固守佛教自身的传统。

另有一位石钟寺的挂单僧人 XC 法师,认为旅游开发根本就没有考虑僧人的感受和利益,只是按照自己的想法规划旅游。"旅游对佛教来说有利有弊。旅游过度开发对佛教的影响很大,适度开发又很难把握。最重要的是要尊重僧人,尊重佛教信仰,搞开发前要多听听僧人的意见,现在旅游公司根本就没有把我们当一回事。有时候客人到寺院里来了,这里也走,那里也看,我们也成为他的参观对象了,说难听一点,感觉跟动物园里的猴子差不多。你看那些名山大寺,真正的出家人都很少。那些和旅游利益相关的寺院,都不愿意挂单给我们,怕我们住久了会分掉他们的利益,越是大寺就越是这样。"一些游客对佛教缺乏了解,对僧人缺乏礼貌,将僧人观赏化了,那种态度对于这位僧人刺激很大,他甚至用了"动物园里的猴子"这样激愤的比喻。更为严重的是,旅游开发致使寺院变质。对于出家僧人而言,寺院就是自己的家,现在寺院因为怕外来僧人太多分去他们的收益,而拒绝给僧人挂单,佛教越来越不像佛教了。他希望旅游开发能够适度,本人并不反对旅游,但也不会主动介入旅游。

（3）随缘者

YD 法师,原籍甘肃,现为迦叶殿僧人。

> 对旅游,我随缘。我平时要做的事情就是上殿、念经。游客来了,我忙我的上殿念经,他忙他的游山玩水。人来的少,对我就更没有什么影响了。

> 出家人只能随缘,不能攀缘。只有机缘成熟,做事才会成功。到了什么样的程度,就要做什么样程度的事情。

FC 法师,原籍江西,现为祝圣寺僧人。

> 很多人主观上很想与师父聊一聊,但是却不够胆量,生怕说错了话。实际上他自己烦恼也很重,有很多疑惑要问。但是他有畏惧感,不敢接近师父。这种人是非常非常多的。如果能主动提供一个平等对话交流的平台,我们也是欢迎的。佛门是净地、圣地,佛门有佛门的规矩,前提是不能破坏佛门的规矩,不能影响师父的修行,不能违背因果、因缘。最终还是看游客自己,他们不敢主动和师父交往,是因为他的因缘还没有成熟。等因缘成熟了,迟早还要来,到时候他就会很迫切的需要师父解答人生的疑惑,见了就会问,我们一讲他就能接受。如果他现在没有这么迫切的愿望,就算我们苦口婆心的讲给他,他也不一定听。佛度有缘人,说的就是这个道理了。

随缘者的立场类似旁观者,不同的是随缘者是在等待时机,只要他认为缘分到了或者机会来了,也会变成参与者,甚至是非常积极的参与者。佛教万事皆缘的行为模式,成为随缘者最为理想的行动指南。

在旅游的商业化潮流中,僧人不可避免地卷入其中。宗教的神秘主义、僧人所掌握的神学知识以及佛事技术等成为其获得利益的重要资本。"正是由于经历了'出家'和'受戒'这样一个'禁欲主义'过程,僧人们或多或少地具备了在信徒和香客心中难以言表的神秘力量"。① 然而,僧人在遭遇旅游利益时,其行动选择却各有不同,大致可归为上述的参与者、旁观者和随缘者三种类型。有的僧人认为使用其掌控的神圣资源获利没有什么不妥;有的认为卷入世俗利益之中则有违"出家"之道;有的则选择保留自己的神圣资本,他们绝不会去"攀缘",但"机缘成熟"之时,也并不拒绝利益。

3. 旅游者与僧人缺乏互动,彼此印象不佳

调查中,我们发现一些游客总是倾向于从坏的方面而不是从好的方面去猜想和尚。在互动不畅的情况下,游客形成了对僧人的刻板印象,而僧人也形成了对游客的刻板印象,认为大多数游客既庸且俗,根本不懂佛法,他们是为了一己之私利来烧香拜佛的,很少有学佛的,有懂佛的,甚至很多傲慢的游客上来,就是毁佛的。

虽有近七成的游客对和尚表示不满,但每年前来鸡足山烧香拜佛、旅游观光的游客仍然络绎不绝,有增无减,对和尚形成的世俗化、职业化的刻板印象并没有妨碍他们走进寺院的步伐。一位游客的话很代表了一些人的看法:"不是有这样一句话吗,不看僧面看佛面。我去寺庙是向佛祖学习,向佛祖表示敬意的,对于僧人只是拿平常心对待。很多搞旅游开发的寺庙里都是些假和尚,真正修行的和尚都隐居了。"佛教历来将佛、法、僧列为三宝,缺少了任何一个环节,佛教都是不完整的佛教。但是现在一些游客将僧人与佛法割裂起来了,认为很多僧人都不能遵循佛教戒律如法修行,尤其是面对旅游利益重大诱惑的时候。很多人已经不再相信和尚了,如果佛教界不加强道风建设、僧团建设,佛教的发展就会面临危机。作为旅游景点的寺院更是应该严格约束僧众的行为,制止僧人参与一切商业化活动,发挥佛教的社会效益而不是经济效益。从微观而言,要让每个游客都能从中获益,通过体验和学习佛法精华,提升自身素养、努力多做善事;从宏观而言,要不断减少商业气息,增强佛教氛围,不能允许山上有违背佛教教理、损害佛教形象的事情。佛教应积极主动寻求与游客之间的"真诚沟通",以消除不利于

---

① 骆建建:《归来之神:一个乡村寺庙重建的民族志考察》,上海大学博士学位论文,2007 年。

己的刻板印象。

实际上游客对这种沟通是非常期待的,他们认为能与和尚就人生问题进行交流,可能会学到一些东西,自己心中的疙瘩说不定就解开了,一些不良嗜好可能就戒掉了。五华庵临时帮忙的居士李师傅说"以前在单位(烟草公司)工作的时候,每个月公司要发给四条烟,我全部抽掉都还觉得不够。那时候每天的工作就是给经理开车,招待客人,打麻将,几乎天天都要喝酒,每天都有很多应酬,感觉身心很是疲惫。现在我在山上也是给师父开开车,招待客人喝喝茶,可是感觉很充实。上山没多久就把烟戒掉了,以前在单位的时候戒了很多次都戒不掉。这可能是与山上的氛围有关吧,也和个人的心境、决心有关。"只要融入了宗教神圣氛围的核心,人的行为就会发生翻天覆地的改变,宗教可以用它神圣的清规戒律来型塑一个更为完美的自我。并不是每个游客都有机会像李师傅那样能经常与和尚交流,但对于一些信徒来说,这种交往的愿望很是强烈。

想和他们聊天,但是具体的问题还没想好。大概就是听听他们对人生的看法什么的。也想听听他们讲说佛教的理论知识,佛教最忌讳的是什么。

我同和尚很少交流。很想来山上住一段日子,也想听听和尚对人生的看法。

我不懂佛教,将来有机会与和尚聊天,我主要是做个听众,听他讲讲这些道理。

我在路上见过几位和尚,但是没有和他们聊天。我不知道怎样和他们聊起来,怕说错了话他们不高兴。我目前真的不知道和他们谈什么。应该说主要是向他们学习,听他们讲怎样生活的道理。

挺愿意在寺院里住一段时间的,具体做那些事情还没有想的太清楚。也就是到处走走转转,听听和尚念经

感觉与和尚沟通还是有困难,毕竟信仰不同吧。如果只带着做学生来听听这样的态度来可能会好一点。寺院里有很多规矩,

不懂的地方不要随便去碰,总之要小心做人。

我一般不会和和尚交流。我自己有时候也看佛经,但是同和尚交流仍然有障碍。他们讲的比较深奥,一般人听不懂。我如果有时间,会选择在寺院里住十天半月的,看看山水,拜拜佛吧。再反顾一下过去,瞻望一下未来。

我不了解和尚的生活,但是很希望找一个比较好的师父和他聊聊天,了解他们的思想、生活,对名利、人生、婚姻之类的看法。人能够将名和利摆脱,就轻松了。

我更想与和尚谈谈爱情婚姻家庭方面的话题。佛法是不应该避开这些问题的,和尚应该站在他们的立场上看这些问题,他们的看法肯定会对我们有很多启发。

游客虽然感觉到了和尚的世俗化、职业化,对此颇为不满,但仍能表现出一定的宽容和理解,"毕竟和尚也是人,也要吃饭","我去过全国很多地方,鸡足山做得算最好的",一些游客这样说道。同样,鸡足山的和尚虽然对游客颇有微词,对他们的一些行为也看不惯,但并没有将游客拒之门外。

有一些无聊的人进到寺院里乱说乱动,反正他自己也不信,有什么大不了的。这类人要严格控制,必要的时候要批评、教育。朝山进香有很多讲究,比如说净身、洗澡呀,谁也没有权力亵渎灵山圣地。

一些有钱人到寺院里来,背着手、叉着腰,盯着佛菩萨看很久,甚至还会出言不逊。这样的人既不懂佛教也不尊敬佛教,完全没有佛门圣地的概念。

还有一些人对佛教有一些认识,懂一点肤浅的佛法,就认为自己上可通天,下可达地,口出狂言。对佛教一窍不通还傲慢得很,真是俗不可耐。

很多和尚都认识到了旅游开发的弊端,但对于旅游开发仍然持较为乐观的态度,认为随着游客的不断涌入,佛教能够发挥更大的社会效益,赢得更大的发展空间。他们基于自己对游客的认识,认为以精神导师或心理咨询师之类的角色面对滚滚而来的游客是一个不错的选择。大乘佛教的精神就是普度众生,既然游客都到寺门口了,有什么理由拒绝呢?"一阐提"都有佛性,放下屠刀就能立地成佛,这些常识化了的佛教道理,僧人们是不会不懂的。

按照佛教的基本教义,僧人的角色具有以下三重意义与功能,他们应当是佛教的专家、民众信仰的指导者和正法的承续者。佛教讲求"自觉、觉他、觉行圆满",具体而言,僧人首先应该"自觉",必须具备正确的佛教信仰,能正确的理解佛教的世界观、人生观等教理学说,由正确的实践修行,而得到深切的体验和开悟;其次,僧人不仅是佛教专家,同时也要成为民众信仰的导师,他必须具有救渡苦难的教化能力与手段方法,必须具有教化意愿,而且专心致力于救渡众生;第三,僧人还应该是正法的承续者,即是说僧人作为佛法驻世的代表,必须以身作则修持正法,进而竭力去传播它,以使之不会断绝,直到后世永远传承持续下去。[①]

在鸡足山,僧人一般被称为"和尚"或者"师父",前者常常出现于不甚虔信的游客、当地居民的言谈中,而后者则常常出现在寺庙里面或者寺外的仪式场合。和尚本是对高僧大德的一种尊称,汉译为"案教师、力生、近诵、依学、大众之师",意思是"德高望重之出家人"。并不是任何僧人都能称为和尚,必须要有一定资格堪为人师者才能称之。如初出家者只能称为"沙弥",意即勤策男,言其当勤受和尚之策励。和尚这一称呼并不限于男子,出家女众有资格的也可以称和尚,但是后来这个词习惯上专门称呼出家男众,这颇类似于中文语境中的"先生"一词。[②] 中国传统文化里有"一日为

---

① [日]水野弘元:《佛教要语的基础知识》,台湾华宇出版社1984年版。

② 和尚,梵语为 upādhyāya,巴利语为 upajjhāya,指德高望重之出家人。又作和上、和阇、和社、磈社、鹘社、乌社。在早期传至中国的佛经中被翻译为邬波驮耶、优婆陀诃、郁波第耶夜。直译意思为:亲教师、力生、近诵、依学、大众之师。意译则是指:德高望重之出家人。据《大智度论》卷十三载,沙弥、沙弥尼之出家受戒法,应求二师,一为和上,一为阿阇黎;和上如父,阿阇黎如母。意指舍本生之父母而求出家之父母。在藏传佛教之四种阶位中,以和尚为最上之第四位,其权力仅次于达赖喇嘛与班禅额尔德尼,住持诸大寺。日本佛教僧官阶位中,有大和尚位、和尚位等称呼,后则转为对高僧之尊称。

师,终生为父"的说法,"师父"同样指涉一个备受尊重的权威对象。然而,在现代社会里,"师父"逐渐"师傅"化了,它们似乎更多地被当作一种职业名称的代名词。词义的变化一定程度上反映了社会的变迁。

我们之所以用"刻板印象"来形容游客与僧人之间的关系,是因为从田野点的实际来看,不少游客确实给"师父"贴上了"师傅"式的世俗化、职业化标签,游客与僧人之间缺少有效的互动平台。正如前文所述,游客的类型决定了游客是否与僧人发生互动,以何种形式发生互动。事实上,多数互动局限在功利型游客特别是处于社会层级中精英群体的功利型游客与同样处于丛林上层的"大师"之间。互动形式主要体现为,为游客解疑释惑、解除烦恼以及满足游客的各种佛事要求。普通僧人与普通游客仅能通过"印象"来评价对方,二者之间几乎没有直接交往。一位普通僧人说,"游客有事情都是找方丈和当家师我们很少接触",他对游客的印象也只能从平时的观察中获得。相对地,游客们对僧人的判断主要是来自大众媒体和自我直观的建构。游客眼中的"僧人职业化"形象虽然仅依赖于其对少数和尚的观察,但确实存在。一些宗教团体为了适应世俗化的生活,不得不改变自身的运作模式去迎合"顾客"的需求,"出家"和"受戒"的最大意义乃是获得一个国家认可的"戒牒",同时掌握唱念敲打的职业技能。当各种宗教组织为了抢夺有限的资源而泯灭神圣与世俗之间的界限时,它自身内在的宗教性也变得暧昧和模糊。市场化经营、产业化运作还能称其为宗教吗?于是"佛门CEO"、"僧人操盘手"之类的说法不胫而走。在中国沿海地区特别是苏杭一带的寺院,这种明确的僧人职业化和利益动机或属常见。就鸡足山的总体情况来看,僧人的功利化程度并不算高,但是僧人职业化的现象仍然存在。一些人"出家做和尚就是为了谋个职业,讨生活而已"。僧人职业化本质上所关联的是寺庙商业化,游客对于僧人的刻板印象同时也是对寺院的刻板印象。

4. 僧人与旅游公司立场各异,存在分歧冲突

宗教旅游是相关行为主体共同参与的结果,他们立场各异,利益分殊,彼此之间存在对立、冲突、博弈、合作等不同关系,缺少任何一方,宗教旅游

就难以为继。其中最为重要的两对关系就是游客与僧人和僧人与旅游公司。此外国家也扮演着极为重要的角色,宗教旅游很大程度上是政府力量支持和参与的结果。政府感兴趣的是旅游而不是宗教,他更希望推动旅游发展而不是宗教发展;而僧人则恰恰相反,他更希望看到宗教的发展。僧人借开展宗教旅游之机为宗教谋取更多发展的经济机会和政治机会,是一个不错的选择。虽然旅游开发会给宗教带来不少危害,但是这些危害可以采取措施降到最低程度。如果不抓住旅游开发这一机会,宗教可能会错过更多发展机会。许多宗教人士意识到了这一点,虽然看到了旅游对佛教的危害,但并没有全盘否定,而是从发展宗教的角度给出了发展旅游的对策建议。其核心即是在二者之间寻找一个双赢的平衡点,借助旅游的各项世俗收益延续宗教的神圣再生产。宗教可以向旅游提供它的神圣资源,但旅游必须保证在利用这一神圣资源时不能使其发生世俗化的蜕变。能够双赢的是"高招"、"妙招",而繁荣了旅游、损害了佛教的则是"损招"、"偏招"。比如,旅游公司很想在华首门对面的山头上建一个大佛像,修一个自己的寺庙,请僧人过来做做样子,专门赚取游客的功德钱、香火钱,遭到了鸡足山僧人的一致抵制。

　　我们与他们(旅游公司)的关系是若即若离的,毕竟我们和他们的目标不一样,他们投资的最终目的就是为了赚钱,他们想利用我们,我们不想被利用,也不能被利用。在涉及佛教根本利益方面,我们不能有丝毫的让步,只要让出一小步,他们(旅游公司)就会得寸进尺。如果我们不维护佛教文化,不坚定立场,在金钱的诱惑面前,就真的彻底完了。虽然我们平时也会有一些纷争,比如说寺院内部师父和徒弟之间、寺院之间的一些小事上可能有些摩擦,但是当旅游公司想出一些"怪招"、"偏招",想利用佛教来赚钱,损害佛教形象,侵犯我们的利益时,我们总是团结一致反对这些世俗化行为。比如,旅游公司很想在华首门对面的山头上建一个大佛像,修一个自己的寺庙,请僧人过来做做样子,专门赚取游客的功德钱、香火钱。这种不顾佛教文化、佛教形象专门发展旅游的做法遭到山上所有寺院住持的反对。

对很多和尚而言,旅游公司的旅游规划和具体措施充满着损害佛教利益的偏招、怪招,他们也会站在佛教的立场上积极主动的回应这些招数,但是很多情况下他们都是默默忍受,只要这些招数还不至于给他们造成伤害,他们一般都会选择"不还手"的策略。每个和尚心中都有一杆秤,对于宗教旅游他们有自己的认知态度和参与方法。相对于旅游公司的"偏招、怪招",一些有见解的僧人给出他们认为的"高招、妙招"。他们一般出于弘扬佛法的角度提出旅游发展的思路和建议,从根本上说,这是为了佛教的发展而不是旅游的发展。相对于旅游利用宗教,他们的做法是"宗教利用旅游"。对于宗教的分歧主要认知性的,宗教界认为,宗教是传统文化,在社会中大有可为;旅游界认为,宗教存在着糟粕,必须要加以限制和引导。对于旅游的分歧,主要是行为性的,围绕着旅游收益,宗教界和旅游界展开了博弈,利益分歧引发的矛盾最终可能演化为实质性的行为冲突。

有一年佛塔寺的尼姑到山门前静坐抗议,原因是居士要给寺院送东西上来,但是旅游公司阻拦不让上来,必须买票才能进入。那时候佛塔寺正在搞建设,旅游公司也向做活的工人收取门票。工人们每天要到山下去买菜做饭,一些建筑材料也必须经常运到山上来,他们不是来旅游的所以没必要每次上来都要交60元的门票,对工人来说这是一笔不小的数目。工人们希望佛塔寺住持道兴法师出面协调一下。虽然经过几次交涉,但旅游公司并不买帐,居士门票照收,工人门票照收。这样一来,佛塔寺的尼姑们很生气,就纷纷到景区山门静坐。山上寺院都表示支持佛塔寺。后来旅游公司迫于压力,规定在山上干活的工人只要凭寺院开的介绍信上山就可以免票了。现在政府形成了一个红头文件,规定山上寺院里和尚的俗家亲戚来可以免票,居士拿着皈依证能买半票,修庙、打工、做活的人可以免票,残疾人、军人、老年人和学生凭证件可以买半票;宾川县的人上山只需要10块钱,大理州的人30块钱,州外的人都是60块钱。这两年政府文件下来后,门票上的争端少多了。去年和今年几乎没有发生什么冲突,但是口头上的争吵也还是有的,还是有一些人抱怨门票贵。

在宗教旅游场域中,旅游公司与佛教的关系十分微妙。双方都倾向于将自己想象成寺院所在景区的主人。旅游公司与政府有着千丝万缕的联系,很多情况下实际上就是政府本身。相对于旅游公司,佛教处于弱势地位。全国很多与佛教有关的景区都由政府收取进山门票,所得收入只有很少一部分给佛教,有些地方则分文不给。鸡足山旅游门票的3%作为鸡足山佛教协会办公经费,不会分摊到各个寺庙。2007年鸡足山门票收入800多万元,佛教协会分到近25万元办公经费。但他们认为这些钱根本不够用,相对于巨大的开支,仅算杯水车薪而已。在旅游公司看来,门票、索道费用在游客那里只占其旅游消费很小一部分,而大部分的花费则用在寺院的功德、香火以及其他敬佛活动中。换言之,鸡足山的整体利益大部分被寺院分割了,留给他们的微乎其微。寺院还有经营住宿素食、法物流通等收入,以及数目不菲的香火功德、经忏法事之类的收入,和尚根本就不穷,给他们3%的门票收入只能算"锦上添花"而已。况且是自己通过招商引资、宣传策划将旅游搞红火起来的,越来越多的游客上鸡足山烧香拜佛,带给寺院滚滚而来的财源。在这一点上寺院应该感谢他们,是他们给了寺院一个金饭碗。对于鸡足山旅游来说,旅游公司才是真正的主人。但是佛教界却不同意这种看法,认为鸡足山是先有的和尚,后有的旅游,在旅游公司没有进入之前,和尚就已经在这里修建寺院。旅游公司到来后,只知道收门票,还不停往上涨,将很多有虔诚信仰但收入不高的普通百姓挤出山门之外,阻留了寺院一部分可能的香火和功德收入。而有钱的"看客"则大量涌入,"游客"也取代"香客"成为鸡足山旅游者的主体。僧人认为,如果没有旅游公司的介入,鸡足山的香火肯定比现在更旺。

一位寺院住持说,"旅游公司连20万宣传费也舍不得拿,我们先后两次拿出了70万元请全国佛教协会和中央电视台有关专家摄制了两部一小时左右的鸡足山佛教文化的宣传光碟,并通过云南民族音像出版社公开发行。旅游公司只是请昆明某文化传播公司摄制了一个时长15分钟的宣传性光碟,也没有公开发行。在昆明火车站、大理火车站、宾川县城和昆明到大理高速公路上树立的宣传鸡足山的巨型广告牌也主要由政府出资树立,旅游公司在对鸡足山的宣传介绍方面投资很少"。山上不少僧人认为旅游公司除了收门票之外,对鸡足山佛教文化的宣传和发扬并没有起到什么积极作用,相反还和佛教展开神圣资源和社会资源的争夺,损害了佛教的利益。

在旅游公司与寺院的博弈中,前者无法对后者的内部事务进行干预,也无法操控人们的信仰。尽管如此,旅游公司仍有利益获得的空间可供挖掘,他们把佛教文化和众多僧人看作一种可资利用的、蕴藏着巨大开发潜力的资源。具体而言,旅游公司希望通过一种做秀的方式来宣扬佛教文化,进而吸引更多的游客和香客,获得更多的商业利益。然而,寺庙对于旅游公司充满商业气息、世俗气息的佛教宣传颇为不满,"选佛场"岂容堕落为"选秀场"? 面对寺庙方面的不妥协,旅游公司退而求其次,希望能够通过"经营"自己的寺庙获取功德香火收入而赚取更多的旅游收益。僧人所谓的"偏招"、"怪招"实际上是旅游公司逼迫寺庙妥协、与寺庙争夺香客资源进而扩展收益的一种策略。从鸡足山僧人的立场而言,尽管旅游带来的商业化对寺庙的神圣氛围有所侵蚀,他们也确实从中获得了现实的物质利益,但是参与旅游的僧人仍然保留了宗教的底线。僧人应当正确定位自己,他们是出家人、出世者、苦修者,参与旅游的首要任务是开导教化游客,而不是赚钱;旅游参与的目标是社会效益而非经济效益。如果将二者的顺序颠倒,必然使佛教的圣洁形象遭受沾污,最终导致社会舆论和信徒的抵制,影响自身功能的发挥和可持续发展,其结果必然得不偿失。

5. 经营者形成自发市场,需要引导规范

鸡足山旅游经营者的原型是为香客提供各种服务的当地居民。鸡足山地处云南西北部山区,距离宾川县城尚有33公里,距大理90余公里,距昆明400余公里。由于地理位置特殊,对食、住、行等基础条件的满足显得尤为重要。虽然鸡足山很多寺院都有对外开放的住宿、素食等服务,但是接待能力毕竟有限,有些条件还很简陋。以祝圣寺为例,目前有床位100余张,分6人间、4人间、2人间三种,都没有装修,没有卫生间,价格分别为10元、

20元、30元,旅游旺季的时候根本不够住。祝圣寺处在鸡足山的半山腰,以它为中心周围分布着大小七个寺院,是鸡足山最著名的寺院之一。游客一般都将这里作为旅程的第一站,而实际上,这里也是运营班车的终点站。这里坐落着为游客提供食宿、交通等各项服务的香会街。旅游开发之后,鸡足山形成一批以经营饭馆、旅店以及卖香、开出租车为业的人群,他们很多都是鸡足山下沙址村的村民,为游客提供旅游服务的同时,自己也从中获取利益。经营者在宗教旅游中占有比较特殊的位置,在某种意义上,他们构成了宗教旅游的支持系统,维护着宗教旅游的日常运转。

鸡足山主峰天柱峰海拔3248米,最低海拔沙址河1780米,相对高差1468米,上山的小路在树木丛中弯弯曲曲,异常艰难。每到夏秋阴雨时节,小路总是湿漉漉的,长满了滑滑的青苔,非常危险,经常发生香客不小心滑倒而跌入山谷死伤的事情。据当地居民介绍,早在清朝年间,就已经有一些习惯走山路的村民自发做起驮马、抬轿的营生。在过去只能靠骑马或者徒步的情况下,上山要花费不少时间。有些香客为了表示自己的虔诚,要走遍全山大大小小的寺庙,拜遍全山所有的“菩萨”,所需时间就会更长,必须要在山上吃饭和住宿。有需求就会有市场,就会有供给,鸡足山在未正式旅游开发之前就已经自发地形成了一个颇具规模的经营者群体。

从1984年起,县政府开始对鸡足山的旅游发展进行规划。1986年投资10多万元建成从山脚九莲寺到山巅金顶寺近9公里的主游道。主游道又称“石踏步”,全部由青石砌成,大大方便了游客的出行。这些并没有影响到驮马和抬轿的生意,随着上山的人越来越多,他们的生意也越来越好。后来,鸡足山又修起从山脚的沙址街到山腰的香会街长13公里的盘山公路,2008年从山门交上6元钱的车票用半个小时就能到祝圣寺。而从九莲寺到祝圣寺约两公里的“石踏步”除了当地居民外没有人走了。随着公路的修通,祝圣寺成为全山地理意义上的中心,周围集中了香会街、驮马站、抬轿点等沙址村居民经营的旅游服务机构。后来,旅游公司投资建起了直通金顶的索道,起点设在汤圆街附近。为了索道生意不至于冷落,旅游公司要求驮马站以汤圆街为终点,而不是将游客直接送到金顶。现在很多游客到鸡足山旅游一般都是从昆明坐大巴到宾川县城(票价 98 元),再从宾川县城乘坐面包车(票价 13 元)到香会街(中间经过山门时要购买 60 元的门票),从香会街步行或骑马(50 元)到汤圆街,乘坐缆车到金顶(30 元)。选择步行上金顶的人逐渐少了,主游道"石踏步"只有从香会街到汤圆街这一段路程发挥着昔日的作用。这段路程也是驮马、抬轿所走的路程,抬轿所走的线路和主游道完全相符,而驮马所走的是另外一条传统上山的道路,就是前面提到的小道,政府拓宽硬化之后成为专门的"马道",路上随处都有未经清理的马粪,气味刺鼻。

从香会街到汤圆街长约 2 公里的主游道经常有身穿当地白族服饰的中老年妇女摆摊叫卖各种土特产。沿途有大小不等三个供游人休息的亭子,上面画满了与鸡足山传说有关的故事。最大的一个亭子约 10 平方米,每天都有两位老者用简单的木架支起一米多长的木板,摊开各种饮料、食品贩卖。他们的摊位几乎将这个亭子的中间部分占满了。其他的两个亭子都只有 1 平方米左右,没有人经营摊位。老者所卖东西的价格普遍比山下贵一到两元。旺季的时候(主要是国家法定假日、农历每月初一十五、鸡足山庙会)一天能有上万名游客,老者可以收入二三百元,淡季的时候一天也就几百人,也能赚三四十元。扣除管委会向他们收取的一天一元钱的摊位费,平均下来一年可以赚到三四万元。两位老者在鸡足山的经营收入还不止这些,他们的家人同时在汤圆街上经营着饭店,政府每个月收取一百多元的卫生费、管理费、水电费,饭店每年也有三四万元的收入。

鸡足山形成了一个比较零散的、自发的、不太规范的香火市场。卖香者多是当地的中年妇女,以沙址村的为多。她们中的一些人租有固定摊位,视摊位大小每个月交给管委会 30 元或 60 元不等的管理费;另外一些没有固定摊位,主要在山门前或道路旁向游客售卖香烛。这样的人在节假日客流高峰时能有一百多位。她们没有固定的摊位,也就不存在租金,也没有什么人向她们收取管理费。但是她们必须负责山门周围和道路两旁的环境卫生。她们一般都是自己喊价,游客和她们讨价还价。碰到懂行的游客价格就适当低一些,碰到不懂行的游客价格就高一些。鸡足山上固定的香火摊位主要集中在山门、香会街、汤圆街、缆车售票处等四个地方。离缆车售票处约 30 米远有一块 40 多平方米的空地,集中了六家专卖香火的摊位。我们在此专门观察了一次"高香"买卖。三位昆明来的游客要买一位身着白族服饰妇女的高香,妇女喊价 88 元,游客还价 66 元,白族妇女坚持要 88 元,双方经过四五分钟的讨价还价,还是以 66 元的价格出售。白族妇女说,自己心疼的眼泪都在眼眶里打转了,今天是遇到真正会砍价的了。据了解,这些高香都是她们集中从大理的香烛批发市场进货,进价也就在十元左右,中等的六七元,小一点的一元左右,她们一般以五倍的价格出售。

鸡足山个体经营者形成的唯一组织就是神骑公司。鸡足山神骑公司是沙址村成立的经济实体。很早以前就有沙址村民在鸡足山上为有游客提供驮马服务。后来,为了统一管理,由村委会出面组织成立了神骑旅游股份公司。村民个人提供马匹,除每个月交给村委会三十元管理费外,其余的都归村民个人所有。驮马驿站设在石钟寺停车场上方 50 米处,设有固定的马道,与步行主游道是两条不同的路线,可以直达金顶索道的站台,收费是 53 元一人(含 3 元保险)。神骑公司同时提供抬轿服务,所走路线与主游道一致,同样是送达金顶索道站台,收费是 180 元一人。轿夫也都是沙址村民,每人每月也需向神骑公司缴纳三十元的管理费,剩余的收入都归个人所有。目前神骑公司有 400 余匹马,牵马的都是白族传统服饰打扮的中年妇女,他们的丈夫一般都在山上抬轿或者做生意。轿子需要两个人抬,所得收入由两人均分。从事牵马、抬轿,年收入大约两三万元。神骑公司的总经理就是沙址村的支部书记,与旅游公司、管委会没有上下级关系,是一个独立运作的公司。

交通是发展旅游的重要条件。随着鸡足山交通条件的改善,越来越多的人前来旅游。虽然一些游客对鸡足山修路不以为然,①但这并不妨碍司机群体的产生。在鸡足山,无论游客还是香客首选两个寺庙。一是由近代高僧虚云老和尚恢复、光绪皇帝敕封的护国祝圣禅寺;二是位于鸡足山最高峰的金顶寺。游客烧香拜佛和捐功德大多在这两个寺庙完成,尤其是金顶寺。很多人认为没有到金顶寺就等于没有来鸡足山,其他寺庙常常被行程紧张的游客忽略掉了。由于公路修到了祝圣寺,从祝圣寺到金顶寺成年人一般要走 4 个小时左右的艰险山路。因此,"爬金顶"也被当做表达虔诚信仰的一种礼佛仪式。在很多人的心目中,这段路正是鸡足山的朝圣之路。听说将来公路要修到金顶,很多游客表示反对,认为这段路应该予以保留。现代化的便捷交通工具大大缩短了世界的距离,古代那种长途跋涉、异常艰苦的朝圣之旅成为许多虔诚游客向往的一种神圣体验。

在鸡足山上游客可以选择步行,但是再虔诚的游客一般也不会选择从宾川县城步行 30 公里到鸡足山。目前这一条线上共有 11 辆车,站点设在县城汽车站,都是小型面包车,载客量 6 人。他们由交通局运管室统一调度,虽然说每隔一小时一趟,但有时游客较多,不到半小时就能坐满六个人发一班车;有时人少,可能两个小时也发不了一班车。他们等的是足额的票款,而不是足额的载客量。如果一个人愿意出够六个人的票款他们也会发车。"平时 3 天才能跑两趟,节假日的时候人比较多,每天可以跑到两趟";"以前生意不太好做,现在好一点了。一个是汽油降价,一个是取消了养路费,现在花在车上的费用是每天 10 元钱,而以前要 20 多元钱,成本降低了一半";"平均下来一个月也就是 1 千多块钱,也就是挣一个养家糊口的钱"。鸡足山专线旅游车的司机大都住在县城,很多是下岗工人。对他们来说,旅游运输所得几乎成为收入的全部,他们希望到鸡足山的游客越来

---

①　游客反对在山上修路的主要理由是破坏自然生态和影响宗教氛围,就访谈资料而言,反对修路的比支持修路的游客要多得多。游客的反对意见如下:"要修路就要砍树,就会破坏山上的生态,开车进山的人多了就会污染空气,污染水源。公路修上来以后,原先的步行游道很少有人走了,游道两边的一些寺院和景点很少有人进去了,一半以上的都被忽略了";"听说要把公路直接修到金顶,如果那一天真的来了,鸡足山就完了";"我专门寻找游客不走的偏僻小路爬上金顶,希望能遇到隐居在山林里静修的苦行僧";"只要不是年龄大、身体不好的,都应该步行,这样才能找到虔诚的感觉。真正虔诚的人,就是没有路也要来,不虔诚的,路修的再好也不愿意来"。

多,他们的生意也能越来越好。最初鸡足山风景名胜区管理委员会向专线车司机收取进山环境污染费,每个月 90 元。对此他们很有意见,质问管委会:"我给你们拉客人,你不给我钱还要收我钱吗?""其他的旅游景区都会给司机提成、回扣,你们不给提成、回扣也就算了,怎么能反过来向我们收费呢?"在他们的联合抵制下,管委会将收费取消了。司机们以自己的方式争取着自己的权益,在给自己带来收入的同时,也用现代化的交通工具拉近了香客与神灵的空间距离。

6. 有关部门立场不一,存在角色失误

宗教旅游是牵涉范围广泛的一种社会活动,参与宗教旅游的行为主体,既有游客、僧人、以当地居民为主体的相关服务人员,如饭店老板、旅店老板、香烛商贩、司机等个人,同时也包括负有监督、管理、规范、协调等各种责任的相关政府职能部门,如旅游局、宗教局、公安局、工商局、林业局、文物局等。个体行动者之间、个体行动者与政府职能部门之间存在着复杂的互动关系,政府各部门之间同样如此。即使在上级权威部门的组织下,他们联合形成风景名胜区管理委员会之类的机构,其步调也并非完全一致。实际上全国许多地方的宗教旅游首先在政府主导下展开,等宗教旅游市场形成一定规模后再成立旅游公司,而公司的主要领导几乎全部都是以旅游局为主体的政府相关部门的领导,当然公开拍卖掉经营权的旅游景区不在此例。政府在宗教旅游的良性运行和协调发展中起着关键作用,但由于经济利益的驱使以及对宗教政策认识不清等原因,某些政府职能部门乱作为或者不作为,这就使政府在宗教旅游开发中出现角色失调现象。通俗地讲,就是负有监督管理责任的部门没有摆正裁判员和运动员的关系,既做运动员又做裁判员;有些负有规范指导作用的部门没有摆正教练员和运动员的关系,既做运动员又做教练员。如此一来,势必影响宗教旅游各行为主体或参与群体的相关利益,以致引发彼此对抗冲突,为宗教旅游的可持续发展埋下隐患。

鸡足山风景区管理委员会由旅游局、公安局、卫生局、宗教局、交通局、环保局、林业局、城建局等成员单位组成。其中旅游局对口管理旅游事务,宗教局直接管理佛教事务,工商局负责市场税收,服务质量等等。同时宾川县副县长任鸡足山管理委员会主任,其他部门的主要负责人担任副主任,在县委县政府的统一协调下,管委会在体制上比较顺畅。政府部门中与宗教旅游相关的最重要的两个就是宗教局和旅游局,我们曾多次与这两个部门打交道,希望从他们那里获取鸡足山旅游开发的有关信息。旅游局的副局长兼任旅游公司的副总经理,在旅游公司和旅游局两地办公。鸡足山旅游的开发主体一直是旅游局,现在成立了旅游公司,虽然也不断强调政企分开,但两者"剪不断,理还乱",存在千丝万缕的联系。

(1)宗教局和旅游局的不同立场

宗教局的一位从事宗教管理工作多年的领导接待了我们。当我们说明调查鸡足山佛教旅游的来意之后,他的第一句话就是"这个嘛,你应该去旅游局了解情况,我们管宗教的,管不到旅游"。我们接下来说,"宗教旅游必然会将宗教卷进去,请您谈谈旅游开发对宗教的影响"。他的回答显示了他管理宗教工作多年而形成的职业敏感:

> 实际中的做法是宗教搭台,经济唱戏……
>
> 宗教旅游的背景之一就是国家宗教政策。鸡足山是远近闻名的佛教圣地,旅游开发免不了要对佛教进行宣传。要做旅游,离开了宣传是很难发展的。但有一样,宣传佛教文化必须符合国家宗教政策,我们不能用行政手段宣传和发展宗教。
>
> 不能讲"佛教兴旺,旅游也兴旺"这样的话。
>
> 对于宗教从政策上不能讲开发,但实际上的做法就是开发。

该领导一直在强调,鸡足山旅游的发展是国家宗教政策调整的结果,在佛教圣地鸡足山发展旅游绝对不能偏离国家现行的宗教政策,"宗教政策"成为他表述的关键词。

> "文革"时期山上的寺院都受到了破坏,九莲寺、金顶寺、祝圣寺等被部分保存是因为它们作为护林员的安身之处,保留下来也能给护林员提供避雨的场所。楞严塔已经装好炸药,准备引爆的

时候考虑到金顶地方太小，红卫兵没有地方躲，所以临时决定不炸了。1978年党的十一届三中全会之后，宗教政策逐步得到落实，鸡足山上的寺庙渐渐恢复到了十几个。宗教局属于行政主管部门，出家人通过合法手续申请报批，可以在原址上修复寺院。不经过批准滥建寺院是违法的。

在鸡足山宗教旅游开发中，需要宗教局与旅游局密切配合。实际上，旅游局多次主动请宗教局帮忙邀请一些知名和尚上山，同时协助接待一些贵客。有时候旅游局与寺院方面发生矛盾，也会请宗教局出面协调。实际上是无论情愿与否，宗教局不可避免地卷入旅游开发。

鸡足山地处云南少数民族地区，区位优势比较差，宣传力度也不够。虽然号称第五大佛教名山，但鸡足山的知名度远比四大名山逊色。因而加大宣传力度，提高鸡足山的知名度是鸡足山开展宗教旅游的首要问题。旅游局主张将鸡足山的旅游开发完全市场化，"从做市场的角度采取发展旅游的具体措施"。在开拓旅游市场方面，旅游局通过举办一些大型活动来增强知名度。2000年曾经邀请知名记者围绕鸡足山文化举行记者招待会。2004年借助国际旅游节，举办了鸡足山文化论坛，徐霞客论坛等活动。2006年祝圣寺百年庆典，金顶寺开光邀请高僧大德，中央、省、州的重要领导参加活动。此外还举办过鸡足山文物书画展、虚云与鸡足山佛教文化研讨会等活动。这些活动取得了一定成效，祝圣寺百年庆典时，"鸡足山免门票，来了6万多人。山路上到处都是人，拥挤的不像样子，要走下山去最少用四五个小时"。仅仅以佛教活动为依托展开鸡足山旅游宣传是不够的，旅游局"还通过网络、广告、风光片、画册等形式来宣传鸡足山佛教文化"，"我们还要继续投入资金宣传和打造鸡足山，使它成为名副其实的佛教第五大名山"，"成为以佛教文化为主体的云南佛教第一山"。旅游局不仅宣传鸡足山秀美的风景，还强调鸡足山非常重要的佛教地位："人生百年梦，鸡足天下灵。期待八方宾客灵山一会，在风景秀美的鸡足山胜境里传承佛教文化，共沐佛法普照，洗涤心灵，共建和谐社会"，云云。

鸡足山旅游的主题是佛教文化。"鸡足山是禅宗祖庭、迦叶道场，是公认的佛教圣地,有着深厚的佛教文化底蕴"。宗教局和旅游局对此也有共识,但是面对旅游开发,如何利用开发佛教文化,两部门各有自己的立场,所持见解差异较大。宗教局所持的态度比较保守,认为宗教非常敏感,在旅游开发中一定要慎重;旅游局所持态度较为激进,认为佛教是不错的旅游资源,应该大力开发,将其转化为现实的经济效益。

鸡足山曾经存在多头管理的问题,在旅游收益分配上极容易发生矛盾。宗教局王副局长介绍说:"许多部门都插手鸡足山旅游,有利益的时候大家都去争,发生问题的时候大家又都逃避责任。特别是在进山门票的问题上,前几年发生过一些争执,不过这两年少多了。"政府相关部门之间经历了从门票收益的争夺到彼此表面上的和谐相处,这一明显变化的原因,首先是上级权威部门的介入调停,"上面已经下达正式文件,对各部门在旅游管理中的职责做了明确规定,多头管理问题得到妥善解决"。其次是门票这一引发争夺的利益之源已经被提走,"门票也已经上提州旅游局了,县上没有收入了,大家也就不存在什么争夺了。"实际上,如果不对现有体制进行彻底改革,即使门票收益被提走之后,也可能会引发新一轮的利益争夺。宾川县成立了鸡足山风景名胜区管理委员会,由旅游、公安、宗教、林业、卫生、交通、环保、城建等成员单位组成,在县委县政府的统一协调下行使行政管理权,以避免政出多门、管理混乱、扯皮推诿等现象,提高行政的效率和力度。一些从前存在的管理死角现在以景区管委会的名义可以有效行使行政管理权。宗教局管得了和尚的经营行为却管不了香火商贩的经营行为,工商局管得了商贩的经营却管不了和尚的经营行为,种种问题以景区管委会的名义很容易就处理了。政府有关部门在职权行使中的角色错位得到了一定程度的矫正。

(2)旅游局与寺院的冲突

无论是旅游局还是宗教局,对鸡足山僧人的现状都不满意,认为他们没有什么水平。宗教局的管理人员介绍:"鸡足山现在有200位左右和尚住山,提高他们的素质是一个根本性的问题。鸡足山80%以上的僧尼没有受过正规佛学教育,绝大多数僧尼没有大学以上文凭,很多仅小学毕业。鸡足山现在最缺乏的是有名望、有素养的高僧大德,我们现在正想办法引进。"人才是第一财富",这个道理对于佛教同样适用。如果云游四方的僧人到了鸡足山都愿意留下来,游客到了鸡足山还想下次再来,这就说明鸡足山已经发展的很好了,也会发展的更好"。

"靠那些和尚哪儿行呀",旅游局的管理者更是不加掩饰地说出了他对鸡足山上和尚的看法,"鸡足山上的和尚比较浅显,水平不是很高。我们想在华首门那里建立一个全山最大的禅修寺院,想通过佛教文化典故的展示、开展参禅打坐的佛教体验、设立静心禅堂等措施吸引朝圣者、游客前来,这也是在宣传佛教文化呀。具体怎么做,我们正在请佛教专家进行规划。专家是从上海请来的。我们还想请佛教专家编一部介绍鸡足山的导游词,这个工作我们已经开始做了"。宗教局的管理人员从宗教管理者的角度,旅游局的管理者从旅游规划者的角度,对鸡足山上的和尚评价不高,但是他们想到的解决方法不是想办法提高现有和尚的佛学素养,如选送较为优秀的前往佛学院进修等,而是不惜以重金聘请外来的"高僧大德",似乎还有将现有和尚排挤出山之嫌。旅游局修建一座"全山最大禅修寺院"的想法实际上就是与现有寺院争夺游客和香客。他们对现有僧尼采取排斥的态度,认为他们水平低,鸡足山佛教文化是不可能靠他们来发扬光大的,唯一的措施就是想方设法引进高僧大德。这实际上应了那句古话:"外来的和尚会念经"。对于旅游局来说,这一思维还延伸到其他方面,如要请建设部的旅游规划专家、要请上海的佛学专家等等。

"2000 年的时候,我们请昆明理工大学为鸡足山旅游做了一份规划,从 2000 年到现在基本是围绕这个规划来做的。但现在这一规划有点落伍了,我们在请国家建设部园林局做一个新的规划。将鸡足山划分为六个功能片区,并按照不同的功能开展相应的旅游活动。

第一,提升山门片区功能。山门"灵山一会"牌坊周围个体经营户比较散乱,应该依法加以清理,打开主景区通道。山门前区整个空间狭小,我们准备扩建成一个大型停车场;进一步完善旅游设施,增强山门前区的旅游集散功能,为游客提供吃、住、购、行等方面的方便。

第二,改造祝圣寺片区。祝圣寺周围是鸡足山的核心地带,但是目前比较凌乱。香会街上的经营秩序比较混乱,还有一些临时服务的摊点,摊位。对影响环境和氛围的行为要加以规范和改造。旅游公司与政府通力合作,办成这件事并不困难。

骑马坐轿存在危险,我们准备建成一条观光型的地面通道,运用电瓶车的方式输送客人,既文明、环保又方便快捷。我们的电瓶车路线初步设计为4公里左右,从经祝圣寺、华严寺、马鞍山带到索道处,解决交通制约的问题。

第三,打造马鞍山片区。马鞍山在华严寺与华首门之间,这里定位是以佛教文化为核心的片区。重点突出迦叶尊者。用迦叶的佛教文化典故,体现鸡足山佛教文化的主题。

第四,规范金顶片区。金顶是到鸡足山的必来之地,也是山上最杂乱的景区。我们要对金顶上的个体经营户进行管理规范,比如卖香的,卖饮食的。同时严格控制金顶的建筑规模,不允许再扩建任何建筑。

第五,改造汤圆街片区。汤圆街上很早就有些个体户建起简易房屋,卖一些简易饮食。对于汤圆街我们要重点整治。如不允许炒肉卖肉,应该与鸡足山佛教文化、生态环境相协调。拆除简易房,修建统一风格的店面,并根据游客的规模设置店面容量。

第六,开发三岔河片区。在鸡足山主峰后的山谷里,应该结合佛教文化,体现现代旅游的时尚和价值。我们准备在三岔河修建一些高端设施,让一些高端游客进行高端体验。就是说,将三岔河打造成高端游客的休闲度假场所。度假区也会修一条观光索道通往马鞍山片区,与电瓶车通道形成环线。这样就将鸡足山六大功能片区连为一体。

我们准备从今年开始实施,用15到20年的时间建成。政府与旅游集团已经签署了合作协议书,要求集团在 3 年内投入 2 个亿的基础建设资金。但是完成需要 10 亿元以上,我们准备通过银行贷款或社会融资、基金会、上市等方法来筹集不够的资金。"

可以说,新的规划设计思路很好,但是因对佛教理解认识不到位、利益驱使等原因,具体实施起来可能会出现偏差,会将佛教文化表面化、商品化、浅俗化,成为聘请和尚表演佛教仪式、佛教法事的如同水浒城、天龙八部影视城等专供旅游的"佛教文化城"。旅游局非常满意的"打造的马鞍山片区",在和尚那里恰恰是不伦不类的怪胎,也就是他们批评的"旅游公司想在华首门对面山上自己搞一个寺院,请和尚去装装样子","目的是收功德钱,香火钱"。旅游局似乎更倾向于保护寺院及其附属建筑等物质性佛教文化,他们理解的佛教文化保护很大程度上只是一种文物古迹的保护。而要实现佛教旅游的可持续发展,非物质性佛教文化如佛教的教理教义等更为重要,缺乏这些内容,佛教旅游真就成为"白天看庙,晚上睡觉"的活动了。

宗教局和旅游局对鸡足山僧人不以为然的同时,佛教界对宗教局和旅游局的印象也不是很好。"宗教局的人到了寺院之后从来不在里面吃斋饭,每次都要到香会街上炒肉吃。"僧人和他们的顶头上司宗教局接触最多,但是他们一般都不公开谈论,谈论最多的是旅游局,和尚认为他们旅游开发的措施实际上是在亵渎佛教。而在旅游局看来,自己的规划是很完善的,"搞旅游开发不但不会损害佛教,反而是在救佛教,旅游发展起来了,和尚们才有饭吃。"而僧人则普遍认为,游客到寺院烧香拜佛之前,必须要通过旅游局设置的门槛,交出一笔数目不菲的门票,对一般人而言,门票款项可能比他们捐给寺院的功德款项还要高。旅游局从寺院那里截留了一部分可能的收益。是寺院给了旅游局饭碗,而不是相反。

在宗教旅游开发中,旅游相对处于进攻态势,宗教则处于防守态势,两者之间在立场、利益等方面有着较大的分歧,彼此之间也互不信任,旅游局认为和尚水平低,白白占据了鸡足山,和尚认为旅游过于商业化,损害佛教的利益。而政府对宗教的保护往往只注重物质层面的保护,忽视了精神层面、价值层面的保护。宗教旅游的开发更是侧重市场经营,缺乏对佛教文化优秀内涵的挖掘,造成宗教旅游开发的表面化和肤浅化,从而带有较为强烈的商业气息,降低了佛教旅游应有的文化品味;加之一味贬低当地僧人,造成了佛教与旅游之间的紧张关系。旅游局强调的是如何更好地突出鸡足山的旅游功能,虽然他们也宣传鸡足山佛教文化,但这是服务于旅游宣传的。旅游局认为鸡足山不是和尚的,而是国家的资源,旅游局是代表国家行使开发、管理、经营等权力,所以任何人包括和尚都无权干涉。只要他们制定了完善的旅游规划,鸡足山发展得只能比现在好。一切不利于鸡足山旅游功能最大发挥的都是障碍,都应该清除,哪怕是寺院、和尚。旅游开发不寻求当地现有佛教的力量,转而寻求"外面的高僧",注重静态的物质文化,挖掘所谓的文化古迹、历代鸡足山高僧大德等等,这种"请外来和尚念经"而轻视本地和尚,注重形式而忽视内容,依靠历史而摒弃现实的做法又怎能保证鸡足山佛教旅游的可持续发展?毕竟鸡足山上现有的僧人才是鸡足山佛教文化的真正传承者和传播者。如果一句"和尚浅显,水平不高"就把当地所有僧人排斥在佛教旅游的保护与开发之外,那鸡足山佛教文化注定只能是"源远",而不能"流长"。毕竟,在佛教圣地发展旅游,需要得到僧人的支持。

7. 小结

旅游者、寺院、旅游公司、个体经营者在宗教旅游活动中有各自不同的立场和利益。宗教旅游若要实现自身的良性运行,进而与社会协调发展,必须考虑各行为主体之间的利益关系。一般而言,通过互动、沟通、合作等方式,他们都能从中各取所需,游客获得身心愉悦,寺院的神圣性获得维续,旅游公司获得经济效益。最理想的状态是,没有政府的参与,各行为主体也能达到这种利益平衡。但现实中很难实现这一点,如果政府以其权威协调参与宗教旅游的各方,引导宗教旅游达致稳定和谐,也是不错的选择。然而问题是,很多时候当地政府不是以这种方式介入宗教旅游的,而是把自己厂商化,从旅游的开发、规划中盈利,自己担当旅游公司的角色,与个体经营者和寺院从游客那里争夺利益。在这一过程中,地方政府没能发挥自己的本有职责,既做裁判员,又做运动员,陷入角色困境,引起角色紧张,丧失角色权威,在很多问题的处理上显得软弱无力,被动不堪,最后只能由上一级政府出面协调。利益是社会整合的法宝,也是社会分裂的利器。政府只有从宗教旅游利益博弈的纠缠中超脱出来,实行政企分开,公正执法、监督、管理,才能为宗教旅游的良性运行和可持续发展营造和谐的氛围。

三、巍宝山道教文化旅游实证研究

(一)巍宝山概况

巍宝山位于大理白族自治州巍山彝族回族自治县城,在巍山盆地之南拔地而起,最高海拔2550米,山脚海拔1700米。山体呈东西南北走向,山势雄伟壮观,峰峦起伏,绵亘数十里。巍宝山由前山、后山组成,人文、自然景观特色突出,是南诏国发祥地、中国道教名山、国家级森林公园,同时也是大理国家风景名胜区的组成部分。巍宝山自然环境优美,前山山势平缓,后山陡峻,南倚太极顶,西邻阳瓜江,东连五道河,北与大理点苍山遥望。巍宝山地质构造轮廓清晰,森林资源丰富,水土保持良好,山区和坝区地表水和地下水丰富。主峰海拔2509米,山中气候温和,古树参天,风光秀美。巍宝山在两汉时称巍山,有峰峦高耸、冠于群山之意。清初,每当夏秋之交,常有红光相伴,虽经雨不散,当地群众称之为龙戏珠,从而改名巍宝山。

巍宝山道教历史悠久,全山道观遍布,建筑极为精美,雕刻、诗赋、楹联、绘画众多,是全国14个道教胜地之一。全山共有25座殿宇,保存有较完整的古建筑群,文物古迹集萃,自然风光旖旎。前山由下而上依次有准提阁、甘露亭、报恩殿、巡山殿、文昌宫、文君阁、太子殿、玉皇阁、青霞观、三皇殿、观音殿、魁阁、斗姥阁等13座殿宇。斗姥阁位于巍宝山主峰绝顶,从斗姥阁往后走,便进入巍宝山的后山,依次有三清殿、碧云宫、云鹤宫、苍夫子殿、朝阳洞、培鹤楼、道源宫、三公主殿、财神殿、含真楼、长春洞、望鹤轩等12座殿宇。这些宫观的建筑年代前后不一,最早的巡山殿为南诏王盛罗皮建于唐开元二年,大多数则建于明清时期,其中一些毁于文革。现存道观大多布局严谨,整齐美观,兼具道家传统风格和云南少数民族地区建筑的独特韵味。

据清代《巍宝山青霞观常住田碑记》载:"蒙阳巍宝灵山,创自汉,唐、宋、明迄我国朝,其为滇人之敬而信,信而从者久矣。"民间传说三国时孟获之兄孟优在巍宝山龙王庙修炼道术。清乾隆《续修蒙化直隶厅志·仙释》记载:"孟优,世居巍宝山,与土帅孟获兄弟也,素怀道念,常往于澜沧江、泸水间,得异人授长生久视方药诸书,随处济人。后主建兴三年(公元225年),丞相亮南征,误饮哑泉者,辄手足四禁而不语,或言优有良药,使人往,优进仙草立验。武侯惊异之,与语,人天运会深有契焉。后入峨眉山,不知所终,子孙于元时,赐姓猛,本通志",说明远在三国时期,道教便已经在巍宝山兴起了。唐初,巍宝山为细奴罗耕牧之地,后细奴罗统一蒙舍川为王。细奴罗死后,其孙盛罗皮在巍宝山建庙供奉细奴罗,后被南诏的族裔奉为"巡山土主",并成了巍宝山道教崇奉的尊神。巡山殿同时被巍宝山的彝族奉为祖祠,他们于每年农历正月十五、十六两日进殿祀祖,举行念道经、打歌等活动。以后又在巍宝山中建老君殿,内奉太上老君,纪念老君点化南诏王细奴罗,即是今天巍宝山建筑规模宏大的老君殿的前身。据史书记载,唐代著名道士杜光庭也曾仙游至巍宝山传教,并书《南诏德化碑》,深受南诏王族的礼遇。此外,巍山民间至今仍流传着很多关于吕纯阳前往巍宝山弘扬道教的传说。巍山县文化馆仍保存着借吕纯阳之名撰写的两块碑文,一块为《栖鹤楼记》,一块为《金阙选仙吕大真人降笔》。

彝族是巍山的世居民族,汉晋时称昆明族,唐代称乌蛮,宋、元称罗罗,明代称道摩察,近代改称彝族。彝族在历史上崇尚巫教,信奉道教,现今巍山境内还保存着一大批道教和巫教的宫观寺庙。唐代,道教在巍山民间就广为传播,并与彝族的巫教、原始宗教杂糅在一起。巍宝山山会、歌会、彝族祭祖、巍山古乐和彝族踏歌活动具有浓郁的地方民族色彩,彝族踏歌和巍山古乐已名扬海内外。

唐代以降,巍宝山历宋、元、明三朝,被道家正式开辟为全真派道场。全真道士在巍宝山建立宫观,招徒传教说法。惜早期道观都先后毁于世乱,保存下来的都是明代晚期和清代的建筑。清朝康熙、乾隆时期,巍宝山道教再度兴起。先后有湖北武当山、贵州丹霞山、四川青城山的道士来此修炼传教,重建道教宫观,开辟道场。《云南通志》二十五卷记载:"道士何太和,蒙化人。为避吴三桂之乱,隐居巍宝山。特探玄理,卓然有得。每短筇蒉笠,独游咏于松梅雪月之间。冯应魁,字亦九,道号尚元。有隐德,安贫乐道。精医药,治人甚多。得孙真人安乐仙方,刊存巍宝山朝阳洞,人争重之。"其中除全真天仙派外,又增加了全真龙门派和少数的混元派、金山派的道士。天仙派从清康熙到民国年间,在巍宝山共传十三代,先后出家的道徒有200余人,来自全国各地,在当地影响也很大。天仙派道场主要有前山的青霞观、后山的长春洞、望鹤楼和临山的栖鹤楼、鸣鹤楼。

清代,龙门派在巍宝山也很兴盛,巡山殿下有一片山林叫邱祖师地,每逢阴历正月十九长春祖师圣诞,当地丛林和民间道教组织便在文昌宫做法会。巍宝山龙门派道号,从清初到民国年间,已由第一个字"道"开始,传到第二十一个字"至"上,在明、清和民国早期,出家修炼的龙门派道士人数也达100多人。

巍宝山的仪式活动种类多、影响大。平时,仪式活动主要集中于斋课,全真教鼎盛时期,巍宝山道教斋课活动频繁,道士每日都要进行早、中、晚三课,诵经上香。上香由各殿道士负责,不让香火熄灭。每日早晚,道士还要练功,主要是盘腿打坐。各殿师傅还要传授道家功夫,主要有动功和静功,同时传授医药、文墨功夫和经书。当遇到所信奉神灵、祖师的诞辰日或其他重大纪念日时,还要举行盛大的斋醮等会期活动,以示庆祝。巍宝山道教会期很多,几乎每月都有。影响较大的会期主要有:正月初九日龙华会,又名松花会,在巍宝山玉皇阁举行,相传这天是玉皇大帝的圣诞日,会期持续三天;二月初一至十五朝山会,又名洞经会,民间的洞经会组织和圣谕坛信徒纷纷来到巍宝山聚会,他们带上食品,驻扎于各宫观内,昼夜弹奏洞经,祈求神仙赐福,居住在巍宝山周围的各族群众也都前来参加活动,此外,还有二月初三的文昌帝君会,以及六月二十四日的关圣会等都具有较大的规模和影响。[①]

---

① 袁银枝:《巍宝山道教文化旅游资源与开发略论》,《宗教学研究》2004年第4期。

历史上,巍宝山道教全真派在滇西一带传播极广,影响很大,一直保持到今天。明、清以来,全真道士来往于湖北武当山、四川青城山、贵州丹霞山等道教名山胜地,互相支持,发展宗派势力。同时在民间广泛传播道家思想,其经书经籍被各地民间的洞经会和圣谕坛翻印相传。除道家经籍外,在巍山民间还广泛流传着许多道教祖师开辟巍山和弘扬道家思想的传说故事。这些传说故事,主要是宣扬君权神授、修道成仙、道术能斩妖除鬼、修行能炼金丹妙药以及道人武艺高强等宗教思想。

十年"文革"期间,巍宝山道教组织被取缔,宫观不同程度遭到破坏,道教活动一度停止。改革开放以后,道教组织及其活动逐步恢复,信教群众自动募资修复寺庙宫观。1980年修复巡山殿,1983年重塑甘露亭神像,1985年修葺文昌宫,1986年修复观音殿、财神殿,1987修葺长春洞等等。自1993年起,巍山县文华镇、庙街镇、大仓镇的信教群众连续四年自发集资400万元,在山龙屿山新建289间房屋,恢复38座儒、释、道三教的宫殿庙宇和南诏古迹。

现今巍宝山上保存较好的道观有文昌宫、青霞观、灵官殿、玉皇阁、斗姥阁、培鹤楼、含真楼、长春洞等。这些宫观布局严谨,格式整齐,重檐高阁,飞檐斗拱,给人以凝重、稳固而又玲珑轻巧的感觉,在造型上充分体现了民族特色和地方特点。在彩画上,既有云南边疆浓郁的地方特色,又融进了京式建筑的彩画艺术,显得既富丽堂皇又清秀雅致。宫观内的壁画雕刻,更是内容丰富多彩,形象逼真传神,在云南的名山庙宇中可名列前茅,是古建筑中科学和艺术完美结合的典范。文昌宫内有一幅清乾隆二十四年(公元1759年)绘制的彝族打歌壁画,反映了当地当时少数民族的风土人情和巍宝山歌会的悠久历史,1982年参加云南省少数民族壁画展览在北京展出,获得了极高的评价和声誉。长春洞殿宇承尘格板上,绘有50幅彩画,内容丰富,色彩艳丽;格板中央八角藻井内画有一幅空心八卦图,八卦内雕刻一龙盘曲于云水间,姿态逼真,呼之欲出。在左侧厢房的两侧窗子上雕刻着各不相同的138幅图案,有琴、棋、书、画、文房四宝,花、鸟、禽、兽、瓜果、蔬菜等,内容丰富,刻工精细。其他如斗拱、枋、栿、雀替、落挂、格扇上雕刻着的龙凤、花鸟、山水、人物及道教建筑色彩的各种形状，无不玲珑剔透，古色古香。巍宝山中的塑像也是珍贵文物，巡山殿内南诏始祖细奴罗的塑像高达一丈，头戴金冠，身着九龙修袍，腰系玉带，脚穿云头鞋，再现了当年的威仪，为研究南诏王室服饰提供了实例。巍宝山还保存着一大批有价值的碑刻、诗联和匾额，内容丰富，资料翔实。碑刻书法遒劲，刻工精细，记载着南诏在巍宝山发祥和建盖道教宫观的历史；诗联和匾额文辞华丽，有的反映巍宝山历史沿革、兴衰际遇，有的评说南诏历史功绩，有的描绘赞美巍宝山风光景致，有的触景生情、发思古之幽情。巍宝山青霞观的建盖与太上老君点化细奴罗的传说有密切关系，殿内存有一匾额，上书"片石含青"，既寓太上老君点化细奴罗的传说故事，又集殿宇四周郁然生秀、林木青翠的景观，堪称佳构。此外长春洞殿宇中还有清朝云贵总督岑毓英题的"万象中涵"、"凌云望阙"和史部尚书章煦题的"长春洞"等匾额，都是有价值的文物。

巍宝山还是国家级森林公园，是花的海洋、植物的王国、动物的乐园，保存着较古老的亚热带和温带古树群落，有古山茶、古梅、古高山栲、古松、古柏等。山中蕴藏着无数的药材和香甜的清泉，可谓全山都是宝。除"天门锁胜、拱城远眺、美女瞻云、龙池烟柳、山茶流红、鹤楼古梅、朝阳育鹤、古洞藏春"等八景外，巍宝山还有洗心涧、银栗泉、金栗泉、七星井、古山茶、云头柏等景观，与优美动人的神话传说故事交相辉映，集丰富的人文资源与优美的自然风光于一体，成为巍宝山的一大特点。

由于巍宝山悠久的历史和优美的风光，自汉代以来即引人注目，向为文人墨客所讴歌。唐代以来，记载和题咏巍山的诗文甚多，明代状元杨升庵、地理学家徐霞客曾到巍山，并留下珍贵墨宝。清康熙年间，道教徒为弘扬道教，兴起了巍宝山庙会，从每年农历的二月初一至十五日，历时半个月，届时到巍宝山寻幽探古的游客络绎不绝。每年朝山庙会期间，巍山民间洞经音乐组织都要上山演奏洞经音乐。在亭台楼阁交相辉映、奇花古树喷香吐翠的古刹山间演奏起来，仿佛仙乐一般。朝山庙会的后三天，是巍宝山歌会最热闹的时期，居住在巍宝山周围的彝族群众，穿着新衣，男女老少聚集巍宝山打歌场。芦笙、笛子声连成一片，歌声响彻云霄，脚步声震动山谷，欢声笑语在山中回荡。巍宝山庙会、歌会、彝族祭祖、巍山古乐和彝族踏歌活动具有浓郁的地方民族色彩,彝族踏歌和巍山古乐已名扬海内外。

巍山县以巍宝山而得名,是云南省设置郡县最早的地区之一。春秋战国时,属滇国地。西汉元封二年(公元前 109 年)设邪龙县,隶属益州郡。东汉明帝设永昌郡,邪龙县又属永昌郡,后属云南郡。唐初,六诏兴起,巍山为蒙舍诏和蒙嶲诏之地。唐麟德元年(664 年),蒙舍诏之地设蒙舍州,蒙嶲诏之地设阳瓜州。南诏自始祖细奴罗在巍山建立大蒙国到统一六诏建立南诏国,共在巍山经营 4 代,历时 114 年。元、明时期,先后设置蒙舍千户所、蒙化府、蒙化路、蒙化州,后复升为府。清乾隆三十五年(1770 年),改设蒙化直隶厅。民国初年,复设蒙化府。民国二年(1913 年),改名蒙化县。1954 年,定名巍山县。1956 年,实行民族区域自治,设置巍山彝族自治县和永建回族自治县,1958 年合并建立巍山彝族回族自治县至今。清乾隆年间,蒙化厅以尚文敦礼、人才辈出而被御封为全省 4 个“文献名邦”府厅之一。1994 年 1 月,国务院公布巍山县为国家级历史文化名城。巍山世居各民族都有悠久的历史和灿烂文化,厚重的南诏文化、彝族土主文化与道教文化交相辉映,共同构建成巍山辉煌的文化体系。从区位条件来看,巍山县城位于巍山盆地的南端,北距区域旅游中心大理市 54 公里,东距全省旅游中心昆明市约 430 公里,交通十分便利。县城至巍宝山四级混凝土路面改造完成后,极大提高了巍宝山景区的可入性。在世界旅游组织与云南省政府共同编制的《云南省旅游开发总体规划》中,巍山古城和巍宝山景区被列为全省有较强国际市场潜力的景区。大理州旅游发展规划确定全州旅游围绕着大理、巍山两个国家级历史文化名城和国家级、省级风景名胜区开发旅游资源,巍宝山作为大理国家级风景名胜区的重要组成部分,受到越来越多的关注。

表 10　巍山县旅游资源类型构成表

典型类例		亚类	基本类型
1 自然旅游资源	11 地文景观类	1101 名山	巍宝山、五印山、小鸡足山等
		1102 洞穴	蝙蝠洞、三鹤洞等
	12 水文景观类	1201 风景河段	西河、漾濞江、红河源等
		1202 湖泊	福庆水库、锁水阁水库、五茂林水库等
		1203 泉	阿许地温泉、上开温泉、洗澡塘温泉、小川温泉
	13 生物景观类	1301 树林	沙塘哨华山松林等
		1302 古树名木	文庙扁柏、巍宝山灵官殿茶花、龙潭殿垂枝柏等
		1303 其它	鸟道雄关候鸟迁飞、青华绿孔雀自然保护区等
	14 大气类	1401 气象奇观	云霞景、云雾景、佛光、蜃景等
		1402 康乐气候	大部分地区年平均气温在 10－20℃之间,属适宜旅游的舒适气候
2 人文旅游资源	21 古迹和建筑类	2101 殿(厅)堂	太阳宫东岳宫 玉皇阁 明伦堂 大成殿 尊经阁
		2102 古城	巍山古城 垅屿图城遗址 蒙舍城遗址等
		2102 古桥	永济桥 登龙桥 崇化桥等
		2103 古墓	陈佑才石棺墓 雷应龙墓等
		2105 革命纪念地	杜文秀起义遗址等
		2106 宗教建筑	文庙 巡山殿 文昌宫 青霞观 长春洞 斗姆阁 清真寺 天摩牙寺 慧明禅寺 圆觉寺 玄龙寺等
		2107 楼阁	拱辰楼 星拱楼等
		2108 古塔	文笔塔 封川塔等
		2109 特色村落	大围埂 回辉登 下围埂等
		2110 摩牙石刻	巍宝山摩牙石刻 三鹤洞摩牙石刻
	22 消闲求知健身类	2201 植物园	巍宝山国家级森林公园等
		2202 公园	蒙阳公园等
	23 民俗风情类	2301 民族节庆	春节 松花会 彝族祭祖节 巍宝山朝山会 端午节
		2302 地方文娱乐活动	彝族踏歌 巍山古乐 巍宝山歌会 茶山寺歌会 漾濞江温泉赛歌会等
		2303 地方饮食	粑肉饵丝 青豆小糕 锅巴凉粉 什锦咸菜等
	24 购物类	2401 地方特产	蜜饯 桔红糖 桃片卜酱豆 清真牛干巴 扎染等
		2402 庙会	巍宝山山会 玄龙寺庙会 小鸡足山山会 五印山山会 天摩牙寺歌会等
		2403 著名店铺	巍宝彝族染织厂 殷记咸菜等

(二)巍宝山道教文化旅游存在的主要问题

巍宝山具有风景秀丽的自然风光、独具特色的道教建筑、异彩纷呈的道教仪式活动,并与底蕴深厚的南诏历史文化、丰富多彩的少数民族文化紧密结合在一起,构成了的得天独厚的道教文化旅游资源。然而由于多种原因,道教文化旅游的发展差强人意。举其要者有:旅游者缺乏道教相关知识,对道教文化旅游缺乏兴趣;道士文化素质不高,旅游参与世俗化;宗教、园林、旅游、文物等部门多头管理,有观无道现象突出;基础设施落后,旅游专业人才缺乏,经营市场混乱;道教文化旅游的发展方向不够明确等等。

1.旅游者缺乏相关知识,对道教文化旅游兴趣不高

同样是前往道教圣地,由于动机目的不同,旅游者行为有着明显的区别。游客往往出于好奇、增长见识或者提高修养等意图,香客则怀有虔诚的信仰,希望消灾祈福,求得心理安慰。虽然游客与香客有着诸多区别,但都是离开居住地一定时间前往道教圣地从事特定活动的,他们共同构成了宗教旅游者这一特定的行为主体。我们可以从不同的角度理解宗教旅游者复杂多样的行为,前文将鸡足山佛教旅游者划分为观光型、文化型、解脱型、功利型、朝圣型等五种不同的类型,并对其行为表现作出分析,前两种类型更多游客色彩,后三种类型更多香客角色。在巍宝山我们也看到了类似不同类型的旅游者。宗教旅游具有敏感性、复合型等特色,对旅游者动机的引导是宗教旅游健康发展的重要前提。我们有必要从另一角度对巍宝山道教旅游者类型做出划分,以与佛教旅游者类型互相补充印证。

按照前往道教圣地旅游动机的明确程度,可以将道教旅游者划分为无意识型、随机型和目标明确型三类。无意识型旅游者在云南道教旅游中的人数较少,约占5%左右。此类游客的典型特征是并没有明确前往道教圣地的动机,而是在某地游玩过程中,偶然发现道教宫观的存在,于是随意前往一游,烧香拜神的行为可有可无,与道士也无互动,离开时甚至连道观名称都不清楚。随机型旅游者在前往旅游目的地时,也无道教宫观旅游的计划,而是听闻当地人介绍或从其他渠道得知某处宫观名山风景优美、历史悠

久、香火很旺、名气很大等等，方才引起兴趣，本着"都已经到这里了，不去似乎有点可惜"之类的想法前往。据我们的调查，随机型旅游者在云南道教文化旅游总人数中所占比例最多，几近85％。目标明确型旅游者在云南道教文化旅游中所占比例为10％左右，他们或者是道教信徒，或者是道教研究者，或者有信仰道教的亲朋好友，其旅游目的十分明确，或前往道教圣地观光游览，或考察道教文化，或体验道教氛围，或从事道教活动。在此三类旅游者中，目标明确型旅游者对道教文化了解较深，他们不但可以说出宫观中所供奉神灵的称谓，讲述一些与该神灵相关的知识，甚至可以与驻观道士谈玄论道，逍遥道旨。至于无意识型和随机型游客，甚至在向道教神灵礼拜时，都不知道面前是何方神灵，开口"菩萨保佑"，闭口"阿弥陀佛"，更遑论道教文化和哲学了。更有甚者，一些游客对道教文化的内涵认识不清，本着求神问卜的功利目的前往道教圣地，极易演化为封建迷信活动。

如果缺乏对道教文化感兴趣、有知识、有素养的旅游者，道教文化旅游的发展就无从谈起。道教作为中国土生土长的宗教，在漫长的演化过程中，对中华民族的政治、经济、文化、社会产生了深远影响。在云南，道教更是与彝族、瑶族、白族、壮族、纳西族、阿昌族等少数民族原始宗教相融合，成为这些民族传统文化的重要组成部分。云南道教的节庆活动融合了民族元素和佛教元素，呈现出与其他地方不同的特色，如昆明西山道观不但有专为庆祝真武大帝三月三日诞辰的庙会，也有为纪念观音大士的诞辰、得道、涅槃的观音三会，还有四月初八如来会、正月初一弥勒会等以佛教庆典为主的宗教活动。然而，由于种种原因，无论是学术界还是民间，对道教文化的重视程度普遍不如佛教、儒教，道教文化旅游的发展程度也不能与佛教文化旅游相比。面对奇特多样的宫观胜迹、色彩绚丽的壁画彩饰、飞金流碧的神像雕塑、庄严肃穆的道教科仪、缥缈典雅的道教音乐、博大精深的道教哲学，一方面固然需要我们加大宣传推广力度，另一方面也必须采取措施提高旅游者的道教文化知识。文化型、朝圣型旅游者的增多之日，就是道教文化旅游的发展之时。

2.道士素质参差不齐，旅游参与世俗化

巍宝山道教属全真派，组织比较严密，戒律比较严格，道士必须出家，不得娶妻生子，不得茹荤饮酒。而正一道士则散居民间，不忌饮食，非但可以婚配生子，更可通过为百姓举办各种法事获得收入。一般民众认为他们没有严格的戒律和修行，他们的法力与全真道的道士相比要弱，因此他们就只能做一些驱邪，祛灾，祈神治病，打醮求雨，祈求丰收等法事活动。相较而言，全真道士则远居山林道观之中，本就与民间存在距离，收入来源更少于正一道士。名气大、香火旺的道观，尚可通过香火收入自养，而较小宫观的香火钱并不足以维持日常开支。一些道士不得不外出云游，道观中仅留弟子驻守。这些弟子大多是本地信徒，有固定的生活来源，很多都不出家，其中又以中老年人居多，家中子女皆已长大，不必太操心家务，也乐意在清净道观中留守。一些毁于文革期间的道观由于信众集资重建，至今仍然由信众管理而无道士入住。如主持修复巍宝山道源宫的朱老太太已经接近 90 岁高龄，她 1985 年来到巍宝山卖油粉（当地的一种小吃），因为做生意把地方给弄脏了，出于补偿的心理，攒了一些钱后修建了老君殿的厕所和厨房，后又盖起东西两厢房。1988 年以后，朱老太太长住在巍宝山上，出于"做善事，积功德，留给儿孙"的动机，积极从民间集资，组织修复道源宫。事实上，她的信仰不分佛教、道教和儒教，常以佛教礼仪朝拜道教神祇。当我们问起"你怎样看道教"时，她回答说，"我们是儒教。"

2002 年巍山县道教协会成立之前，巍宝山上除了老君殿和长春洞之外，其他各宫观住的都是此类人员，这些人没有太多的道教文化知识，文盲、半文盲亦不再少数，只是出于积功德的心理，甚至还有一些民间闲杂人员借机敛财。道教协会成立以后，政府专门发文批准巍宝山归属道教协会管理，办公地点设在前山的文昌宫，从前无统一管理的情况才有所改观。巍宝山现约有道士 30 余人，主要住在青霞宫、玉皇阁、长春洞等地，他们有从武当山、青城山来的，有些是游方到巍宝山挂单。即使在这些正规道士，也只有极个别人对道教文化和礼仪有一定的了解。当我们问及何为"道"时，一些道士哑口无言，一些道士赧然而笑，一些道士东拉西扯不着边际，能够清楚介绍的少之又少。

随着游客的大量到来，巍宝山上许多道观也开展了各种经营活动。如经营住宿、餐饮、纪念品等，一些宫观中出售的茶水从数元到数百元不等；长春洞常有国外修炼者慕名而来，学习中国功夫和道教知识，他们吃住在这里，停留时间也较长，每月花费不菲，长春洞因而获得较高的旅游收入。收入不仅来自游客的消费，也来自游客的"香火"。如果是团体游客，导游会在带团前往巍宝山的前一天到山上与驻观道士商谈各类收益的分成问题，包括游客的"香火钱"。一些道士无视自己的清规戒律与导游合作，向游客出售价值数百元的高香，再为其开光、诵经，转眼即可收入近千元。甚至在一些暂时没有道士的宫观，其偏殿成为"鬼屋"或者"古尸展览馆"，不但毫无宗教氛围，反而为封建迷信活动张目，违反了国家宗教法规的相关规定，影响恶劣。如果道士参与旅游、增加收入，有许多健康、文明的渠道，何必置宗教之理想于不顾，采取极为世俗化、商业化甚至是违法的手段。在这一点上，固然由于政府监管力度不够，同时巍宝山道教协会也未充分发挥自身职能。道教协会成立以来将散居民间的正一派和远居山林的全真派道士以及普通信教人员统一纳入管理范围，登记入会，并发给会员证，现在已有400多名会员。从表面上看道教在巍宝山获得了极大的发展，但这些会员难免鱼龙混杂，因而有必要制定严格的入会标准，按期组织道士学习国家相关宗教政策知识和道教文化、礼仪知识。

3. 宗教、园林、旅游、文物等部门多头管理，有观无道现象突出

巍宝山所在的巍山县，共有汉、彝、回、白、苗、傈僳等23个民族，不同程度的信仰佛教、道教、伊斯兰教、天主教、基督教、原始宗教等。由于宗教复杂多样，管理任务繁重，被确定为全国64个宗教工作重点县之一。巍宝山道教又是宗教管理工作中的重中之重。随着旅游开发力度的加大，宗教局成为巍宝山风景名胜区管理委员会的成员单位。管委会主任由县长直接担任，日常行政工作则由担任副主任的旅游局长处理，宗教局反而成为配角，协助旅游局将巍宝山道教文化开发为旅游资源，促进当地经济发展。实际上，在巍宝山宫观的修复过程中，旅游发挥了一定的推动作用。1978年以后，政府为曾经被错误地打击的宗教界人士平反，让他们回去继续主持宗教活动，同时退还了文革时期被占用的宗教活动场所，僧人、道士和信众按照

宗教仪规开展正常的宗教活动。巍山县人民政府还逐年由地方财政拨出专款并组织发动人民群众集资修复了有游览价值的巍宝山部分道观,为巍宝山成为风景名胜区奠定了基础。1987 年后,巍山县政府根据《大理风景名胜区总体规划大纲》多方筹集资金,加快巍宝山景区基础建设,风景区含巍宝山、大小寺、巍山古城,面积约 20 平方公里,涉及佛、道教的多处重点寺观。1991 年又编制了《巍宝山风景区总体规划大纲》,巍宝山风景区建设按大纲有计划地逐步实施。1992 年为解决影响旅游发展的交通滞后问题,对县城至巍宝山公路进行弹石路面改建,后修建了巍宝山山门,主景区弹石步行道,弹石停车场以及巍宝山配套建设项目,并架通了巍宝山文昌宫、青霞宫输电线路,使巍宝山古建筑群首次通电。1992 年,巍宝山被列为国家级森林公园。1994 年至 1995 年完成了巍宝山第二期和第三期维修工程,整修了长春洞东西厢房、东阁楼,补修西阁楼;维修了玉皇阁大殿及厢房和文昌宫灵宝殿、大殿、玉皇阁等道教殿宇。至 2010 年初,由政府牵头、出资,民间信众捐资、企业助资的巍宝山宫观大规模修复工程仍在进行。

依法保护公民宗教信仰自由,保护宗教团体和宗教活动场所的合法权利,保护宗教教职人员履行正常的教务活动,保护信教群众正常的宗教活动,是国家宗教事务局的首要工作职能。面对日益兴盛的旅游活动,宗教场所受到强烈的冲击,如果局限在原有工作范围内,宗教局无力管理与旅游高度重叠起来的宗教活动。而旅游局为了本地区的经济增长,更看重旅游项目的经济效益,忽视了对宗教文化资源和宗教神圣性的保护,甚至不惜损害道教利益,采取非常商业化、世俗化的做法来发展旅游。在一些没有道士入住的宫观,聘请假道士为游客占卜算卦,高价兜售所谓的"灵符"、"辟邪宝剑"之类的物品,搞"摇签预知前程"、"烧高香消灾免难"之类的低俗活动,不但有违国家宗教政策,也在游客心目中留下肤浅、虚假、无趣等负面印象。道教文化博大精深的内涵隐而不彰,道教文化旅游必将转化为片面的道教名山观光游。实际上,由于历史的原因,云南省许多道教活动场所从上世纪 50 年代末归园林、文物部门管理,文革期间随着道士离开宫观,宗教活动一度停止,至今仍由园林等部门管理,没有道士入住其中,宗教局的管理更无从谈起。比如宗教局登记在册的昆明市 3 所道教活动场所分别是盘龙区万寿宫、安宁紫霞观、晋宁玉皇阁，而著名的金殿、黑龙潭、西山三清阁、龙门石窟等道观，都为园林、文物部门占据，但无一例外的开辟为公园或旅游景区，收取 15 或 20 元不等的门票。这些地方一直寄托着道教信众的宗教情感，虽然已经不属于宗教活动场所了，但仍然香火不断，尤其每逢道教节日更是游客香客如潮，很多信众烧香拜神，只能由公安和园林管理人员维持秩序。2006 年 3 月，省宗教局与黑龙潭园林部门协调，由政府拨款 300 万元给园林部门另建办公楼，黑龙潭道观由省道教协会管理。道教文化旅游的健康良性发展，必须协调宗教、园林、旅游、文物等部门之间的关系，挖掘道教文化中的精华内容，共同遏制世俗化、商业化、市场化的冲击。

　　旅游是文化性、社会性和经济性都很强的综合性活动，旅游活动的成功与否需要从经济效益、社会效益、文化效益和生态效益多方面进行综合评价，绝不能仅以创造经济收入的多少为衡量标准。对于复合了自然景观、人文景观同时兼具神圣色彩的宗教旅游来说，尤须认真对待。当前，宗教旅游主要采取政府主导的模式进行开发，如何协调宗教文化的神圣性与旅游经济的世俗性之间的矛盾，找到二者之间的平衡点，推动优秀宗教文化与健康旅游活动良性互动，有机结合，是政府有关部门尤其是宗教局、旅游局必须认真研究的课题。

　　4. 基础设施落后，经营市场混乱

　　虽然巍山县委、县政府十分重视巍宝山旅游，提出了"道教古建筑与古城风貌、道教文化与本地民族风情相结合，形成各具特色的旅游网络，使旅游业由潜在优势向现实优势转化"的工作思路，但旅游发展情况并不理想。主要原因在于旅游基础设施落后，旅游从业人员缺乏道教相应知识，经营市场混乱。早在 1992 年就已经修建了旅游公路，但至今仍然没有从县城到巍宝山的公交班车，一些私人摩托车、面包车承接运营业务。由于缺乏统一管理，漫天要价现象十分普遍，摩托车载客从二十元到八十元不等。有些车主还以路途遥远（实际只有 11 公里）、马力不足等为由拒绝载客，更是给巍宝山并不多的客源雪上加霜。巍宝山门票价格为 50 元，同为大理国家级风景名胜区组成部分的宾川鸡足山为 60 元。虽然只有 10 元差距,但两地配套设施建设相差甚远。鸡足山不仅设有观景索道,还有供游人选择的便利登山工具如马匹、轿子,山路沿线设有小商铺供游客饮食休息,山顶也有提供游人居住的旅馆,旅游配套设施相对齐全。而巍宝山不仅山路陡峭难行,沿途更没有休息之地,野狗伤人事件时有发生,对游客人身安全构成了威胁。巍宝山中没有供游客居住的宾馆,需要山中留宿的游客只能居住在条件十分有限的道观中。旅游部门为巍宝山这一中国道教名山设定了与其地位相匹配的门票价格,却没有设置与这一价格相匹配的基础设施。由于客源较少而忽略了对基础设施的投资建设,但又向游客收取不甚合理的费用,减少了游客的回游率,使客源进一步减少,形成一种恶性循环。

巍宝山虽然是一座道教名山,但是旅游并未突出道教的文化内涵,大多数游客仅仅被动参观宫观建筑,缺少与道士的互动。一些游客根本不进道观,仅仅游览巍宝山的自然风光,而与道士互动的游客也因道士无法解疑释惑而兴趣索然。巍宝山旅游的重点不是在其积淀的道教文化上,而是落在其国家级森林公园上,道教旅游成为观光旅游的附带行为,这进一步导致旅行社对巍宝山道教旅游的忽视。如果游客没有特别要求,导游通常不会在旅游线路中安排巍宝山的行程。而导游大多缺乏相应的道教知识,甚至将坤道介绍成"尼姑",将玉皇大帝介绍为韦陀,一些黑导游还与不法道士联合骗取游客钱财。巍宝山上有一些人在道观周围摆摊设点,出售道符、桃木剑、念珠之类的"道教旅游纪念品";有一些人在道观周围开设餐馆,并将服务员打扮成乾道、坤道的模样招待客人;还有一些人迎合部分游客的心理,从事相面看卦、占卜吉凶之类的活动,牟取暴利。此类肤浅化、庸俗化的"道教旅游",将虚假的"道教文化"带到游客面前,严重影响了道教文化旅游的健康良性发展,既不利于旅游发展,又不利于道教文化的传播。

(三)巍宝山道教文化旅游项目设计

当前,巍宝山道教文化旅游存在的最大问题即是没有彰显道教文化的主题,同时也未能将道教文化有机融入巍宝山丰富的自然景观资源和人文景观资源,致使旅游项目文化品位不高,与巍宝山中国道教名山、南诏文化发源地、国家级森林公园的形象不符,未能充分利用上述资源打造独具特色的旅游文化品牌。巍宝山随南诏而兴,因道教而名,同时也是国家级森林公园,大理国家级风景名胜区的重要组成部分。山中风景幽雅,道观遍布,仙气十足,置身其中令人仿佛是在仙境中游历。道教文化、南诏故事、民俗风情、风景名胜是巍宝山最重要的四大旅游资源。道教文化不是孤悬三者之外独立开发,而是与三者融为文化整体统一开发。有鉴于此,我们把巍宝山道教文化的主题确定为"文献名邦南诏源流 道教名山巍宝仙踪"。主题策划以巍宝山秀丽的自然风光为背景,深厚的道教文化为重点,浓郁的民族风情为依托,多彩的历史文化为底色,深度开发道教文化旅游与自然生态旅游项目,使巍宝山成为集道教文化与南诏历史文化寻访、民族风情与自然生态体验、观光、休闲、科普科考为一体的等多功能旅游区。

巍宝山道教文化旅游应以"无峰不奇,无泉不冽,无观不古,无树不翠","有洞皆春,有鹤皆鸣,有霞皆青,有龙皆灵"为开发理念,突出巍宝山道教文化特色,充分展现其人文价值与自然魅力。巍宝山主要景观有南诏土主庙(巡山殿)、文昌宫、玉皇阁、老君殿、清闲观、斗姆阁、长春洞等25座道观古建筑群,细奴罗耕牧地,保存完好的自然植被,"天门锁胜"、"拱城远眺"、"美女瞻云"、"龙池烟柳"、"山茶流红"、"鹤楼古梅"、"朝阳育鹤"、"古洞藏春"等自然景观,巍宝山山会等民族风情。其旅游产品开发应以道教文化为重点并整合上述优势资源,形成以巍宝山返朴归真游、道教历史考察游、道教礼仪体验游、宫观建筑览胜游、道教音乐赏析游、道教养生研习游等为代表的核心旅游项目,辅以巍宝山南诏历史寻访游、彝族原始宗教探析游、朝山庙会风情游等外围旅游项目,彰显巍宝山鲜明的地方特色,着力巩固省内市场,大力拓展国内市场,积极开拓海外市场,优化旅游产品结构。

巍宝山道教文化旅游的重点项目设计如下:

1.巍宝山返朴归真游。巍宝山绵亘数十公里,峰峦起伏,峰峰奇异,山谷回环,林茂景深;自然植被保存完好,植物众多,从山腰到山顶,覆盖着枝叶繁茂的苍松翠柏和各种阔叶林木,其中不乏古树名木和名贵花草药材和宫观内经历代栽培汇集的珍奇树木花草,千年高山栲粗可数人合抱,明代古山茶树高 17.5 米,花大如碗,红似胭脂;山谷幽静,空气清新,树绿、花香、鸟语、风光美妙和谐,回归自然,超凡脱俗,返朴归真,令人心旷神怡,流连忘返。我们可以根据诸如返朴归真、善恶报应等道教文化理念,以及有关的道教神话传说,营造空山无人、云雾缭绕、泉咽松吟、信步独行、黄昏晚钟等,让游客从理念上亲身体验道教文化的奥妙所在,在游乐中感悟和回味修身养性等道教理念的真谛。

2.魏宝仙山景观游。揽道教魏宝山峰峦叠翠,山环箐绕,山清水秀,花木繁茂,云蒸霞蔚,山宁谷静秀色,赏"天门锁胜"、"拱城远眺"、"美女瞻云"、"龙池烟柳"、"山茶流红"、"鹤楼古梅"、"朝阳育鹤"、"古洞藏春"盛景,饱览古老宫观殿宇,壁画雕刻,诗词匾对,楹联碑刻,听磬铃之声远,品神话传说奇异。置身山中,如入仙境。魏宝山奇绝秀美的自然风光和道教宫观珠联璧合,"深山藏古观,幽径通殿堂"。奇特多样的宫观楼阁、令人眼花的壁画彩饰、飞金流碧的神像雕塑、典雅肃穆的道教音乐,展示着魏宝山道教文化的神奇、静谧与祥和。尤其,那些珍贵的道教胜迹和遗址,更加具有进香朝圣、旅游观光和学术考察的巨大价值,游客于此胜境中观赏、游览,必然能够极大地实现视听上的满足。

3.道教文化体验游。魏宝山丰富多彩的道教节庆和道教仪式活动不仅吸引着广大道教徒,由此产生的浓厚道教文化氛围也激发了普通游客的探秘猎奇心理。因而适度开发道教文化体验游,组织游客亲身体验道士的日常功课、道教的清规戒律等,从而使其领略道教独特的生活氛围。

4.洞经音乐赏析游。魏山洞经音乐当地称为魏山古乐。古朴悠扬的魏山古乐源于道教洞经音乐,在发展过程中,吸收了南诏宫廷音乐、彝族歌舞、儒教祭孔乐器和词牌、民间音乐曲调风格,融入了地方民族特点,经历代民间艺人加工整理,已成为群众喜闻乐见的民族音乐。在厅台楼阁交相辉映、奇花异树喷香吐翠的魏宝山道教宫观殿宇里演奏魏山古乐,使名山古观更添迷人色彩。

5.宫观建筑览胜游。魏宝山的道教宫观不仅是一组精美的古建筑群,在有宗教信仰的旅游者心目中它是神居住的殿堂,是人神交流、沟通的场所,能够许以心灵的寄托而获得心理的满足;普通旅游者在这里不仅能够获取大量的宗教知识,而且能在浓厚宗教色彩的静逸氛围中,获得有益于健康的心理调节;西方旅游者面对神秘的异国宗教景观如建筑、雕刻、绘画等,将产生耳目一新的感觉。

6.道教仪式参与游。巍宝山的仪式活动种类多、影响大。平时,仪式活动主要集中于斋课,道士们每日都要进行三课,即:早、中、晚的诵经和上香。当遇到所信奉神灵、祖师的诞辰日或其他重大纪念日时,则要举行盛大的斋醮等会期活动,以示庆祝。巍宝山道教会期很多,几乎每月都有。其中,影响较大的会期主要有:正月初九日龙华会,又名松花会,在巍宝山玉皇阁举行,相传这天是玉皇大帝的圣诞日,会期持续三天;二月初一至十五朝山会,又名洞经会,民间的洞经会组织和圣谕坛信徒纷纷来到巍宝山聚会、摆坛,他们带上食品,驻扎于各宫观内,昼夜弹奏洞经,祈求神仙赐福,居住在巍宝山周围的各族群众也都前来参加活动;此外,还有二月初三的文昌帝君会,以及六月二十四日的关圣会等都具有较大的规模和影响。

7.道教养生文化研习游。道重治身,道教发展了诸如按摩、导引、行气、服气、胎息、内丹、存思、服食等一系列养生长寿方法,形成了"重人贵生"、"天人合一"、"我命在我"、"形神相依"、"众术合修"和"内修外行"等养生理论,包含一定的科学道理,对于维护人们身心健康起到积极作用。道教养生学为巍山道教文化旅游的发展提供了宝贵的财富。如巍宝山青霞观的"道教养生茶"深受游客欢迎。若能够结合巍宝山道教旅游资源的特性,开展一些气功、武术、药膳等与养生相关的特色旅游项目,肯定倍受游客青睐。

8.道教历史考察游。巍宝山是全国十四座道教名山之一,现存的殿宇宫观就是一组完整的文物古迹。不论是建筑造型,还是宫观内的壁画、雕刻、塑像、碑刻、诗联、匾额,都是研究道教文化、艺术、历史等等学科极具价值的文物资料。

9.南诏历史寻访游。巍宝山是南诏发祥地,尚存细奴罗耕牧地与故居遗址、巡山殿(祀细奴罗)、"蒙诏汤池"(温泉、细奴罗母亲沐浴处)等景观,如能与垅屿山垅屿图城遗址、天摩牙寺、蒙舍城遗址、盟石祠、嵯耶庙、梅子箐古城遗址等联合起来,开发南诏历史寻访游,必能赢得部分游客青睐。

10. 朝山庙会风情游。参加巍宝山山会(农历正月初一至十五)能感受到民众朝山的热情,领略彝家踏歌(亦称打歌)等富有地方特色的彝族风情活动,人们在歌头的带领下,和着芦笙、竹笛,翩翩起舞,歌调激扬,震山撼谷。

11. 巍宝山歌会观赏游。农历二月十三至十四日,巍宝山彝族歌会期间,人们在踏歌场上将融入歌的浪潮,舞的海洋。

12. 巍宝山彝族祭祖观光游。每年农历正月十五至十六日,巍宝山前新村全体村民到巡山殿聚餐、踏歌、祭祖。

四、建水儒家文化旅游实证研究

在旅游发展的大潮中,传统文化作为一种特殊的旅游资源被利用和改造,佛教如是,道教如是,儒家文化也如是。在此,我们无意介入儒学、儒教之争,而是统一称之为儒家文化。正如传递道的法脉有道家、道学与道教,佛的法脉有佛家、佛学与佛教,儒的系统也有儒家、儒学,儒教等不同的名称。[①] 作为中国传统文化的重要组成部分,儒家文化在特定的社会系统中发挥着类似宗教的功能,因而具有了一定的"宗教面向",我们就是在这一意义上定位儒家文化的。

2004 年,曲阜市开创了官方主导公祭孔子的先例。孔庙祭孔仪式是曲阜国际孔子文化节最富有特色、文化和感染力的活动,也是深受海内外文化界、旅游界关注的文化旅游项目。地方政府已经认识到传统文化在旅游业中的开发价值,把传统文化与旅游的结合纳入政府工作范围,可谓用心良苦。2005 年 9 月 28 日,以山东曲阜孔庙为主线,海内外有代表性的孔庙为分祭点首次举行全球联合祭孔。山东曲阜、上海嘉定、浙江衢州、云南建水、甘肃武威、台湾、香港等地孔庙为中国祭孔点,韩国首尔、日本足利、美国旧

---

① 詹石窗,盖建民:《中国宗教通论》,高等教育出版社 2006 年版,第 70 页。

金山、德国科隆等地为海外祭孔点。在传统文化复兴的大潮中,借着旅游的快车,儒家文化旅游兴起。

这些活动以官方为主导,以旅游业为平台,打造儒家文化旅游品牌,促进了经济发展、文化交流,传统文化也被重新定位。独具特色的传统文化转变为发展地方经济的重要资源,民间信仰体系中的仪式资源也被剥离出来,开发为颇具表演性、观赏性的旅游项目。在此背景下,儒家祭孔仪式作为文化旅游的重头戏吸引了大量游客,儒家文化在新时期呈现新的发展趋势,儒家文化的"旅游时代"已经到来。

2005 年全球联合祭孔是一次规模空前的盛会。山东曲阜孔庙作为儒学正宗成为主要祭孔点是众望所归;浙江衢州是孔氏的第二故乡,被称作南宗,衢州孔庙进入联合祭孔之列也是名正言顺。上海嘉定文庙"规制崇宏,甲于他邑",是江南各县最大最完整的文庙建筑[①],建于南宋时期的福建泉州文庙历史悠久,是东南地区规模较大的文庙建筑群,甘肃武威文庙更是与孔氏血脉相连。那么云南建水文庙又有着怎样的特征而与山东曲阜孔庙并列,成为全国为数不多的分祭点之一呢? 这与建水独特文化渊源和深厚的儒学底蕴密不可分。

元世祖至元 22 年,建水继中庆府、大理之后,建成云南第三座文庙。明代,大量从中原来屯田的移民进入建水,改变了这里的社会结构,同时流亡建水的儒家学者也在这里开馆讲学,培养学子,使建水儒学迅速的发展。清朝沿袭旧制,建水儒学继续发展,直至成为滇南的教育中心。在科举时代,建水儒学教育培养了大量的人才,取得了辉煌的成就。建水虽是远离中原的滇南小城,但它从汉代以来就嵌入国家的整体之中。所以,建水儒家文化旅游品牌的成功打造,既能反映国家对传统文化态度的转变,同时在更为广阔的视野中也能折射现代化进程中儒家文化生存与发展的境遇。

元代以降,儒学在云南逐渐传播,云南主要地区都有了文庙等相关设施。昆明、大理、建水、石屏、丽江、临沧、云县、凤庆、墨江、保山、思茅、大姚

①　杨永生:《中国古建筑全览》,天津科学技术出版社 1996 年版,第 182 页。

县石羊镇和禄丰县黑井古镇都曾经建立过有一定规模的孔庙。但由于时代更替和地域情况不同、保存和开发条件不同等原因,云南许多地方儒家文化旅游资源尚未成功开发。楚雄州大姚县因拥有保存较好的文庙和国内较大的孔子铜像,于2006年举行了首届"孔子文化节",将儒家文化与民族风情融于一炉,形成"祭拜先圣孔子,攀登彝州高峰,品尝核桃美食,体验彝族风情"的主题文化活动,促进了当地旅游业的发展。但是其规模和影响力与建水相比还有一定的差距,且其思路和方法同建水儒家文化旅游有许多的相似性。在云南,建水儒家文化旅游开发最早,旅游产业支持体系相对完善,具有典型性和代表性,因而我们以其作为云南儒家文化旅游的样本予以重点调查。

(一)儒学在建水的传播与儒家文化资源的形成

建水县属红河哈尼族彝族自治州,位于云南省南部,在历史上被誉为"滇南重镇,文献名邦"。建水拥有古城风貌、儒家文化、喀斯特地貌、少数民族风情等优秀旅游资源。作为滇南旅游的主要旅游地之一,引领该区域的旅游发展方向。建水旅游业在发展的过程中经历了自然旅游资源到人文旅游资源开发的转向,以儒家文化为重点打造儒家文化旅游品牌,从而进入一个新的历史时期,在云南旅游业中,占据了重要地位。建水的儒家文化旅游成为云南旅游业发展的特色内容之一。

1. 儒学在建水的发展

(1)元代统治者通过儒学对边疆实施教化,巩固其统治

建水虽自汉代就纳入中央版图,但直至元代,儒学在建水的传播发展情况尚无详细记载,中原人士视此为"蛮荒之地"。《重修临安府庙学碑记》载:"惟云南古徼外夷地,去京师西南万里,三代以前声教之所未及,临安属庥在西南盖又远焉。其地杂百夷,其民椎髻编发以为饰,佩弓刀战斗,采猎以为生,固不知文字为何事。"元初,赛典赤在云南推行"云南内地化"的措施,建文庙,倡儒学,推广教化。其支持者张立道在元世祖至元22年"创庙

学于建水路,书清白之训于公廨,以警贪墨,风化大行。"①建水继中庆(今昆明)、大理之后,成为云南第三个建立文庙的地方,首开滇南文化教育先河。然而由于建水汉族人口少于土著居民人口等原因,儒学传播受到一定限制。

(2)明代屯田而来的大批移民带进中原儒学

明代,中央王朝推行的"治国以教化为先,教化以学校为本"的治国方略和治教方针,同样是通过儒学教化来巩固王朝统治。朱元璋说:"京师虽有太学,而天下学校未兴,宜令郡宜令郡县皆立学校,延师儒,授生徒,讲论圣道,使人日渐月化,以复先王之旧。"②建水"地接交阯"为滇南重镇的地理位置使其成为滇南推行儒学的阵地。明朝时设立临安府学署,洪武十六年(1383),设于建水文庙内的建水庙学改为临安府学。明洪武十九年(1386年),沐英响应朱元璋"留江西、浙江、湖广、河南四都司兵守"云南的要求,提出:"云南土地甚广,而荒芜居多,宜置屯,令军开耕,以备储侍"。大规模的移民才使得原先的汉族少的状况改变。《民国建水县志稿》载:"明初,万中等八大指挥到临屯田,始为汉族萌芽之期。到洪武十三年,移江南大姓以实临安,汉族渐增。"随着临安卫所的设立和大量汉族移民的迁入,移民屯田措施改变了建水少数民族占主体的历史局面。移民不仅带来了先进生产技术,也带来了中原儒学文化。明代汉族成为建水的主体民族,与少数民族杂居在一起。中央王朝的儒学教化和控制方式使建水一个处于"滇之极边"的小城儒家风尚流行,与中原无二致。

另外,流亡建水的一些著名儒家学者也在这里开馆讲学、培养学子,推动建水儒学迅速发展。云南是明代主要充军地之一,曾有许多被贬高官文人在此居住。这些人大部分是饱学的儒士,为儒学传播,边疆教育做出积极贡献。洪武年间著名文人王奎、韩宜可被贬放到建水,在此兴教讲学十余年,正像巡抚欧阳重在《郡城寄贤祠记》中写的那样:"士习始变,人文始著,临安弟子无不学焉者矣"。此后建水学子在科考中崭露头角,于明正统年间出现了第一位进士。后他二人调离建水,建水人感谢二人的贡献,在文庙内

---

① [明]宋濂:《元史》,中华书局1976年版,第3917页。
② [清]张廷玉:《明史》,中华书局1974年版,第1686页。

建二贤祠以示尊崇。嘉靖年间被贬至滇的著名学者、状元杨慎也曾在建水开馆讲学,临安士子受益匪浅。

(3)清代是建水儒学发展的第二个兴盛时期

清代延续旧制,除文庙内设临安府学和建水州学外,又相继创办书院、义学和私塾,儒学教育日趋完备。临安城内设立了云南提督学政考棚,将建于明洪武年间的学政考棚移至城内。《临安府志·学校》载:"提督学院考棚,临安、元江、开化、普洱四府共一调,旧地府城西北兵备道署。康熙三十二年,知州张鼎昌详准督学道将州署互易。今地城东南隅旧州署。"提督学政考棚是建水在滇南教育和行政中心的象征,当时临安(建水)、元江、普洱、开化(今文山)等府的儒学生员,都需先在学政考棚考试合格后,才能远赴省城参加乡试。清乾隆三十五年(1770年),建水州改为建水县,设置县学,府设教授,州设学正,县设教谕,县城里新建崇正书院,原城西崇正书院更名为崇文书院,先后增办了焕文、慈云等书院5所。明清共修书院7所,设义学10所,开办私塾百余所。① 私塾一般设在塾师家中或宗族祠堂,选用《三字经》、《百家姓》、《大学》、《论语》等儒学经典著作为教材。建水最早的私塾为明正德年间(1506—1521)辞官还乡的进士刘洙开办。在科举制度被废除后,新的学校制度设立,私塾走向没落。

明清两朝是建水儒学发展的鼎盛时期,临安府学、书院和建水州学培养了大批进士和举人。清康熙年间《重修学宫碑记》评价:"滇虽处天末,建(水)又滇之极边,然观风教化,不异中土。迩来科甲云起,秋榜每分全省之半,宴曲江者,科不乏人。虽曰山川效灵,亦学校培养之力也。"建水自明正统七年(1442年)考中第一个进士起,明代出现文进士30人,武进士25人、文举人299人、武举人35人,清代有文进士37人,武进士18人、文举人464人、武举人475人,明清两代共出现文武进士110人,文武举人1273人,仅次于昆明。② 建水庙学在科举时代所创造的这些成就为建水赢得了"滇南邹鲁"的美誉,临安学子读书为学,以求终有一日能金榜题名。在明清时代

① 建水县志编纂委员会:《建水县志》,中华书局1994年版,第567页。
② 建水县志编纂委员会:《建水县志》,中华书局1994年版,第567页。

科举考试中,有时云南一榜举人之中,临安(建水)士子竟占半榜之多,故有"临半榜"之美称。在建水历史上一直流传着"父子进士"、"叔侄进士"、"父子三进士,兄弟两翰林"之类的佳话。

2. 建水儒家文化资源的形成

在儒家与政治相结合的过程中,孔子被圣化乃至神化,由此形成了祭祀孔子的制度性设置。通过祭祀系统提高儒学的神圣性,从而为儒学的推广提供合法性。与这样的制度设置应运而生的一套器物层面的东西,也为后人留下了丰富的文化遗产。孔庙和祭祀先师的仪式在儒家文化中占有重要的地位。孔庙由于其对国家和民众的特殊政治和文化地位在全国各地均有分布。其中最负盛名的孔庙当数山东曲阜孔庙,另有北京孔庙、天津孔庙、上海孔庙,还有滇南建水孔庙作为少数民族地区的文教阵地,其规模在全国来讲也数前列。此外还有与科举制度紧密联系的考试教育机构,如书院、考棚等,同样是儒家文化传播的物质条件。李泽厚先生曾经指出,儒家文化思想在长久的社会发展进程中,已无孔不入地渗透在广大人民的观念、行为、习俗、思维方式、情感状态之中,自觉或不自觉地成为人们处理事务、关系、生活的基本原则和基本方针,构成了中华民族的某种共同的心理状态和性格特征,并由一种思想理论积淀和转变成一种文化心理结构。[①] 随着封建王朝的结束,儒家文化退出政治舞台,但儒学思想的民间影响不会消失,例如洞经会的存在与复兴就是这一影响的结果。科举制度虽然早已废除,但依托的器物文化如文庙、书院、考棚等仍然存在,成为今天旅游开发的主要内容和依据。

建水作为滇南文化重镇,儒学渊源深厚,在历史的长河中积淀了丰富的儒家文化资源,既有物质层面的,又有精神层面的。而儒家精神文化在长久的社会发展过程中,已然沉淀在人们的心理深处。建水儒家文化旅游,占尽了天时、地利、人和。

(1)建水文庙

---

① 李泽厚:《中国古代思想史论》,人民出版社1985年版,第34页。

建水文庙位于建水县城西北,今临安路西段。文庙是祭祀孔子的礼制性建筑,为圣灵所依之处,同时也是封建时代的庙学所在地。《建水州志》记载:"文庙在府治西北,元泰定二年佥宪杨祚题请建学制,可其请,遂为立庙。"建水本地学者杨丰考证建水文庙始建时间为元朝至元二十二年(公元1285年)。文庙总体上仿制山东曲阜孔庙建造,经历代50多次扩建增修,主要建筑包括一池、二殿、二庑、二堂、三阁、四门、五亭、五祠、八坊等37处,占地面积达7.6万平方米,现除射圃、尊经阁、文星阁、敬一亭和斋亭被毁外,其余建筑保存完好,最近又对文庙建筑进行修缮,修复了杏坛,重现文庙往日辉煌。

(2)书院

建水的儒家文化传承与发展不只是庙学一方的贡献,许多书院建立之后同样培养了大批儒者,继承了该地读书为学的传统。建水县志记载,自明嘉靖二年(1523),临安府副宪王忠在县城西设立建水第一所书院——崇正书院后,明清两代建水共建书院6所,分别是崇正书院、景贤书院、崇文书院、焕文书院、曲江书院、建蒙书院等。景贤书院在清康熙年间就已废弃,后改建成二贤祠。现保存较好的是崇政书院和焕文书院。两书院均为清代建筑,焕文书院为三进院,有监院公馆,乡绅公寓等设施。

表11　建水书院一览表①

书院名称	创办时间	创办人	地址	备注
崇文书院	明嘉靖二年(1523)	临安府副宪王忠	城西门外	明永历年间毁于兵火,康熙三十九(1700)年郡人肖大成重修,乾隆三十二年(1757)增建书舍,改为崇文书院
景贤书院	明嘉靖五年(1526)	副宪戴鲁溪	文庙内	又名寄贤书院,后废弃
焕文书院	清康熙五十五年(1716)	知州陈肇奎	东门外小石桥	咸丰年间毁,光绪二十三年(1897)重建
崇正书院	清道光十七年重建(1837)	知府郑绍谦	城内东北	为当时府学,崇文和焕文学子移此就学
曲江书院	清光绪五年(1879)	知县章于锦	曲江慈云山	

----

① 本表格根据《建水县志》568页"书院"一节整理而成,同时参考了《建水文史资料》第六辑之《建水明清时期的书院》一文。

（3）学政考棚

考棚位于建水县临安路中段，与文庙仅百米之遥，为国内罕见之保存完整的科举考场之一。《建水州志》载："考棚在城东南，乾隆五十七年（1792）知府张玉树重修东西文场，号席以石易木。"民国《续修建水县志》称："光绪癸卯土匪为乱，（县）署被毁坏，知县梁正麟遂复移驻考棚，嗣另建考棚于武侯祠前。"考棚延续了中国传统审美观念，两边百余房舍呈中轴对称状，纵深150米，占地6000平方米。在旅游业的促进下，地方政府为开发儒家文化旅游资源，打造文庙、朱家花园、学政考棚、天君庙、指林寺文化旅游黄金轴线，建成以展示科举考试为主题的知名旅游景区，对学政考棚进行了改造和修缮，但是中期由于投资方资金不足，工程进度款不能按时拨付，造成垫资单位信誉降低，施工单位不能按合同履约等因素，现在尚处于停工状态。① 学政考棚的开放还有待时日。

（4）祭孔仪式

建水祭孔仪式的起始时代已经无法确切知道。根据明代《建水州志》记载，明弘治八年，云南按察使李孟晊和知府王济重置礼乐祭器，训练相关人员按时举行祭孔仪式。仪式程序分为：迎神、初献、亚献、终献、彻馔、送神六部分。整个仪式表现出对圣人的诚和敬，又以礼乐要素即乐舞和乐歌贯穿始终。由于建水地处边疆少数民族地区，所以其祭孔仪式又掺入了少数民族文化的元素，使得建水祭孔仪式形成了自己的边地特色。作为建水旅游业发展的一张名片，建水祭孔仪式在儒家文化品牌的打造中担当了重要角色。

（5）文化影响

儒学传入建水，特别是文庙设立之后，读书为学蔚然成风，建水遂成为滇南文化重地。这里一直有着"临半榜"美称。在历次明清时期的科举考试中，有时云南一榜举人之中，临安（建水）人士竟占了半榜之多。儒学以建水古城为载体形成浓郁的儒家文化氛围，建水古城大街小巷遍布着富有

---

① 建水县旅游局：《建水县旅游产业发展情况汇报》，2008年。

中原民居特色的古建筑,特别是翰林街(旧称建新街)不仅有著名的朱家花园,还有进士府、翰林府等士绅府第,居住于此的儒者后代一直延续着古老的记忆。在祭孔仪式复兴中起重要作用的洞经会就是一个很好的例证。洞经会有"不是儒生不能入坛"的规矩,虽然这个规矩现在已经不再是参加洞经会的限制条件,但是在调查中我们发现,洞经会成员有相当一部分还是儒者后代。他们传承着祖辈的文化因子,穿越时空,持续到今天。

(6)洞经会

洞经会是习礼、习乐又以教化为本的集会组织,也杂以佛、道教思想和民间信仰的内容。洞经会约在明代传入云南,在地方化过程中与民间宗教和习俗相互吸收,改造成为儒、道、释文化混融的谈经奏乐的宗教性社团组织。因其主要谈演道教经籍《文昌大洞仙经》而得名。在此将洞经会也列入儒家文化资源的范围之内是因为它在建水旅游业发展中的特殊作用。这一组织深受儒家文化的影响,保留了建水地方特色的祭孔仪式,在建水祭孔仪式的恢复整理中起到至关重要的作用。在后期的祭孔仪式的表演中,都是以洞经会的成员为主体,从某种意义上来说,没有洞经会,祭孔仪式的操演或是儒家文化在民间的传承将会遇到很多困难。

(二)建水祭孔仪式的起源、发展与断裂

祭孔仪式源于孔子的家祭活动,伴随着儒学地位的不断提高,封建王朝对孔子的尊崇亦与日俱隆。祭祀孔子代表了孔子及其儒学在国家生活中的正统地位,祭孔仪式成为弘扬儒家文化精神的重要手段。从汉高祖刘邦过鲁以太牢之礼祭祀孔子开始,到唐代时已经成为国之大典。贞观4年(630年),唐太宗下诏在全国州县设立孔庙,为祭孔仪式在全国范围内推广提供了政策支持。孔庙祭祀制度也随孔庙的设立而成为一项国家生活中的大事,从中央到地方形成了固定了礼制,祭孔成为地方官员日常事务中的一项重要活动。以后历代均遵循这一传统,在规模上有增无减。

1.建水祭孔仪式的起源与发展

建水祭孔仪式在元代设立文庙时就已经进行。刘健所作《重修临安府学碑记》载"庙之祭器与乐舞,岁久亦弊。又以修茸之余力,咸一新焉",可见,此前就已经有祭器存在,相应的祭孔仪式也已然存在。但现有文献资料只能将建水祭孔仪式追溯到明弘治八年。《建水州志·祀典卷六》载:

> 明弘治八年(1495),副使李孟晊,知府王济创置。万历三十年(1603年)教授胡金耀重造,兵燹毁失。国朝康熙二十九年知府黄明捐俸禄制造计铸铜器二百一十件共重四千五百六十勔。雍正六年,郡人萧大成以乐器残缺自龙门任考制琴、笛、箫、埙、麓、磬、節如数送补绦囊全。

明弘治五年,云南副使李孟晊"驻节临安府。循故事诣学宫,谒宣圣庙。顾瞻兴叹,以为弊陋弗,即有重修之志。"①此后就"聚材厇工,撤而新之。"②且"庙之祭器与乐舞,岁久亦弊。又修茸之余力,咸一新焉"③。由此在《建水州志》上才有了"明弘治八年副使李孟晊知府王济创置"礼乐诸器的记载。到万历三十年(1602年)教授胡金耀又重造礼器诸器,后毁于兵灾。清康熙二十四年(1685),临安知府黄明为"赞我皇上右文求治之至意"④,特疏请旨修学庙,学宫,并于康熙二十九年(1690)制造计铸铜器二百一十件,使"庙中所需,罔不必备"⑤。根据《建水州志》的记载,此时建水文庙祭孔仪式中乐舞生的顶帽服制是按照《大清会典》的要求执行,所用乐章也按照会典校正过的版本。

雍正年间,云南总督鄂尔泰倡导儒学教育,大力推行礼乐教化。他大力兴办学校,挺拔优秀人才,以提高地方文化水平。在这样重教兴文的氛围

---

①　[明]刘健:《重修临安府学碑记》,明弘治十四年(1502)十二月立,载杨丰《建水文庙历代碑文选注》,建水文庙管理处编印,2004年。

②　[明]刘健:《重修临安府学碑记》,明弘治十四年(1502)十二月立,载杨丰《建水文庙历代碑文选注》,建水文庙管理处编印,2004年。

③　[明]刘健:《重修临安府学碑记》,明弘治十四年(1502)十二月立,载杨丰《建水文庙历代碑文选注》,建水文庙管理处编印,2004年。

④　[清]黄明:《临安府建水州儒学为申请颁立卧碑以禀国典以重斯文事》,康熙二十四(1686)年六月立,载杨丰《建水文庙历代碑文选注》,建水文庙管理处2004年编印。

⑤　[清]丁炜:《临安府学新置圣朝祭器碑记》,载杨丰《建水文庙历代碑文选注》,建水文庙管理处2004年编印。

中,建水祭孔仪式的规模可谓宏大,"观者如墙如堵"。雍正四年鄂尔泰夜宿建水文庙后,过问了祭孔相关事宜,对当时祭孔中出现的问题进行了批评,并对祭孔礼仪作出指示,现立于建水文庙碑廊的《丁祭严饬碑文》正是对这一历史的记录。雍正六年(1728),建水籍举人萧大成认为建水文庙乐器已残缺不全,所以从他所任职的广东龙门制作了琴、笛、笙、箫、埙、篪等,如数送补绦囊全。伴随着多次扩建和修缮,建水文庙成为滇南甚至是全国规模较大的文庙之一,建水祭孔的规模也达到本地历史上的极致,建水一地成了滇南儒学教育的中心。到宣统二年(1910),地方士绅捐款重建西壁,明伦堂及二贤,名宦,乡贤,节孝诸祠,并于1911年完工。民国年间,清王朝已经被推翻,儒学失去了其制度保障,但是这并没有影响建水文庙的地位和地方文人士绅对孔子的尊崇。民国五年(1916),尚有士绅"尊亲而庙祀",[①]只是因社会的变化和祭孔活动的断裂,原使用的仪式和乐舞未能连续传承,且与当时的社会环境不相适应。在沿用祭词的基础上将部分洞经音乐融入祭孔活动之中,乐舞亦由原来六成减为三成,观者依然众多。到了民国末期,社会动荡,战祸不断,祭孔仪式先失去了制度保障,后又失去了主要的支持和组织者——士绅,由此走向沉寂。

2.建水祭孔仪式的断裂

新中国成立后,儒学退出政治意识形态的舞台,孔庙也不再是国家法定尊奉、朝拜孔子的场所,祭孔仪式也被看作封建迷信而加以禁止。由此文庙只发挥学校的功能,仪式从此消失。据洞经会老人的回忆,这一活动在解放后就禁止了。而另一说法是之后还进行过,但是规模已经大不如以前了。后来随着破除封建迷信和四旧的运动而彻底停止了。这一活动的主要承担者洞经会已经不能组织自身的日常活动,成员们在这些社会运动的浪潮中只能顺应历史的发展趋势沉寂下来。文革期间,许多有价值的文物成为首当其冲的破除对象。当时建水朝阳楼上放置了许多扫来的四旧展品,包括古书、字画、瓷器、铜器、刺绣、服饰等,很多已经被打了红叉。还有人想把楼

---

① 王宪斌:《重修文庙功德碑记》,民国五年(1916)十月立,载杨丰《建水文庙历代碑文选注》,建水文庙管理处2004年编印。

上挂的"雄镇东南"、"飞霞流云"巨匾扔下摔碎。后来经过文化局干部张述孔巧妙劝说,巨匾才得以幸免。文庙更是众矢之的,建水一中的师生不得不将悬挂在先师殿的御题匾额悄悄取下藏匿起来;为了保护石龙抱柱,他们将其用稻草包起来,外加水泥,才使这一文物精品幸免于难。

1974年2月,建水县委响应中央开展"批林批孔"运动的决策,把文庙作为"批林批孔"的中心场所。同年5月和8月县委还分别组织了"批林批孔"和"评法批儒"报告团,到全县的厂矿、农村巡回报告。① 文庙成为"反面教材",数以万计的人从昆明和其他州县来到这里接受教育,文庙又重新热闹了起来。祭孔仪式在国家政权的强制性措施中消散,建水从滇南文教重镇变成了"批林批孔"先锋,在社会运动中同样处在时代前列,成为当时背景下的一个先进性典型。这无疑还是源于曾经的儒家文化积淀,即使批判也是因为建水拥有如此丰厚的资源。

(三) 建水祭孔仪式的还原——记忆、传承与复兴

十一届三中全会以后,党和国家恢复了实事求是的马克思主义思想路线,对儒家学说进行了客观地评价,对儒学的态度不再一味否定。改革开放以来,政府工作以经济建设为中心,对传统文化进行了合乎时代潮流的改造。尤其是旅游业兴起之后,传统文化在借助旅游复兴的同时,又成为推动旅游进一步发展的资源和动力。在建水,承载于社会记忆中的祭孔仪式作为儒家文化的重要组成部分重回人们的生活之中。

1. 祭孔仪式在社会记忆中的承载

祭孔仪式在特殊的时代背景下遭遇了断裂,但这不是由于文化自身的传承障碍,而是由于国家政权的强制力量。然而,历史和记忆的痕迹是无法抹去的,儒家文化的根源是斩不断的,它作为共同的集体意识已经深入中国人的文化心理结构。

在建水,人们并没有忘记祭孔仪式,它仍然存在于社会记忆中,承载于

---

① 建水县志编纂委员会:《建水县志》,中华书局1994年版,第146页。

互动、文字记载和图片等人类社会实践之中。人们仍然记得这一传统,同时也保留了一些祭祀的相关用品,因为他们认为那是与孔子相关的东西,不能丢弃和损毁,甚至在文革中,冒着很大风险将其珍藏起来,那时很多经书、礼器、服装等作为封建社会的遗存交出来烧毁了。一位洞经会老人回忆,当时他受一位朋友的邀请教其演奏乐器,后来遭到该朋友揭发,说他在搞封建迷信活动。在这样的背景下,祭孔仪式中断了,但它以另外的形式继续存在。首先,人们把这些相关的书籍物品藏了起来,在调查中我们见到一本印制于民国时期的《明圣经》,一位老太太因为对关圣的虔诚而不愿意将它交出烧毁,将这本《明圣经》砌入墙中,这样才逃过一劫。这本经书的留存方式代表了一个时代的与它同样命运事物的留存方式。后来对恢复祭孔仪式起到关键作用的《舞颂图》,因保存在云南省图书馆内,才得以逃脱焚毁的噩运。其次,参加过这一仪式的人们一直把它珍藏在心中,这些曾经参加过仪式的人们后来成了祭孔仪式复兴后的主要力量。洞经老艺人陈怀本从小就跟随父亲学习洞经,至今已经有七十多年的历史。1985 年后,他召集会演奏的人聚集在灶君寺,自筹资金买来杨琴、唢呐、三弦、古筝等二十多种乐器,整理了濒危消亡的洞经古乐,编印成书,进行说唱习演,并努力培养“洞经弟子”,继续传承洞经音乐。最后,代表滇南文明的文庙还在,作为学校延续了它的滇南文教中心地位,各地人们不断到这里参观。后来,文庙被开发成了建水著名的旅游景点,得到政府的重视和保护。

2. 洞经会与祭孔仪式的复兴——从民间到官方的祭孔仪式

在新中国建立前,建水的祭孔仪式由官方主办,在政治力量的推动下得以传承和发展,并对社会文化产生了广泛影响。遭遇文革的断裂,改革开放之后,在国家政策允许的范围内,以民间洞经会为主体的祭孔仪式重新回到人们的生活。在旅游业的推动下,民间的自发活动最终走上了大雅之堂,成为促进地方经济发展的重要文化因素。

（1）洞经会的源起及在建水的发展

洞经会是云南各地均有影响的民间宗教组织,与道教有较深渊源,因谈演《文昌大洞仙经》而得名,在民间也被称做皇经会。它融合了儒、道、释三教文化,供奉元始天尊、文昌帝君、玉皇大帝、太上老君等大批道教神灵,也把观音、孔子等作为崇拜对象。洞经会的经书也源自释、道、儒三家,如道教的《高上玉皇本行集经》、《关圣帝君明圣真经》,佛教的《观音经》和儒家的《宏儒经》等数十部经书,但因地域不同,所用经典也会有所出入,且叫法不一。这些经书在洞经会的不同会期谈演。如在关圣会上,就谈演明《关圣帝君明圣真经》,观音会上就谈演《观音经》。在洞经会常规的谈经和仪式中,均伴有洞经音乐,以此增强仪式活动的神圣性。

关于洞经会在云南的缘起,学术界尚无定论。张兴荣《云南洞经文化》一书的观点较有代表性,他根据洞经经籍、曲谱、口碑等资料,结合道教在云南的传播历史、明代大批汉族移民迁入以及儒学发展等史料进行考证,认为洞经传入云南的时间大约在明洪武十四年沐英入滇至永乐七年间,即公元1381—1409年,由金陵(南京)、四川、江西、北京等地,沿灵关道、五尺道、源味道等三条路线传入云南。嘉靖九年(1530)淮榆率先成立了洞经会——三元社和叶榆社。之后,逐渐扩散至云南大多数县城及乡间。①

随着洞经音乐的传入,云南各地相继成立了谈经奏乐的民间洞经会。昆明、大理、巍山、剑川、鹤庆、永胜、昭通、丽江、建水、通海等地均有洞经会组织活动。洞经传入建水的起始年代,现存地方文献中无明确记载,有"江南说"②和"宫廷说"③两种代表性观点。建水地方学者汪致敏认为建水洞经音乐源于明代江南的说法较为可靠,从京中回来的付翰林可能参加过洞经活动并修定过音律,但洞经不可能由他带来,而是在他之前就已经广泛存在。④

1949年以前,建水城区有四个洞经会,各占一庙,即最早的"朝元学"(玉皇阁)及"明圣学"(武庙)、"崇文学"(文昌宫)、林文学(燃灯寺)。农村有"同文学"(周家庄)、"老朝元学"(田家营)、"新文学"(南庄铺)。恢

---

① 张兴荣:《云南洞经文化》,云南教育出版社1998年版,第20—24页。
② 江南说:相传,明代迁往建水的江南汉族中有一批擅长演奏洞经音乐的艺人。他们在建水定居后,经常聚集演奏,不久洞经音乐风靡,成为汉族文人喜爱的一项娱乐活动。
③ 宫廷说:据说在京城为官的付翰林告老还乡时带来了洞经音乐,为群众演奏,并精心传授。
④ 汪致敏:《红河民间音乐舞蹈研究》,远方出版社2002年版,第173—179页。

复后的各洞经会都是在这些传统的洞经会基础上组建的。

（2）建水祭孔仪式的民俗化——以孔子会为例

祭孔在官方的推动下，形成了每年都必须举行的传统。地方文武官员每年春秋两季的上丁日都要在文庙内祭祀孔子。参加祭孔仪式是地方文人学士的最高荣誉。祭孔仪式在官方的推动下对建水文化产生了极为广泛的影响，深入到文人和民间的部分层面，与他们的生活需要结合。

祭孔仪式通过对民间的影响而深入民间，与民间信仰融合在一起。从洞经会的会期中可以发现，孔子会就是祭孔仪式与民间信仰相结合的表现形式。洞经会的主要宫观会分别是"上九会"（正月初九）、"文昌会"（2月3日）、"关圣会"（6月24日）、"孔子会"（8月27日）。在农历8月27日这一天，洞经会举行其重要的宫观会——孔子会。从孔子会的内容和仪式的结构中可以看出，孔子会的仪式与祭孔仪式的渊源关系，就连"孔子会"之名也在表现着这一意义。

当日设立经坛。正中悬挂孔子画像，有鲜花簇拥。上有诗赞曰："大哉宣圣，斯文在兹。帝王之式，古今之师。志则春秋，道由忠恕。……萧昭盛仪，海寓聿崇。"经坛上供奉茶水三杯，米饭三小碗，腊台两座。经坛左右两边分别摆设有悬挂铃铛和玉佩的木架，上面分别书有"金声"和"玉振"等字样，象征孔子以渊博的学识集先圣之大道，成就自己的圣德。《孟子·万章下》："集大成也者，金声而玉振之也。金声也者，始条理也；玉振之也者，终条理也。始条理者，智之事也；终条理者，圣之事也。"另外在经坛正前方设桌献上三牲，还有葱和韭菜。此桌的两边分别摆出了洞经会的重要经卷《孔教真理》。三牲在中国古代祭祀传统的演化过程中逐渐固定下来，指牛、羊、猪等三种动物，以这三种动物来祀孔子代表着孔子地位的崇高。由于洞经会财力有限，因此三牲只是用面团做成的模型。但是这样的简化和替代正好表明了仪式中高度的抽象和象征性的表达方式，也使这些作为仪式最基本要素长期传承下来。

仪式分为迎神、初献、亚献、终献、彻馔、送神六个步骤，这些步骤以三献礼为核心。还有在仪式之前一天的净坛仪式也作为孔子会中的一部分。在每次献礼中都要洗手,净巾以示尊敬和严肃。事实上洗手和净巾只是一个象征性的动作,并没有真正的用水洗过。但是这的要素在仪式中必不可少,因为仪式中"礼"是贯穿始终的。另外从"乐"方面来说,从仪式的开始就以音乐相伴,用的是洞经会特有的洞经音乐,分大乐和细乐,有词牌数十个,如《清河颂》,《渔卧浪》,《甘州歌》等。大乐一般用于仪式开始和结束之时,其与细乐的区别在于有唢呐参与演奏。从结构上来说,洞经会孔子会的仪式与文庙的祭孔仪式大体相同,只是文庙祭孔仪式不需要此前的净坛仪式,因为净坛仪式是洞经会在举行盛大宫观会所必须做的步骤。文庙祭孔自创设以来就为官方所把持,官方化的文庙祭孔仪式的过程就没有太多民间洞经会的影子,或者是有意识地把这种影响去掉。但是在现代,从参加操演主体的成员情况来看,官方祭孔仪式与民间孔子会上的仪式是由同样的主体来操演的,其核心内涵更趋向同一了,即是说,官方的仪式操演只是在规模和使用物品条件上比洞经会的仪式显得更加优越,但是核心的内涵没有太多的改变。

民间洞经会的宫观会仪式的结构,在内容和表达意义上都与官方祭孔仪式具有渊源关系。地方学者汪致敏曾经就官方化的祭孔仪式对民间洞经会的影响进行了总结:首先民间洞经会所使用的音乐,不论是形式、内容,都深深地镌刻着《大成乐》的痕迹,礼仪、乐队的排列座次,司职人员的名称、禁忌用语也与《大成乐》如出一辙;其次,清代建水文人祀物丰茂仪式所用乐曲的名称、唱词和句式分为迎神、初献、亚献、终献、彻馔、送神六个部分,与祭孔仪式的《大成乐》乐章完全一致,只不过是内容换成了"祈神降福,护佑农事"之类词语以与主题相对应;另外,还有祭孔专用的《宏儒经》也是证明孔子会受到官方推行的祭孔仪式影响的极好证据。[①] 儒学在国家制度的支持下,在民间不断扩散其影响,不仅表现在祭孔礼仪、乐章等祭祀形式进入民间信仰之中,也表现在儒学思想被民间主动地接受,深入到人们的思想和行为中,这些在洞经会成员的言行举止中均有一定程度的体现。

---

① 汪致敏:《红河民间音乐舞蹈研究》,远方出版社 2002 年版,第 170—171 页。

洞经会的会期与解放前基本相同,因为新中国成立后较长时间的断裂,恢复后的洞经会活动虽然努力遵循过去的做法,但时间、空间、社会环境以及人的因素等是在不断变化的,不可能完全重复传统,因而只能是对传统的一种再创造。

(3)建水祭孔仪式复兴过程中的洞经会

洞经会是一个集文、礼、乐、神多种神圣性要素为一体的组织,洞经会的成员和民间信众认为洞经会里的经书多是神、佛、圣人的赞美之词,要求谈演者具有一定的文化水平,另外也要求操演者精通音律,掌握娴熟的乐器演奏技巧,还要对礼仪有所了解。所以洞经会成员多为文人儒士及其后代。洞经会也一直是由文人把持,形成了"不是儒生不能入会"的格局。在明清时期,还要求入会者必须是所谓三代清白之人,不可犯有罪过,或从事一些儒家认为的低下职业,如理发匠、屠户、戏子、吹鼓手等。民国时期,因经费多由商会或商人捐助,组成人员发生了一定变化,部分商人或农民也加入了洞经会。成员结构虽已改变,但洞经会仍然保持着严格的入会制度。① 唢呐在洞经会的演奏中占有很重要的地位,但是唢呐手却只能躲在幔帐之后,因为洞经会成员认为唢呐登不了大雅之堂。这一思想现在仍然存在,一位洞经会成员说,"古乐队中请来一些疯道士(指吹鼓手),这样不合规矩,这些疯道士是吃死人饭的。"所谓疯道士指专门帮忙做丧事的人,他们是不能参加祭祀和洞经演奏的,如果他们参加具有神圣性的仪式,就会有辱圣人。

洞经会倡导"八德"(孝、悌、忠、信、礼、义、廉、耻)"五伦"(父子有亲,君臣有义,夫妇有别,长幼有序,朋友有信)。其在经坛的设置中深受儒学思想影响。以灶君寺洞经会的设置为例:大殿的左边悬挂"万天帝主",中间挂"圣德崇高",右边挂"诸佛圣师"匾额。墙上有"老有所乐"、"礼节乐和"等字样。走廊柱子有对联为"志在春秋一部书,义存汉宝三分鼎",门联为"福缘善庆乐奏钧者,谈演玉章礼遵圣兴",这些字是前任洞经会会长王国昌所写,这些门联和匾额上表现出了儒家礼、乐因素,也把对孔子的赞美

---

① 汪致敏:《红河民间音乐舞蹈研究》,远方出版社 2002 年版,第 177—178 页。

渗透其中,洞经会被深深地打上了儒家文化的烙印。

　　文革后国家政策逐渐放宽,经历了那段文化空白时期的人表现出了对传统文化的渴求,他们试图找回那些被抛弃的传统文化。洞经会的恢复就是这一时期的产物。1985年建水县文化馆组织了一批在建国前参加过洞经演奏的老人开会。这次会议的内容就是要求老人们回忆洞经会的曲谱,祭祀仪式程序等等,同时收集已经散落的相关书籍和器物,整理相关文献以恢复洞经音乐这一地方传统文化,其中当然也包括了祭孔仪式。当时在文化馆任职的张述孔①,对地方文化有着深深的眷恋与执着,在年少时就参与过洞经会的活动和祭孔仪式的操演。他怜惜已经逝去的建水地方传统文化,力倡恢复建水的洞经会和洞经音乐以及传统的祭孔仪式,得到了一些地方人士的支持,像前文所述之陈怀本和王国昌等人也积极地呼吁恢复洞经会和祭孔仪式。而这次会议就是由他主持召开的。他有国家干部与民间文化精英的双重身份,这样的特殊身份促成了洞经会的恢复和祭孔仪式的还原。

　　在开始阶段,那些老人们担心这是又一次的“文革”,他们只试着去参与,看政府的态度是否真正的重视传统文化。因为他们还没有从社会运动的惯性中解脱出来。在此前的社会运动中人们总是有一些难以忘怀的记忆,他们非常担心那一次运动所带来的影响和伤痛重现。他们对组织者的回应是:“经书已经没有了,没法做这件事情”。此后当他们发现这是一次真正的态度的转变后,他们才认识到这是不能抛弃的传统,不能忘却的根。此后,珍藏的经书、乐谱才被拿出来。曲谱在人们演奏中逐渐地调整,试图恢复到这些老人曾经排演过的样子。他们通过各种途径,还曲谱仪式和词牌以本来面目。寻找旧的经书相互传抄,到保留该经书的地方(通海)借来复印。从记忆中,找出它们曾经的模样,并且用唐诗或重写一些新词牌,将

---

　　① 张述孔:文化局干部,早年在文化馆工作,后调至文化局,爱好音乐文化活动,现年80高龄。幼年就曾参加洞经会的活动和祭孔仪式,系建水本地的老文化人。其在文化馆期间就开始收集建水文化和地方文物资料,拍摄为数众多的照片,但是多数失佚。主持参与了洞经会恢复和洞经音乐文献的整理工作。1985年首次恢复洞经会的工作就是他在其中起到关键作用。

空缺的地方补上。经过录音和恢复整理,编成《建水洞经音乐资料卷》两册。出于扩大洞经音乐影响的目的,1985 年就在建水的标志性建筑朝阳楼上进行了洞经会恢复后的首次洞经音乐表演,从此民间洞经会在国家政策允许下正常地开展起来。

同期,张述孔因参加《红河州戏曲志》的编修工作,在云南省图书馆查阅资料,看到三个不同版本的祭孔《舞颂图》,经他鉴定,其中一份与他童年时代学过的版本完全一样,鉴于祭孔仪式已经在建水消失,他便用相机翻拍,并送一套给灶君寺老年洞经会收藏,并按照图示动作及回忆亲自传授,使失传多年的祭孔乐舞得以复生。[①] 经过回忆整理,建水文化部门于1990年 2 月在文庙内组织了一次试演。当时文化局组织洞经会在文庙进行祭孔仪式,在文庙制备了乐器和表演服装。这些活动是在旅游局的旅游开发计划之列了。当时的文庙已经是建水的主要旅游景点,但只属于游览性的景点,旅游局为了增加景点的文化内涵,于是决定把祭孔仪式作为其中的一个旅游项目,逢黄金周表演祭孔仪式,在周末演奏洞经音乐。这可视为建水文庙祭孔仪式和洞经音乐表演的雏形。洞经会恢复之后,祭孔仪式也就有了操演的主体。洞经会在每年的特定时间举行他们的仪式,这其中也包括了每年一次的孔子会,祭孔仪式得以举行并保留直至今天。

但是,从断裂中还原的仪式与曾经的仪式相比产生了差别。首先,祭孔仪式的音乐没有按照文献中记载的乐谱,而是使用了洞经音乐,当然前述建水洞经音乐在历史上深受祭孔乐舞的影响,二者是交融在一起的。其次,在祭品的使用上也不同。《建水州志·祀典卷六》中对祭品种类和制作有详细记载,祭品中应该有三牲,另外需要太羹、和羹、黍、稻、梁等等 30 多样祭品,但在建水文庙的现代祭孔仪式上除了最重要的三牲、酒之外,就只有了几样水果、糖块、生葱和韭菜。另外还出现了传统祭祀与公祭并存情况。2005 年后的文庙祭孔仪式,由公祭和传统祭祀两部分组成,在公祭中县各委办局领导必须到场参加,由县领导宣读祭文,而在祭文中也体现了国家的

---

① 柯治国、汪致敏:《建水文庙——开启滇南文明的圣殿》,云南美术出版社 2004 年版,第 130 页。

存在。

明清时期，祭孔仪式中舞佾生是从州学、县学中抽调，要求是童男，面容姣好，成绩优秀。在祭孔仪式恢复之后因循同样的传统。在建水的小学中，抽选一批小学参加仪式，主要是来自建水四小。在 2005 年全球联合祭孔中，因为场面宏大，要求甚高，为了防止小孩子出现管理上的问题，就把要求舞佾生是童男的传统改变了，从中学里抽调面容清秀的女学生参加。这一改变就把女性也加入到了舞佾生的队伍中来。近期举行的 2009 年祭孔大典中，文庙管理处组织培训新的舞佾生，这批舞佾生是来自建水县第六中学的学生，大部分均为女同学。关于她们入选的标准笔者曾对他们进行过访谈，除了面容矫好之外，学习成绩优秀也是一个重要的条件，另外她们都是特长生，在音乐、舞蹈或是其他方面表现突出。虽然性别的要素不再作为入选的条件，现代的舞佾生变成了女性，但是在学业和面容上还是遵循了古制，这一底线是不能再逾越的了。正像在《丁祭严饬碑》中也有对仪式准备的相应规定，在仪式的前夜要沐浴更衣，不能宿家，不得同房等要求，这些对人纯洁性和象征性的要素还是在仪式中有所保留。舞佾生应是纯洁无染的，这被认为是对圣人的尊重。

2001 年以前，文庙的祭孔仪式由洞经会自筹经费，国家并无专款投入。2001 年以后旅游业成为建水的一项主导产业，祭孔仪式作为一项富有特色的旅游项目，由旅游局接手主办，经费也由旅游局承担。不过承担仪式的主体还是洞经会成员，他们接受文庙管理处的邀请，组成了文庙古乐队，属于建水县旅游局管理。文庙古乐队共有 25 名成员，分别从建水的各洞经会抽调人员组成，其中，灶君寺洞经会占大多数，有 13 人，设队长、副队长各一名，队长原系灶君寺洞经音乐协会副会长。文庙管理处与古乐队签订了合同，要求古乐队每周六和周日从上午 9 点到 11 点、下午 2 点至 4 点两个时段演奏洞经音乐，黄金周每天举行祭孔仪式表演，劳务津贴是每人每天 15 元，黄金周则是 20 元。文庙管理处要求古乐队按一定的仪式程序进行，既要有"礼"的过程，还要有"乐"，也就是洞经音乐的内容，以此来增加演出的文化内涵。为了满足现代旅游者的审美需要，对传统进行修改不可避免。

　　事实上,所谓传统也处在一个动态的发展过程中。在不同时代背景下,一些元素被抛弃了,同时一些新的元素被注入了。祭孔仪式本身也是一个动态的发展过程。从明代开始,建水祭孔仪式就由于战争、灾难等因素而中断,表现为与仪式相关实物的损毁,如1606年建水文庙几乎全部毁于地震,后耗金1300余两重修。在明末清初,由于战争频繁,社会动荡,人们疲于奔波,没有举行祭孔仪式的时间和条件。在战争结束后,清总督鄂尔泰采取了相应措施,重新组织建水祭孔仪式,后逐渐达到高峰。民国时期,祭孔仪式又时断时续。新中国成立后在文化大革命中被彻底禁止了,直到改革开放后,具备了相应的社会条件后才得以重新举行。现代的祭孔仪式通过对文献和记忆的重构以试图回归这一仪式的本来面目。仪式作为传统的一部分,是一个不断发展和建构的过程,我们无法追溯其原初的状态,在社会进程中也没有最终的固定形式。所以当人们根据理想中的传统或仪式来还原传统或是仪式的本来面目,使其成为客观真实时,我们努力建构出的客观真实却与所依据的理想中的完美状态发生了分化。① 这也正是一次新的发展与建构,由此形成了新的"传统"。社会学家霍布斯鲍姆在一个宽泛而不失清晰的意义上使用了"被发明的传统"这一说法,它既包含了那些确实被发明、建构和正式确立的传统,也包含了那些在某一短暂的、可确定年代的时期中(可能只有几年)以一个难以辨认的方式出现和迅速确立的"传统"。② 新的传统成为真正意义上的传统只是一个时间的问题。人们根据自己的需要重构的传统,无论真实与发明,都是与过去相关,与具有历史意义的过去有着连续性,它参照着旧的形势回应新的形式。③ 因此,所谓的真实与非真实只是人们基于某一特定的视角来对事物进行的判断和解释。④ 绝对真实的状态是不存在的。正如现在重构的传统一样,虽然已经不是几十年前的样子,与明代的本地方祭孔仪式不同,可是也没有人可以保证过去的传统就

① 彭兆荣:《人类学仪式理论与实践》,民族出版社2007年版,第347页。
② 霍布斯鲍姆、兰格:《传统的发明》,译林出版社2004年版,第1页。
③ 霍布斯鲍姆、兰格:《传统的发明》,译林出版社2004年版,第2页。
④ 彭兆荣:《人类学仪式理论与实践》,民族出版社2007年版,第347页。

是最原初的真实状态。所以记忆到仪式的转换和理想中的仪式能否复原正是在这一意义上得到解答。

3.建水祭孔仪式复兴的原因分析

祭孔仪式从沉寂的散落形式重新组合成为仪式存在不是自动完成的，它需要多种因素和条件的组合共同作用才能实现。在其复兴的过程中，我们发现有外在和内在两方面的促进因素。外在因素是指包容它存在的文化、政治和经济等社会环境，内在的因素是指民间对以儒家文化为代表的传统文化发自内心的需求，成为一种内在的动力。

（1）传统文化复兴的社会大背景

事实上，祭孔仪式是儒家文化中的一项重要内容，其体现了儒家的"礼"和"乐"思想。它的复兴不仅仅是一个仪式的再现，而是与之相关的一系列传统文化的复兴。中国传统文化是以儒家思想为核心的，但是儒家思想只是其中的一个方面，并不能代表整体的中国传统文化。祭孔仪式作为其中一部分，它的复兴是要以传统文化在人们心中的接受和再认识为基础。近年来的"国学热"、"汉服秀"等试图恢复传统文化的努力与尝试正是传统文化在人们心中地位上升的一种表现。在传统文化复兴的趋势下，祭孔仪式也产生越来越大的影响，山东曲阜就于2004年举行了首次由官方主持的公祭孔子仪式。建水的祭孔仪式也是在这样的时代背景下，从民间的孔子会变成了官方主导的仪式。但是在这样的趋势下我们要对极端的文化保守主义有充分的认识，祭孔仪式所代表的儒学产生于农业文明或封建专制的社会基础之上，如果不加鉴别、不做选择地让它发展就不是对待传统文化的积极态度，不但会影响对传统文化精华的继承，也会妨碍在新的社会背景下对新事物的学习和接受，隔绝了全球化趋势下的现代文化。①

（2）政治因素

从祭孔仪式的起源和发展来看，其最初只是孔家的家族祭祀，后在鲁哀公时代，从家祭变成了国祭。这表现出统治者为了政治和社会稳定的需要

---

① 刘少杰:《快速转型期的社会思潮与社会矛盾》，社会学视野网 2007 年 7 月 6 日。http://www.sociologyol.org/yanjiubankuai/xuejierenwu/liushaojie/2007 - 07 - 06/2752.html

推行儒家的思想。祭孔仪式正是统治者对儒学推崇的象征仪式。以儒家为正统思想的状况自汉代始,到清末终,延续了两千多年。始自明代的建水祭孔仪式也正是这一思想的产物。但是随着社会制度的更替,儒家学说被定性为封建思想,批孔的运动达到了高潮,祭孔仪式也被当作了封建迷信而被禁止,成为了过去,成为了文献中的文字和人们心中的记忆。改革开放后,特定时期的政治运动成为过去,人们开始去发现过去批判和抛弃的传统。这样才有了80年代中期在建水文化馆召开的那次会议,老艺人们才有机会去重新回顾那些过去唯恐避之不及的经书和乐器。没有适当的政治环境,就无法形成这一仪式复兴的条件。十七大报告指出:"中华文化是中华民族生生不息、团结奋进的不竭动力。要全面认识祖国传统文化,取其精华,去其糟粕,使之与当代社会相适应、与现代文明相协调,保持民族性,体现时代性。加强中华优秀文化传统教育,运用现代科技手段开发利用民族文化丰富资源。加强对各民族文化的挖掘和保护,重视文物和非物质文化遗产保护,做好文化典籍整理工作。加强对外文化交流,吸收各国优秀文明成果,增强中华文化国际影响力。"一方面,国家对传统文化的认可与重视,为传统文化的发展提供了更广阔的生存空间,传统文化在自身的发展过程中进行调整以适应社会主义新时期的需要;另一方面,在社会主义现代化建设过程中我们无法抛弃传统文化,这是安身立命之本。

(3)民间信仰

如果说政治因素是祭孔仪式复兴的前提条件的话,那么民间信仰就是其生存的必备条件。在祭孔仪式正常举行的时期,正是民间的力量把这一仪式支持和传承下来。而在断裂之后,还是民间信仰的力量把这一仪式保存在其深厚的信仰土壤之中,才使得它的复兴成为了可能。在民间有两个群体支持着这一仪式的存在:洞经会和民间信众。洞经会成员操作这一仪式,通过仪式为信众达到他们的愿望,洞经会成员不一定具有信仰,但是他们通过仪式得到了心灵上的愉悦;而民间的信众则更多的是为了他们祈求平安、学业有成、事业顺利等功利性目的。

(4)经济发展需要

旅游业在国内兴起后，拥有特色旅游资源的地区争相开发自己的旅游产品以吸引更多的游客，从而刺激地方经济的发展。从旅游的食、住、行、游、购、娱等六大要素可以看到旅游在推动地方经济发展中发挥着强大作用。因此，拥有着独特自然和人文旅游资源的建水早年就把旅游列入了经济发展的四大支柱产业。随着旅游层次的上升，其旅游产品构成已经从过去的自然旅游资源向人文旅游资源转变。主打"孔子文化节"的品牌成为建水闻名全国的重要步骤。而其中祭孔仪式的核心地位不容忽视。地方政府为经济发展而挖掘地方的传统特色，使祭孔仪式成为一项独特的旅游资源。这本身是一种因发展经济需要而作出的政府行为，但是这在另一方面使当地的祭孔仪式达到了前所未有的规模，使地方传统文化得以发展和复兴，人们重新认识到传统文化的重要作用。

（四）儒家文化与建水旅游

改革开放以后，现代旅游业在我国蓬勃发展。云南蕴含着极其丰富的旅游资源，作为典型的旅游大省，经历了从"接待事业型"到"一般产业型"，再到"支柱产业"的转型。1987年，建水县第一个旅游景点燕子洞开放，这成为建水旅游业起步的标志。此后，建水旅游业发展不断发展，先后形成了文庙、朱家花园、团山民居、临安古城等重点旅游景点，并经历了从自然观光旅游到人文风光旅游的转变。以燕子洞景区为主要旅游产品的观光旅游时期，有着与此相应的品牌策略，即建水燕窝节。后来在本地区同类旅游产品的竞争下，自然观光旅游逐步衰落，建水依托独特的儒家文化资源重新打造旅游品牌，以建水文庙为代表的儒家文化旅游成为推动建水旅游持续发展的生力军，与之相应的品牌策略也变成孔子文化节。这一转变发挥了建水的资源特色优势，一个地处边缘民族地区的小城有着深厚的儒学渊源，在参与全球联合祭孔的活动中，建水成为世界瞩目的焦点。

1. 建水旅游业的起步与转向

由于建水深厚的历史底蕴、丰富的文化遗迹和优秀的自然风光等方面的独特优势，1987年10月16日被云南省政府公布为第一批省级历史文化名城,同年 12 月 20 日在省建委主持招开的风景名胜区评审列级会上被确定为云南省第一批省级风景名胜区。以此为契机,建水县政府出台了《建水历史文化名城保护规划》、《建水风景名胜区总体规划》,《燕子洞风景名胜区详细规划》等一系列规划措施,开始把旅游作为发展地方经济的一项产业来运作。旅游业被正式提到地方政府的议事日程中来。

建水旅游业的起点是燕子洞风景区,这是建水开发较早,运营成功的一个景点之一。1986 年投资 350 万元,实施燕子洞一期建设项目,建成洞口吊桥、建成洞口至左天街游路、安装了洞内照明设施、修筑了三景区水坝蓄水行船。1987 年燕子洞正式对游客开放。此时虽只是简易开放阶段,但在之后的十一个月里就接待了省内外游客 25 万余人次。此后又投资约 80 余万元进行了水电及景区附属设施的建设,使燕子洞奠定了在建水旅游业发展初期的重要地位。到 90 年代初,燕子洞已成为云南省知名的旅游景区,在 1990 年曾创下单点年接待 48 万余人次的记录。

与燕子洞景区开发相伴策略是打造"燕窝节"品牌,这成为建水旅游业发展阶段的标志,代表着那个时代观光旅游的发展特征,燕窝节的时代一直持续到 2004 年。在 2004 年的燕窝节的内容设计中我们已经可以发现人文旅游的趋向了。

表 12   1987—2004 年旅游接待情况表

时间\指标	游客总数		海外旅游者		国内旅游者		旅游总收入	
	万人次	增长%	人次	增长%	万人次	增长%	万元	增长%
1987	25.7		~	~	~	~	26.9	
1988	29.6	13.18	~	~	~	~	41.2	
1989	38.6	23.32	~	~	~	~	179.6	
1990	48.3	20.08	~	~	~	~	224.9	
1991	34.9	-38.4	~	~	~	~	191	
1992	27.9	-25.09	~	~	~	~	188	
1993	21.9	-27.4	~	~	~	~	171	
1994	20.3	-7.88	~	~	~	~	179	
1995	17.5	-16	~	~	~	~	244	
1996	15.3	-14.38	~	~	~	~	237	
1997	13.5	-13.33	~	~	~	~	267	

1998	39	65.38	1793	~	~	~	1400	
1999	36	−8.33	2700	~	~	~	6572	
2000	37.3	3.49	895	~	~	~	13148	
2001	44.5	18.6	3050	6.76	44.2		14148.1	1.81
2002	57.65	28.69	4725	54.91	57.8	28.49	17753.3	13.48
2003	65.45	12.31	4450	8.03	65	12.34	20326.2	13.8
2004	80.35	22.76	5037	13.19	80.35	22.83	25115.1	23.56

资料来源:建水县旅游局:《建水县旅游产业发展情况汇报》2008年。①

1988年8月8日,燕子洞风景管理处举办首届"燕窝节"并获得成功。于是每年的8月8日"燕窝节"成为建水旅游业的一个传统的项目。由于旅游是一项有别于传统消费方式的活动,它提供的产品有着自身的特征,那就是异地性消费,也就是旅游者只有到了旅游目的地才能够消费旅游产品。因此旅游在推动人员流动的同时,促进地方与外界在文化和经济上交流。所以"燕窝节"以这样的节庆活动为载体,在其背后是与经济发展和文化交流的活动,如商品展销、招商引资等。

在燕子洞成功开发之后,建水文庙于1988年列入了修复的名单中,在县政府提交的《关于拨款修复建水文庙的请示》中已经明确提出为了适应"改革开放和旅游业发展的形势",需要对文庙进行修复,同时把设置在文庙中的建水一中迁出和调整。朱家花园于1990年政府收回作为景点开发开放,投资38.6万元,对花园大门、水上戏台、宗祠、水塘进行维修、改造、清理,于1991年8月对外开放游览。此时建水燕子洞是建水旅游业的主打旅游景点,文庙只是作为一个附属和补充。建水旅游业的重点还是在燕子洞的开发上,其实这与此时的旅游业的环境是有很大关系的。此时我国的旅游业还处于发展的初期,产品比较单一,只是以观光旅游为主。而建水旅游业中对燕子洞观光旅游产品的开发也正这一时代特征的反映。并且文庙直到2000年正式对外开放,这也就是建水的旅游业转向的结果。这样的结果与我国旅游业发展和传统文化复兴密切相关。

在1991年以后建水游客的增长就呈现出下降的趋势。这一方面是因

---

① 1998年以前数字为燕子洞单点景区接待量和收入。

为在旅游发展的初期旅游产品单一，单纯的观光旅游不能使旅游可持续发展，根据风景区的生命周期理论，风景区的生命周期可以分为三个阶段：发现开发阶段，发展巩固阶段，停滞衰落阶段或经开发新产品而复兴。建水旅游业发展初期的主要产品是燕子洞景区，这在一定时期内具有良好的发展势头。此时建水的客源市场主要是在省内，旅游要可持续发展就要依靠省内的回头客。但是由于产品结构单一，只是观光旅游的话，对回头客的吸引力不是很大。因此燕子洞在开发之后就很快进入了衰落阶段，风景区的发展快到尽头了。另外一方面是旅游产品有着可替代性。在滇南地区主是KARST 地貌为主，所以这一地区旅游业兴起以后，其主打产品都是溶洞旅游，如卢西县的阿卢古洞，弥勒县的白龙洞等，当然这些溶洞旅游还是以建水燕子洞的较为典型和价值最高，但是由于旅游产品的可替代性，建水旅游业的客源市场被其他地区的同质性景点分割。从建水县旅游接待的统计表中可以看到，在1994 年到1997 年之间游客数量的锐减，这是一直处于初期单一产品造成的困境中。

1994 年1 月，国务院批准建水为第三批"中国历史文化名城"、"国家重点风景名胜区"，这为建水重新定位旅游发展方向提供了出路，虽然此时的建水旅游业正处于低谷，进行着痛苦的摸索和转型。1998 年县委、县政府提出了旅游带动发展战略，把全县旅游发展摆在了重要的位置。借着来年在昆明举行的世界园艺博览会的春风，建水旅游业摆脱了阴霾，走向了新的发展。

1998 年10 月，建水朱家花园二期修缮及园林恢复工程项目被列为云南省的第一期精品旅游项目，共投入819 万元对朱家花园进行全面修缮和后花园重建。为进一步提升景区品位、完善服务设施，朱家花园启动了三期项目，并完成了《朱家花园三期建设项目可行性研究报告》、《朱家花园三期建设工程修建性详细规划》编制和评审。1999 年朱家花园被定为昆明世界园艺博览会精品景点，1999 年文庙启动修复工程，至2001 年6 月30 日止，投入资金750 万元完成了二贤、乡贤、名宦祠、玉振门、金声门、棂星门等古建筑修缮及恢复重建工程。2003 年燕子洞成为国家4A 级旅游景区，这为建水旅游发展注入了新的活力。

2003年县第八次党代会提出了建设"新型工业强县、文化旅游大县、特色旅游强县"、实施"旅游带动战略、城市化战略、科教兴县战略"和"项目支撑"的发展思路,明确了旅游产业的支柱地位。2003年红河州人民政府建水旅游产业建设现场办公会确定了"发挥名城优势,突出古城特色,展现边地儒文化,建设国际旅游城市,带动相关产业发展"的总体思路,准确定位了建水旅游的发展思路。至此建水文化旅游的基础已经夯实,虽然还是主打燕窝节的品牌,但是我们发现在这些产品的设计中已经有了后期儒家文化旅游的雏形。

2004年"燕窝节"期间仍然有传统燕子洞徒手攀岩采燕窝绝技表演,并举行了大型的商品展销会,依然是以"商品展销为基础,以招商引资为重点",但是却有了更多的文化旅游产品,以文化内涵填充,提高旅游业品味的策略已经开始显露出来。这次"燕窝节"包括了以下内容:"建水之夜"大型演唱会、建水文庙祭孔礼乐表演、朱家花园民族民间歌舞表演和清代盛装展演、百部优秀电影展播等系列活动。这次"燕窝节"的规模、层次和文化内涵已经超越了以往的历届,为此后的旅游业转向做出了铺垫。这些活动的设计就在着力打造"中国历史文化名城"和"国家重点风景名胜区"两张文化品牌。文庙的祭孔表演已经开始走上建水文化旅游的舞台。到2004年为止,建水旅游产业进入快速发展的轨道,由此从促进旅游交通、旅游住宿、旅游商品、旅游购物、旅游消闲等相关领域的成熟与提升,拓宽了建水第三产业的发展空间,社会经济的全面发展。

2. 全球联合祭孔中建水儒家文化旅游的发展

2005年全球联合祭孔可以说是全球华人值得纪念的事件。9月28日上午,曲阜孔庙隆重举办的祭孔大典活动,在全球各地产生了广泛影响。全球祭孔仪式以山东曲阜孔庙为主要祭祀点,国内的一些儒学渊源较深厚的地区:上海嘉定、浙江衢州、云南建水、甘肃武威、香港、台北等地的孔庙也设立祭孔点。儒家文化不仅在中国有着深厚的影响,它已经从中国走进了亚洲的儒家文化圈,走向全世界。韩国汉城、日本足利、美国旧金山、德国科隆、新加坡等全球十多个城市和地区联合举行祭孔仪式。这次全球联合祭孔的活动由联合国教科文组织主办,中央电视台新闻频道现场直播,可谓是规模宏大,盛况空前。

2005 年是建水旅游业发展转型的关键时期,从过去的观光旅游向文化旅游转变的分界点。2005 年,建水作为中央电视台现场直播的全球联合祭孔分会场之一,成功举办了第一届"中国红河、建水孔子文化节",这一次以儒家文化为主打品牌的活动将建水推到了世界的视野中。

在"2005 全球联合祭孔"活动中,建水的定位是"以文化旅游活动为重点,弘扬优秀传统文化,全力打造人文建水,努力构建和谐社会。"整个活动分为:祭孔系列活动开幕式暨大型文艺晚会、祭孔仪式、"儒家文化与和谐建水"思想论坛、民族歌舞表演、"古城之旅"娱乐项目等文化旅游活动及商品交易会几部分。① 同时祭孔大典活动作为文化节的核心内容,要"尊崇传统规制,把展示祭孔的盛大历史场面与地方特色结合起来,通过服饰、祭器等形成良好的视觉效果。对于祭孔服饰也有特殊的要求:乐工、歌工、舞佾生、仪仗人员着明代服装,鼓锣队着彝族、哈尼族服装。"

建水的孔子文化节自 2005 之后就形成传统,每年的 9 月 28 日为固定的节日,迄今已经成功举办了四届。虽然每届活动的内容有所不同,但其宗旨却是一样的,即以文化为主打,通过举办大型文艺晚会、大型祭孔仪式、旅游文化活动等系列活动,展现建水悠久的历史文化,突出丰富的旅游资源优势,通过旅游和商贸活动促进地方的发展。

2006 年的建水孔子文化节也遵循着同样的思路,以"海峡两岸同祭孔"为契机,将"传承传统文化,升腾本土文化,对接先进文化"的理念贯穿筹备工作的始终,目的在于"大力弘扬优秀孔儒文化,强力宣传推介建水,提升建水文化旅游品位,打造建水文化旅游品牌"。建水第二届孔子文化节活动主题为"祭华夏万世宗师,展建水千载文明",集儒家文化和边城庆典两方面的文化内容为一身,开展了一系列的活动。

---

① 建水县旅游局:《2005 年中国红河? 建水孔子文化节总体活动方案》,2005 年。

　　文化活动从文艺演出到传统文化的展演都有所涉及。以"千年建水,儒韵荟萃"为主题的大型歌舞晚会,邀请了国内许多知名演员和歌手到建水演出。文化开幕式暨建水建城一千二百年庆典仪式,大型彩车文艺巡演、海峡两岸同祭孔、"金临安"大型商品展销、"滇南邹鲁"文化商品街、"今夜星光灿烂"焰火晚会、"激情建水"歌舞晚会等,另外还编辑《往事越千年》大型画册,举行建水第二届紫陶传统工艺技能竞赛,铸造了"元和"大钟,开展了纪念建水建城一千二百年美术和书法展、评选了一千二百年来对建水经济、社会发展产生过重要影响的"建水十大历史事件和建水十大历史文化名人",建立建水建城一千二百年大事碑记,这六大文化艺术及旅游宣传活动有效地充实了建水儒家文化旅游的内涵。[1] 由此打造"燕归古镇、斯文人家"文化旅游品牌,以此为主要旅游资源,加强对外宣传,积极与新闻媒体合作,形成强劲宣传攻势。并辅以重点旅游景区项目开发建设和配套设施建设,旅游设施日趋完善。

　　由此建水儒家文化的旅游模式逐渐成熟,形成了建水特色的旅游产品和服务体系,这促进了建水的经济发展,也提升了建水的文化内涵和知名度。旅游收入指标位于红河州之首,游客数量逐年上升(见下表)。建水成滇南旅游的中心城市,引领滇南地区的旅游业发展的方向。

表13　建水县2005－2008年旅游接待统计表[2]

时间\指标	游客总数		海外旅游者		旅游总收入	
	万人次	增长%	人次	增长%	亿元	增长%
2005	90.73	12.92	5800	15.13	2.86	13.69
2006	104.58	15.17	6700	14.94	3.34	16.85
2007	139	32.91	10963	64.49	4.39	24.23
2008	166.9	20.10	15364	40.14	5.62	15.82

　　[1]　建水县人民政府:《中国红河·建水第二届孔子文化节暨建水建城一千二百年庆典活动实施方案》,2006年。

　　[2]　建水县旅游局:《建水县旅游产业发展调研报告》,建水县旅游局2008年。

3. 建水的旅游产业和支持系统

(1)建水旅游资源与旅游业定位

建水虽然处于西南边陲,群山环绕,却是一块人杰地灵的宝地,有美丽的自然风光,还有悠久的历史和灿烂文化。这里世代居住着彝族、苗族、哈尼族等为数众多的少数民族,他们各自拥有独特的民族文化。在中原汉族迁到这里之后,与地方的少数民族文化碰撞,相互交融,形成了建水多元和并蓄的独特地方文化。

建水包容了太多的美好事物,来到这里的游人常常会惊叹于这里星罗棋布的古建筑、古民居、古桥、古井、古塔等数量众多的文物古迹。在全国也可以排得上名次的大型文庙自不用说,它与保存完好的学政考棚一起见证了建水儒学教育的昌盛和科举中取得的辉煌。朝阳楼、纳楼土司署等建筑则在诉说着这里与中原之间密切的关系。朝阳楼建于明代,是明代在这里驻军之后修建的,它是中原文化传入建水的结晶。纳楼土司署则是中央王朝在这里设立土司制度以管理当地少数民族的产物,同样成为中央王朝政治力量在边疆少数民族地区发挥作用的证明。正所谓“普天之下莫非王土,率土之滨莫非王臣”。建水朱家花园作为滇南较大的私家园林被誉为“滇南大观园”,它成为滇南民居建筑的典型代表,还有被列入世界纪念性建筑遗产保护名录的大型古民居群团山村,像这样保存完好的民居建筑在县城各处均有分布。建水丰富的宗教文化可以在近百所的寺庙中找到痕迹,这些古代寺庙以建于元代的指林寺为代表。民间曾流传着这样的谚语:先有指林寺,后有临安城。建水就像是“古建筑博物馆”和“古民居博物馆”,以一种鲜活的方式,把这些古代的记忆传承下来,成为我们后人的物质和精神财富。如果信步游走在古城之中,就可能在任何时间产生发现建水文化意义的惊喜。文物古迹与人文风情构成了建水主要的旅游资源,而这些丰富的文化资源和美丽的自然风光,奠定了建水文化旅游产业发展的基石。

建水拥有着丰富的旅游资源,旅游业发展的空间和潜力巨大。但由于资源太多,而且分散,资金不到位等多种原因,许多旅游资源尚未得到很好的开发和利用,到目前为止比较成熟的景点如下表所列。

表 14　建水主要旅游景点简况表①

景区名称	简 介	文保等级	景区等级	景区现状
燕子洞风景区	燕子洞风景区以古洞奇观、春燕云集、钟乳悬匾、采燕窝绝技等独特景观著称于世。洞外古树名木生于绝壁悬崖之间，洞内外岩壁上巢居着数十万只白腰雨燕，燕子洞因此得名。	无	国家4A级景区	燕子洞风景区2002年底通过ISO9001、ISO14001国际质量、环境体系认证。2006年再次通过两个体系的复评。2003年12月25日被国家旅游局公布为AAAAA级旅游景区。目前燕子洞外配套景观工程规划已编制完成并通过专家评审，总投资3160万元，目前正在做项目前期准备工作。该项目将使燕子洞逐步由单一的观光型向观光、休闲、度假综合型产品转变。
朱家花园	朱家花园有"滇南大观园"之称，整座建筑包括家宅和宗祠两个部分，占地面积2万余平方米，其中建筑面积5000多平方米，是一组规模宏大、建筑风格独特、富有滇南私家园林韵味的民居建筑。	省级	国家3A级景区	2002年底通过ISO9001、ISO14001国际质量、环境体系认证。2006年再次通过两个体系的复评。目前朱家花园三期建设项目总投资3007万元，我县将力争尽快完成项目拆迁工作，启动朱家花园三期建设项目第一片区——民俗体验区的建设，进一步完善朱家花园旅游服务设施，提升景区形象。
文庙	建水文庙始建于元朝至元二十二年（公元1285年）。经历代50多次扩建增修，占地面积已达114亩，其现有规模、建筑水平和保存完好程序，都仅次于山东孔子家乡的曲阜孔庙和北京孔庙。	国家级	待评国家4A级景区	2002年底通过ISO9001、ISO14001国际质量、环境体系认证，2006年再次通过两个体系的复评。2005年通过招商引资完成文庙出口区项目建设，同时完成文庙内部环境整治工程。2006年启动文庙国家4A级旅游景区申报工作，2006年9月通过州旅游局初评，目前正在积极准备迎接省、国家旅游局的最终评定。
团山	团山民居位于建水县城西13公里处的团山村，建于清朝末年，是一级以汉民族建筑风格为主体的建筑群体。	省级	被列为世界纪念性建筑保护基金会保护名录项目。	现存有完好的传统民居15所和古寺、庙、祠6处，其建筑质量、完好程序和文物价值堪称中国古民居建筑中的一绝。团山历史文化名村保护及开发项目规划已通过评审，并完成张家花园大门外附属工程、张家花园和东、西、北寨门、张氏宗祠等一期工程。目前正在做团山民居社会主义文化新村建设项目的申报及前期工作。
朝阳楼	朝阳楼是唯一保存至今的临安古城四大城门楼之一的东门城楼，雄踞今县城中心，形同北京的天安门城楼，故有"小天安门"之称。	国家级		
曲江温泉	曲江温泉距曲江街5公里温泉含有适量的硫磺、矿物质、微量元素和放射性气体，对多种疾病有良好治疗作用。			目前正在进行温泉度假区二期项目建设，将曲江温泉打造成一个省内一流、国内知名的集度假、休闲、娱乐、康体、会议于一体的综合性温泉旅游度假区。

① 　建水县旅游局：《建水旅游发展概况》，2007年。

　　基于建水自身的资源情况和旅游资源开发的状况，建水旅游业以文庙为核心，依托当地丰富的儒家文化旅游资源，打造"燕归古镇、斯文人家"、"旅游胜地、休闲之都"为品牌形象。厚重的地方文化沉积如边地儒家文化、民族风情、民俗文化、宗教文化成为建水旅游业发展的重要资本。但是优秀的旅游资源还是需要正确的开发和利用，进行适当的定位和制定正确方向势在必行。在这样的思路指导下，才能开发和培育精品化、特色化和多样化的旅游产品，在此基础上调整旅游产业结构，达到提升旅游产品层次的目的。

　　"燕归古镇，斯文人家"的形象定位，高度概括了建水主要旅游资源的特色与内涵。从建水早期溶洞旅游到后来的儒家文化旅游，都可以在这样的定位中找到影子。从建水旅游业发展的历程可以清晰的看出，虽然早期观光旅游发展非常迅速，但很快就进入了衰退期。相比之下，后来的儒家文化发展更为持久。从 2005 年以后的旅游业人数的增长和旅游收入的攀升，可以看到建水旅游业文化转向和定位的正确性。

　　文化旅游的内在意义就在于其文化价值的体现。体现文化价值就要把旅游产品文化内容通过一定的形式表现出来。旅游产品的本身文化内涵就可以达到这一效果。另外，也需要营造具有与文化旅游产品相配合的旅游环境和氛围。在建水旅游业发展过程中，与此直接相关的一个事情就是整个古城风貌的打造，这与建水旅游业定位相匹配。在"老城古典化，新城特色化"总体思路的指导下，全面恢复临安古城风貌，对城区的主要街道和古城历史核心区域的修缮和历史性恢复，这样的举措提高了建水文化旅游的内涵和层次，带动全县旅游资源的整体开发。从建水县副县长丁昆的《打造和谐文明建水城 增强人民幸福满意度》文中可以看到这一过程的全貌。

　　　　通过对翰林街、临安路传统风貌保护与恢复，形成以临安路、翰林街历史风貌为东西南北主轴的青石板路面、管线铺设入地、特色路灯和建水原生树种美化亮化、传统民居挂牌保护、临街建筑立面保护与恢复、高层建筑实施降层处理的优美古城。临安路贯通古城东西长 1.8 公里，是古城的核心历史街区，将保存完好的中国第一文庙——建水文庙、滇南第一寺——指林寺、中国保存最完好的科举考场——学政考棚、雄镇东南的明临安卫城东城楼——朝阳楼等一大批具有重要历史价值的古建筑群体像红线串珠般连在一起，成为建水古城历史文化价值含金量最高的一条历史街区，是外围进入建水古城的第一道门户，是建水古城最直观的外在表现。翰林街与临安路毗邻，是古城南北主轴线，南连临安路、北接新区，是古城历史街区的重要组成部分，改造后的清式风貌街全长606米，由53幢具有清代建筑风格特色的单体建筑组成，建筑群体采用青砖、灰瓦、白墙，错落有致，青石地板精心设计，进一步体现了它深厚的历史文化内涵。街区内有西南第一私家园林——朱家花园、翰林府等一大批古建筑、古民居，成为了建水古城区内一颗耀眼的明珠。

古城保护与恢复向纵深推进。完成临安路节点建筑显灵坊、两迤锁钥坊景观建设，并实施了如梦如幻的灯光工程，突破了过去工程景观灯单一的形式，增加了牌坊的艺术性和灵动性，为古城风貌再添新景观。西城楼复建工程预计总投资515.58万元，已完成主体工程量的80%。通过不懈的努力，一条极具建水特色的传统风貌街已初步展现在世人的面前。古城风貌保护与恢复建设工作向临安路周边历史街区延伸，完成了茭菇塘街长181.3米，宽6米的道路传统风貌恢复改造工程。在建设中，力争集优美的绿化、璀璨的灯光，具有文化品位的街道和独具特色的建筑式样于一体，展现"古城古典化、新区特色化"的城市建设思路，通过对重点项目的实施，极大改善了我县基础设施，有力地促进了我县的城市化进程，彰显建水历史文化风情，提升城市品位和档次。①

建水县政府对改造后的街道重新命名，希望借此体现建水的历史文化

---

① 丁昆:《打造和谐文明建水城 增强人民幸福满意度》，云南干部教育网，2008年4月24日。http://www.ynce.gov.cn/ynce/site/main/article004.jsp? ArticleID=20524

内涵。如建水老城区的东西走向主街道"建中路"更名为"临安路","临安"本是建水从元代到清代的地名,后因与浙江的临安县重名而更名。把这条路命名为"临安路"意指建水在科举时代"临半榜"的辉煌。建水重要景点朱家花园所处的"建新街"也更名为"翰林街",因为"翰林府"坐落在这里,这座大院里曾经有过"一门三进士,兄弟两翰林"的佳话,也算是儒家文化在建水生根发芽的一个佐证了。

文化旅游的开发不是仅仅停留在具有文化意义的几个景点的打造上,从更大的意义上来看,与文化旅游景点相关的一系列周边环境也是影响旅游者感受的重要因素。其实,建水古城本身就是一个更大的景点,只有将文化旅游作为整体进行开发,才能在宏观上把握旅游发展的方向。在旅游开发过程中,应使文化内涵和器物载体有机结合起来,这样的文化旅游才是名副其实的,才能具有更高和更远的价值与意义,而不是喊着文化口号,却仍然只从事观光旅游活动。

(2)旅游支持系统

旅游支持系统是指为了满足旅游者的旅游需要而提供相应服务的旅游相关行业所构成的关系总和,这一系统包括了食、住、行、购、娱等要素。旅游业的支持系统应该还包括行政资源的支持,这是旅游业顺利运营和发展的主要保障,旅游业涉及到了多方主体和多种利益关系,所以就需要行政资源支持来完成这样的工作,由此作为地方政府代表的旅游局就成了这个旅游支持系统中的要素之一。建水旅游业的支持系统与旅游业的发展相始终,也经历了由小到大、由弱到强的发展过程。

①旅游交通

建水是滇东南重要的交通中心之一,具有明显的交通区位优势,是红河州连接昆明、玉溪等地的枢纽,也是连接州内个旧、开远、蒙自等城市的重要通道,并与有"世界一流田园风光"哈尼梯田的元阳县毗邻。2004年以前,建水落后的公路交通状况一度成为当地经济发展和旅游可进入性的"瓶颈"。自从2004年11月后,通海到建水的高速公路通车,游客可以乘车从昆明通过高速公路到达建水,所需时间从过去的6个小时减少到3个小时。

另外,从鸡街到石屏的高速公路也于同期通车,成为通往国家一级口岸河口和越南的主要通道之一。这里主要干线的通车大大提高了建水作为旅游目的地的可进入性,带动了州内元阳、石屏、个旧、蒙自、屏边、河口、弥勒旅游发展,并逐步辐射玉溪、文山等地,旅游辐射带动作用逐步显现。

表15　建水公路交通里程情况表①

起点	目的地	里程(公里)	公路情况(公路等级)
建 水	昆明	198	建水(高速)→通海(二级)→玉溪(高速)→昆明
	玉溪	98	建水(高速)→通海(二级)→玉溪
	通海	62	高速
	曲江	38	高速
	燕子洞	23	高速
	团山	13	三级
	蒙自	80	高速
	个旧	78	高速
	开远	89	高速
	元阳	81	三级
	红河	138	建水(高速)→石屏(三级)→红河
	绿春	228	三级
	河口	235	鸡街(二级)→蒙自(二级)→屏边(三级)→河口
	弥勒	161	建水(高速)→开远(二级)→弥勒
	泸西	212	弥勒至泸西(二级在建)
	石屏	44	高速
	屏边	154	鸡街(二级)→屏边
	金平	239	三级

②旅游住宿

随着建水旅游业的发展壮大,建水旅游住宿业规模的档次也随之扩展和提高,至2007年为止,建水有各类酒店、宾馆、招待所共130余家,床位

① 建水县旅游局:《建水旅游发展概况》,2007年。

8350 余个,其中有星级饭店 7 家,客房 473 间、床位 902 张。在建水旅游住宿行业中,值得一提的是朱家花园旅游特色客房,这是在 1998 年的朱家花园修复改造中的一个创新项目,共设客房 28 间,床位 39 个,分别命名为梅馆,兰庭,竹园,菊苑等,室内摆放体现清代风格的云木雕刻仿古家具,入住的客人可以在还原的历史场景中体验百年大家族的起居生活,别有一番滋味。

③旅游购物

建水的地方特色旅游商品有燕窝系列产品、民族织染、民族银饰品、建水紫陶和采用紫陶包装的酱菜食品等。紫陶是中国四大名陶之一,具有"色如铜,声如馨,亮如镜"的特点,有"陶中一绝"的美誉,曾在巴拿马国际博览会中获奖。在思茅举办的首届中国普洱茶展销会上亮相后,吸引了众多国内外茶商。哈尼梯田茶具和云南"三宝"汽锅等工艺品更具收藏价值。这些是建水比较成熟的旅游商品,在各大商场和超市均能购到。整体而言,建水的旅游商品虽然具有一定的地方特色,但是还没有打出自己的品牌,形成产业性发展。

④特色餐饮

伴随旅游业的兴起,建水的餐饮业也呈现出繁荣的趋势,形成了一批具有地方特色的餐饮单位。除了提供一般家常菜肴之外,还为旅游者提供地方特色菜品,如:汽锅宴、过桥米线、哈尼族彝族风味小吃、建水烤豆腐等。在旅游需求下,地方的传统菜肴已经在原来基础上发展出了更多花式,形成了一项更有丰富内涵和厚重的餐饮产品。建水有名的汽锅鸡,就是用地方特色的紫陶汽锅采用蒸的技法制作而成,如今运用同样的制作方法,用不同的原料就形成了田七汽锅鸡、汽锅鸽子、汽锅蒸肉、汽锅江鳅、汽锅排骨、汽锅肉卷、汽锅鱼、汽锅燕窝稀饭、汽锅菊花蛋、汽锅鲜肉草芽汤、汽锅豆腐等 15 道主菜,并组成著名的建水汽锅宴。而闻名全国的过桥米线,已在深度上进行拓展,发展出牛肉过桥米线、红烧肉过桥米线、三线肉过桥米线等数十个系列品种。另外,分布于全县各处的建水烧烤也是游客不能错过的美味,就着地方的特色作料,边吃着各种烤制的食品,边与摊主聊天,体味着这里的地方民风，别是一番滋味。在建水已经了形成了一批以地方风味为主题的餐饮单位，如以汽锅宴为主打的临安酒店，以回族风味为特色的阳阳酒店，以建水风味为特色的干巴酒楼、以哈尼风味小吃为主打的集味村、以过桥米线为特色的供销酒店和临安饭店，等等。

⑤娱乐

建水的娱乐主要有酒店、景区提供的各种娱乐设施、项目。建水在滇南地区来说相对发达，这里的许多内容是与外界同步，娱乐生活也具有一些同质性。但是游客来到这个地方，不是要去一个异地体验与自己的常住地相同的娱乐方式，如卡拉 Ok，酒吧等。当然，这些一般的娱乐方式在建水这样一个旅游较发达的地区也是司空见惯的事。但这些不能体现建水的魅力，最有特色的项目应该是展现建水的民间文化和民族风情的地方小调表演。夜晚时分游客可以去欣赏独特的建水小调。朱家花园金临安茶苑就定时演出《妥底玛侬》，这里集茶艺、建水小调、民族歌舞、服饰表演为一体。朝阳楼原汁原味的建水方言小调《临安妹子》也是建水特点的一项。其实在这个地方还有一种别样的娱乐方式，如游客在闲暇之余可以漫步古城古街古巷，在朦胧中依稀地去感觉那些经历沧桑建筑，品味建水历史文化气息，这更能体会那种历史和精神的回归，旅游的境界也莫过于此了。

⑥行政资源的支持——管理与协调

建水旅游起步的早期，旅游产业较小，产品单一，所以旅游业行政管理的工作是由下属于建水县建设局的燕子洞风景区管理处来承担。自1998年后，由于旅游业发展迅速，为适应越来越多旅游行政管理工作，单独成立了建水县旅游局。首先，它是旅游业发展方向的引导者；其次它是旅游业运营的监督者；最后它是业已经形成正常模式的维系者，同时他又要接受地方政府、人民群众和旅游者的监督。建水县旅游局的职责如下：

　　一、编制建水县旅游业发展的中长期规划和年度计划；拟定全县旅游业管理的实施意见、规章制度并督促实施；负责全县景区景点、旅游（涉外）饭店、旅行社、导游队伍、优秀旅游城市创建、旅游安全管理工作。

二、拟定境内外旅游市场开发战略。组织和协调全县旅游宣传促销活动。

三、组织全县旅游资源的调查、开发与保护,指导全县旅游区域、旅游景点、旅游度假区的规划开发建设;负责全县旅游开发项目的宏观调控和管理,积极组织旅游项目储备和申报;指导旅游业的社会投资和利用外资。

四、组织制定旅游住宿、景区景点、旅行社、旅游车船的设施标准和服务标准,受理旅游者投诉和行政管议;实施旅游行政执法,倡导全县旅游行业精神文明建设。

五、负责实施旅游统计;组织旅游教育、培训工作;负责局机关的人事、档案、劳动、党群工作。①

另外,建水县旅游局在景区设置了投诉点,还在官方网站、各宣传册子上发布了投诉电话,通过这样的形式把游客与旅游局直接联系了起来,充分发挥了旅游局的监督管理职责。

正是儒家文化旅游品牌之下,建水县把一系列的旅游资源和相关的支持系统整合在一起,形成了具有滇南民俗风情的旅游产品,提供给来自五湖四海,全国乃至世界各地的旅游者。地方经济和社会发展的同时,旅游者也体会到了浓郁的民族风情和具有边疆社会特色的儒家文化,从而形成了游客快乐而归,地方经济得到发展的双赢局面。

4. 媒体与建水旅游形象的打造——"燕归古镇,斯文人家"

旅游形象是一个旅游地给游客的整体主观印象。这个主观印象由旅游地的主要运营者试图传递的信息和游客在旅游地直接体验综合形成。旅游形象的打造是一项特殊的工作,首先它不会产生直接的经济效益,但是其产生的间接经济效益是无法估量的。其次,旅游形象不是以实物的形式表现的,它只能以概念、信息、感知等形式存在于旅游的思维之中。旅游形象的

---

① 建水旅游局:《建水县旅游局法定职责》,建水县公众信息网,2009 年 1 月 14 日。http://www. ynjstravel. com/Article/ShowArticle. asp? ArticleID = 258

好坏直接影响了旅游者旅游动机的产生。再次,旅游形象的打造有不同层面的形式。旅游形象可以通过媒体传递相关信息给旅游者,使其产生一定的概念和形象,这是间接的渠道,因为这一阶段的旅游者在还没有真正来到旅游目的地。当旅游者来到旅游目的地之后,那就是直接的形象塑造了。关于旅游形象的打造可以用建水旅游产业的一句话来概括:"燕归古镇,斯文人家"。这句话包含了建水旅游资源的主要内容,KARST 地貌旅游、古城旅游与儒家文化旅游。另外他也指出了建水旅游业发展的不同阶段的形成的旅游景点特色,并且这些不同阶段的景点又在现代以儒家文化旅游的形式有机地整合在一起。中原文化与地方文化在这里相互交融,儒家文化在这个古老的滇南小城之中生根发芽,美丽的自然风光和多彩的民族风情也可以在这里找到踪迹。这些要素构成了建水的旅游形象——这是一个以儒家文化为核心,集人文古迹、自然风光的旅游资源为一炉的旅游胜地,不同口味的人都可以在这里找到属于自己的那份喜悦和体验。因为旅游者在旅游地直接感知当地文化和风情,他直接获取信息,并由此而产生当地旅游形象的概念。所以本节就围绕建水打造旅游形象的不同层面形式来阐述其旅游形象的打造和形成过程以及这一形象对于建水儒家文化旅游的意义。

2005 年对建水县来说是一个特殊的年份,建水进入了全球联合祭孔的国内分祭点行列,这是小城史无前例的大事,同时也成为建水旅游的转折点,儒家文化旅游在建水旅游业中的重要地位进一步凸显。从这一年开始,建水县提出了"燕归古镇,斯文人家"的旅游形象,以儒家文化为品牌,将一系列特色旅游资源整合在一起,并大力开展宣传促销活动。在县人民政府和旅游局的主导下,运用传统媒体如中央、省、州、县电视台、广播、报纸、平面广告等,新兴网络媒体如新浪网、新华网、中国新闻网等多种媒体对建水旅游加以报道,建水知名度迅速提高,建水游客数量稳步增长。《建水县旅游局 2005 年工作总结及 2006 年工作计划》对此总结:

> 1.2 月 2 日在昆明兰花宾馆举行由县人民政府主办,县旅游局承办的 2005 年建水旅游推介会。邀请了云南电视台、昆明电视台、云南报业集团等各大新闻媒体及省国旅、省中旅、昆铁旅、昆明

康辉、云南海外等各大旅行社参会,对推介建水旅游起到了积极的作用。

2.9月8日在昆明举办中国红河?建水孔子文化节新闻发布会,邀请旅行商、各大媒体记者共97人参会;9月28日中央电视台一套现场直播孔子文化节大型祭孔活动。

3.6月8日组织7家旅游企业参加了在玉溪举行的"2005年滇东南/滇中南六州市旅游产品采供会";11月24日-27日组织全县星级饭店、旅行社参加了2005年中国昆明国际旅游交易会;4月及11月分别参加了"越南河内国际旅游交易会"、"中越边境交易会";由县委、县政府领队参加了"2005年世界普洱茶嘉年华会""首届中国西部文化产业博览会",通过一系列会展加大对建水宣传力度。

4.10月21日配合县委、政府组织了"中国红河?建水团山古村入选世界濒危建筑遗产"新闻发布会。

5.参与了由云南日报等新闻媒体主办的"盘点云南旅游"活动,被评为"云南五大旅游目的地"和"最佳风景名胜区"。

6.邀请香港凤凰卫视、台湾中天电视台、中央电视台《致富经》栏目、《搜寻天下》栏目、云南电视台《经典人文地理》栏目、《走遍云南》、《非常大不同》栏目、玉溪电视台《旅行快车》栏目到建水制作展现建水厚重历史文化底蕴的旅游专题片;在云南六套、红河州电视台播出黄金时段广告;在云南交通广播做专题旅游推介。

7.利用新浪网、新华网、中国新闻网等网络媒体对建水旅游及孔子文化节进行推介。

8.5月15-11月15日在昆明火车站出站检票口、云南旅游汽车公司旅游车身、车载电视及靠背投入旅游形象广告。

9.邀请知名摄影师来建水采风,拍摄反映建水旅游特色的作品。

在2005的工作的基础上,县人民政府和旅游管理部门又进一步深化了

旅游形象的打造工作。在《建水县旅游局2006年工作总结和2007年工作计划》中对这项工作的深化作了如下的概括:

> 2006年我局坚持把宣传促销工作摆在旅游业发展的重要位置,及时调整宣传促销思路,创新宣传促销方式,充分调动各方面的积极性,不断完善旅游宣传促销工作体系,形成了政府主导、企业主体、各方联合、市场化运作的宣传促销工作格局。与中央电视台等国内主流媒体积极合作,与云南日报、春城晚报、红河电视台等省内媒体深度合作,开展大规模建水旅游的宣传报道和展示,硬广告和"软文"宣传交替出现,形成了电视有镜头,电台有声音,报刊有文章,网上有信息的良好氛围,增强了建水旅游的知名度和影响力。

这些工作为建水的旅游形象打造取得了良好的效果。在多项旅游地评选活动中,建水赢来得多项荣誉,这更增强了该地的影响力,旅游形象中的古城、儒家文化、民族风情被进一步强化。

> 2006年1月以"建水古城"、"建水燕子洞"品牌参加了搜狐网、中美旅(北京)国际会展有限公司举办的首届"2006消费者最喜爱的景区(点)超级海选"暨全国旅游景区(点)数字化汇展活动;3月在由云南日报报业集团、云南省旅游局主办的"2005盘点云南旅游"活动中,我县与昆明、大理、香格里拉一起被评为"年度最具活力旅游城市";参加"2006年中国最令人向往的地方暨优秀旅游风情展播评选活动",被评为"中国最令人向往的50大旅游胜地"之一;在河南、山东、河北、贵州、四川等十家电视台展播了建水古城宣传片;8月我局积极组织推选建水临安镇参加"云南十大历史文化名镇"评选活动。经过三轮紧张的评选投票,临安镇顺利当选"云南十大历史文化名镇",并名列第三。[①]

---

① 建水县旅游局:《建水县旅游局2006年工作总结和2007年工作计划》,2007年。

2008 年,建水的又获得更多的赞誉,旅游形象的打造产生了效果,孔子文化节的地方特色得到更多的认可。建水旅游形象的定位基本达到。

> 2008 年 5 月由云南省日报集团、云南省旅游局、云南省商务厅联合主办,春城晚报承办的"2007 盘点云南旅游"活动中,建水古城被评为 2007 年度"年度最具活力的优秀旅游城市",孔子文化节被评为"年度最具影响力的民族节庆活动"。①

以上是建水县在对外的媒体宣传和旅游形象设置的手段和方式的简述,这是一种间接的方式。另外还有一个方面的内容就是建水县在县域内对旅游形象和旅游氛围的营造,当旅游者来到旅游地之后就可以自己直接感知当地文化和风情,直接获取信息,并使旅游者由此而产生当地旅游形象的概念。

除了借助媒体的力量,建水县还通过悬挂大型宣传标语为儒家文化旅游造势。宣传标语是以简练的文字以鲜明形式呈现写作者意图的一种宣传方式。受众不一定能够有时间、精力和机会去全面地了解写作者所要表达的全面内容,但是标语可以用最简单和快捷的形式,把所需要表达之事以浓缩的方式呈现,让受众了解到作者的意图。同时标语可以悬挂在许多重要区域和醒目位置,由此让更多受众会看到和了解,这将产生巨大影响力。从标语的以上特征中,可以看到在建水孔子文化节中由地方政府所制定和设置的标语在很大程度上就是其态度的精练表达,同时受众之所得也就是其意图传递的信息。

我们从建水县旅游局提供的《2005 中国红河·建水孔子文化节宣传方案》文中摘录部分宣传标语:

> 热烈祝贺 2005 中国红河·建水孔子文化节开幕!
> 中国历史文化名城建水欢迎您!
> 国家重点风景名胜区建水欢迎您!

---

① 建水县旅游局:《建水县旅游局 2008 年工作总结及 2009 年工作计划》,2009 年。

热烈庆祝建水 2005 年大型商品展销会开幕！

欢迎各界人士光临商品展销会！

弘扬博爱精神，传承儒家文化！

彰显儒家优秀文化，构建诚信和谐建水

祭华夏万世宗师，展建水千古文明

2006 年建水第二届孔子文化节庆典活动宣传标语在前面的基础上又有了新的内容。以下文字摘录于建水县旅游局提供的《中国红河·建水第二届孔子文化节暨建水建城一千二百年庆典活动实施方案》：

1. 祭华夏万世宗师，展建水千载文明。

2. 千年古临安文化光辉耀古今，百年新建水文明进步向未来！

3. 热烈祝贺建水第二届孔子文化节暨建城 1200 年庆典隆重开幕！

4. 办好节庆活动，构建和谐建水！

5. 打造古临安，建设新建水！

6. 搭建交流平台，扩大对外开放，促进建水发展！

7. 加快文化旅游大县建设，打造中国知名的文化旅游名城！

8. 坚持科学发展，建设和谐社会！

9. 展现名城千年历史，打造建水文化品牌！

10. 彰显名城文化魅力，大力弘扬优秀孔儒文化！

11. 塑造文明建水新形象，全面建设建水小康社会！

12. 国家级历史文化名城建水欢迎您！

13. 国家级重点风景名胜区建水欢迎您！

对建水的定性是国家级历史文化名城和国家重点风景名胜区，突出其历史、文化特色，强调其千年文明。对祭祀的对象——孔子定位是万世宗师。对于儒家则直接定位为文化，同时将经济发展的目标融入旅游发展之中。2005 年的宣传标语已经将大型商品展销会的宣传包括其中，在 2006 年的宣传标语中虽然已经去掉大型商品会的内容，但加入了更多关于经济发展目标的口号,如"搭建交流平台,扩大对外开放,促进建水发展"等。孔子文化节所搭建的交流平台还是为了扩大交流机会,发展地方经济为目的。"加快文化旅游大县建设,打造中国知名的文化旅游名城"一句无疑也是遵循了这样的思路。

通过多元化、大力度的宣传实施,建水旅游形象得以确立,在遵循国家的政治、经济发展思路的前提下,将"燕归古镇,斯文人家"的旅游主题凸显出来。游客来到建水可以直接体会到官方营造的旅游氛围,接收到地方政府和旅游管理部门所要传递的信息和意义。然而,游客在建水旅游过程中直接接触的是景区硬件设施、接待设施以及各类服务人员,这些要素的好坏直接关系游客对建水旅游印象的好坏。建水儒家文化旅游形象的确立,除了继续加大宣传力度之外,亦须从改善接待设施、规范景区秩序、培训从业人员等方面入手,营造良好的旅游环境。

5.祭孔仪式作为建水旅游的符号象征

国内旅游业兴起后,拥有特色旅游资源的地区争相开发自己的旅游产品以吸引更多的游客,从而刺激地方经济发展。拥有着独特自然和人文旅游资源的建水在改革开放初期就将旅游业列入了县域经济发展的四大支柱产业。随着旅游层次的提高,建水旅游从自然观光旅游向人文体验旅游转变。"孔子文化节"使建水闻名全国,并吸引了大批海外游客。祭孔仪式恰恰处于"孔子文化节"的核心,地方政府为经济发展而挖掘地方特色文化,客观上使建水祭孔仪式达到了前所未有的规模,使地方传统文化得以发展和复兴,人们重新思考传统文化的重要作用。

祭孔仪式涉及多个社会主体,各主体由于角色和需求不同,对孔子的态度不尽相同。作为仪式主导者的地方政府,将孔子作为圣人加以崇敬;作为仪式操演者的洞经会成员对孔子处于信仰与非信仰的双重选择中;而当地许多百姓则将孔子视为他们信仰体系中的神灵之一。

(1)作为国家的仪式——文化与经济的共生

改革开放以后,经济建设成为国家第一要务。人们发现,地方的知名度、影响力、文化系统等软环境是赢得市场天平倾斜的重要砝码,于是"文化搭台,经济唱戏"被许多地方奉为经济发展的圭臬。地方政府想方设法挖掘本地传统文化,将其重新包装之后与经济发展捆绑在一起。地方政府所策划的一系列与地方历史、传统相关的文化事件是想通过扩大地方的影响力和知名度来打造地方的烫金名片,从而创造更多的经济发展机会。建水祭孔仪式就是通过对地方文化的挖掘改造而融入旅游经济发展进程中的。虽然建水尚有其他类型的旅游产品和资源,但具有边疆民族特色的祭孔仪式在官方推动、市场运作以及儒家文化复兴的大背景下成为建水特色旅游的符号象征,成为不得不看的文化活动。如果缺少祭孔仪式,孔子文化节就名不正、言不顺,以此为核心打造的儒家文化旅游产品就无从谈起,地方政府"文化搭台,旅游唱戏"的期待亦随之落空。

　　地方政府将祭孔仪式视为地方文化传统,重点强调其文化性。在《2005年中国红河、建水孔子文化节总体活动方案》中,建水县政府将活动目标定位为"纪念先哲、承扬文明",提出"以文化旅游活动为重点,弘扬优秀传统文化,全力打造人文建水,努力构建和谐社会"。在2006的活动方案中,更是确定"传承传统文化,升腾本土文化,对接先进文化"的思路,提出"大力弘扬优秀孔儒文化,强力宣传推介建水,提升建水文化旅游品位,打造建水文化旅游品牌,推动云南省文化产业试点县建设工作,促进文化旅游大县建设及全县经济社会各项事业全面、快速、协调、可持续发展"的工作目标。活动方案一直强调祭孔仪式的文化性和经济性,文化节本质上是一种"文化搭台,经济唱戏"的活动。

　　本着旅游发展的需要,民间仪式被改造成国家仪式,一方面不能太多破坏其原有特质,另一方面还要体现国家意志内容。建水孔子文化节的祭孔仪式被分为民间祭祀与国家公祭两个部分,即是用折衷的方法将民间文化特质与国家意志要求相互结合起来。虽然祭孔仪式之后的一系列的商贸活动在不同的年份有不同的内容,如2005年的商贸街、2006年的汽车展、2007年的招商引资项目等,但其本质是相同的,那就是发展经济。祭孔仪式的背后是地方政府的经济策略,仪式本身也成为旅游产业平台上的一件商品,吸引游客前来消费。

（2）作为民间精英的中介仪式——洞经会的操演

从学历层次看,洞经会依然保持了"文人"入会的传统。具有初中和高中以上学历的人员占到80%,其余的人员也不是文盲,至少具有小学学历。60-70岁的人员占到了52%,70岁以上的人员占31%,主要是退休人员,有教师、干部、工人等,退休前是干部的有35%,工人是40%。学历最高的老人是退休教师,具有大专学历,他系首座,负责念赞词,是仪式中的核心人物。退休人员有着稳定的收入。每月有501-1000元收入的人员占52%,1001-1500元及以上收入的人员占31%,其中1人的收入达到2000元以上。对大多数人来说,参与谈经获得额外收入并不是主要目的。以前洞经会只收取纪念品之类的东西,现在因形成了以钱为主的风气,也收取一定的费用,但是他们反复强调"我们不讲价,是多少就是多少",以此区别于他们不屑一顾、讨价还价的"疯道士"。

洞经会成员90%以上能够熟练演奏乐器。其中,35%的人会4种以上乐器,26%的人会3种乐器,17%的人会两种乐器。他们是民间文化活动的精英人物,60%左右的人员还参加了洞经会以外的社会活动,如社区文艺活动、老年协会、艺术团等。可以说,他们引领着建水地方民间文化的走向。

洞经会成员作为仪式的操演者有着自身的信仰方式与特征。他们认为洞经会是一个自发的民间组织,主题是传统音乐文化,与宗教关系不大。他们入会的主要目的是通过学习和演奏洞经音乐来修身养性,丰富生活。洞经会虽然有宗教内容,但其成员却没有正式信仰。一位成员说,"我是30多年的老党员了,不信这些"。一些洞经会成员在操演仪式结束后却赶着去拿神坛上的祭品,他们认为这些沾了孔子灵气的东西,可以保佑家里文风兴盛。一方面他们没有虔诚的信仰,一方面又有着功利的心态。而普通信众却需要洞经会成员来沟通神灵,同时信众还以烧香叩首或捐献功德的方式表达虔诚。信众从未了解过洞经会成员信仰什么,成员也没有向信众表达过自己有着怎么样的信仰,仪式就是他们的交流方式。普通信众的宗教需要成为洞经会存在的理由之一。

可以说,洞经会有着宗教仪式的表面,但是没有信仰的内核。普通信众看重他们所感受到的仪式力量,他们所发挥,至于仪式本身及其背后的操演主体他们并不关心,仪式只是他们通向神灵的桥梁。

（3）作为沟通神灵的仪式——民众的信仰

不同的对象看来,祭孔仪式有着不同的含义。对于地方政府来说,祭孔仪式是一次文化性的纪念活动,可以提高增强建水文化旅游的内涵,形成自己的特色品牌,为地方经济发展做出贡献。而洞经会成员把仪式作为文化活动来操演,同时在某种意义上认可了仪式的神圣力量,徘徊于信仰与非信仰之间。民间信众需要的是仪式沟通神灵功能,在他们杂而多端的神灵体系中,并没有将孔子排斥在外。

> "我的孙女读高三,到孔夫子石像处摸一下他的额头,就能考上大学。我每次来都要出五块钱的功德。这个孔夫子是几千年的仙人了,他管什么我不知道,我只知道孔家的人会读书。"

> "祈求我的孙子能好好学习,为祖国为人民效劳,我想行什么礼就行什么礼只要我拜就行了,鞠三个躬,作三个揖,叫他保福保佑我们家幸福平安。"

> "孔子是读书的第一聪明人。求学么,说说你姓哪样,然后说读书成功,好好学习就行了。"

老人们希望在祈求之后,孔子能保佑他们的子孙取得好的学业和前途。同时,也要求家宅平安、无疾无痛。从文庙提供的祈福牒中可以清楚地看到这一点。

　　祈福牒

　　×年×月×日×省(区、市)×县(市)××亲临建水文庙虔诚朝拜

　　大成至圣先师文宣王伏愿先师大赐圣恩 春风化雨保×× 在×年考试中名列前茅,榜中魁首并祈事业有成 合家清吉 天下太平

在孔子的塑像前还有一份引导人们行礼的说明:

　　一鞠躬 学业清进一品红 二鞠躬 事业有成财运通 三鞠躬 阖

家幸福乐无穷

　　一叩首 步步登高状元楼 二叩首 事业成功财运久 三叩首 无
疾无病无忧愁

　　从中可以看出,孔子成一个万能的神灵,不仅掌管着教育,也掌管着人
们生活的方方面面。文庙根据民间多元信仰的特点在运行方式和设置上作
了适应和调整。孔子神像背后还有一个道家太极图,这一神圣的信仰符号,
象征着在文庙同样具有宗教神秘性与超自然性,使人感觉在孔子的灵光保
佑下就会有求必应。

　　人们在向孔子的神位祈求之后,总是要以出功德的形式来表达诚意。
在文庙里有着与其他涉及旅游的宗教场所类似的经营活动。出功德烧香分
两种:状元及第香和普通高香。

　　　状元及第香
　　　状元及第 390 元/柱 享受特殊礼遇
　　　普通高香
　　　一帆风顺 19 元/柱 九九如意 99 元/柱
　　　步步登高 190 元/柱 锦上添花 290 元/柱

　　香分等级,给香客一种激励,他们花越多的钱就越能表现他们的虔诚。
自 2004 年 12 月开始到 2007 年 9 月,约有 400 余人次烧了状元香,这也就
是意味着他们每人都捐献了 390 元以上。

　　除了叩拜、烧香、出功德等祈求形式,还有触摸孔子石像额头的仪式,这
代表着与神灵的直接联系。立于杏坛的《孔子弦诵图》石刻上孔子浮雕像
的额头突出,象征着孔子渊博的学识。人们认为摸了他的额头就能沾到圣
人的灵气,自石刻竖立起的 150 多年里,石像的额头已经凹陷下去了,足见
孔子的信仰在人们心中的影响力。

　　在灶君寺的调查中同样可以看到民间是多元信仰生存的深厚土壤。从
一位卖香火的老人的祝语中可以看到实用功利、多元信仰的表现。

　　"××,给他学习好,给他考试第一名,××在学校,做作业好,

老师讲解好。多和好同学在一起,坏同学隔离开。

　　××,保福保祐,消灾免难,孔子先生,孔子佛祖,保佑他在学校,毕业分到好学校,好工作,保福保祐他工资稳定,工作稳定,工资拿得高,恭喜××发财,孔子佛祖,给他在学校顺顺利利。"

在多神崇拜盛行的中国,民间普通百姓把孔子列入了神灵体系,与观音、关圣同等的崇拜。在一些人的心目中,孔子只是佛教的神灵,他们并不关心孔子的身份,只要能满足自己的愿望。民间祭孔仪式的举行地点不仅仅是文庙,佛寺或是佛道教神灵混合的寺庙同样可以举行。建水灶君寺洞经会的经坛设置就体现出三教合一信仰特征。在大殿内供桌台布的左右分别绣有"孝、悌、忠、信"和"礼、义、廉、耻"等字样。"文昌大洞仙经"被供奉于神龛之上,"至圣先师孔子"与"玉清元始天尊"的牌位并列于神龛之上。

孔子因儒家思想与封建统治的结合而得到历代统治者的青睐,孔子也不断得到加封,地位日益提高。普通百姓则将对孔子的尊崇与宗教信仰混合起来,孔子已经和佛教、道教诸神并列。民间信仰的神灵体系超越了宗教派别的限制,无论是孔子、释迦牟尼、老子还是其他,只要能实现自己的功利目的,就是人们心目中的真神。

(4)祭孔仪式的现代超越

祭孔仪式在封建时代发挥着凝聚功能,价值传递功能,满足心理功能,娱乐功能等。当它在新的时代背景之下重构之后,必然拓展出新的功能。在适应旅游市场的需求中,祭孔仪式从国家推行正统思想的工具转化推动地方经济发展的工具。但是在旅游经济利益的驱动下,祭孔仪式遭遇了真实性问题,也就是说从社会记忆中还原的"传统"具有了旅游表演的性质。事实上传统是一个动态的形成过程,它没有绝对的原初状态,也不会有最终的形式。从祭孔仪式的发展历程我们可以看到,在断续的发展过程中,传统在被打断,又被重新建构,不过在其中总会一些最核心的内容沉淀参与到每一次新的建构中,而这些内容就是民间最需要、最看重的东西,也正是传统每一次被打断又得以重构的原因,也正是传统复兴的内在动力。

从祭孔仪式的与现代旅游的交织发展和变迁过程中我们可以发现,儒家文化作为一个体系,无论是哲学伦理或是一种宗教,它都以自身的形式回应时代的需要。在儒家思想为主流的封建时代,祭孔仪式依靠国家制度保障,同时也得到国家在地方的代表——官员的积极支持进入地方生活空间,从而官方祭孔仪式与民间生活发生了双向性的互动,形成了官方仪式与地方仪式的共存格局,这两种仪式内核虽同,但形式各异。在激荡的社会变迁中,封建王朝的祭孔仪式失去了制度保障和精英支持,逐渐退出政治舞台。但祭孔仪式却在深厚的地方民间文化中生存下来。新中国成立以来,祭孔仪式经历了沉寂和断裂,但是它以另外的形式承载于记忆、文字和图片等人类社会实践之中。当现代人再一次发现传统文化的价值时,相应的社会条件为祭孔仪式的复兴提供了广阔的社会空间。地方文化精英对传统文化包括仪式依然保持眷恋和执着,只是这种心境在强硬的社会控制手段下被压抑下了。改革开放后,社会环境发生改变,祭孔仪式在他们的努力下得以复兴,并从民间仪式上升为国家的公祭仪式,为地方政府所利用,通过旅游业转换成为地方经济发展的强大动力。祭孔仪式为旅游所用,做出适应现代游客需要的调整不可避免,一方面它还包含着仪式的内核,另一方面却拥有了新的意义。在现代社会,儒家文化遭遇了日渐发展的旅游产业,儒家文化从列文森意义上的博物馆中走上了旅游舞台。在现代旅游的推动下,儒家文化以新的方式进入了人们的日常生活,为人们所知、所用、所欣赏。儒家文化改变的只是形式,沉淀在人们心中的儒家精神依然永恒。

政策制定者从经济效益、社会效益出发考虑儒家文化的旅游开发,信仰是一个极力回避的问题。普通信众出于朴素的宗教情怀,更关注仪式而不是旅游,孔子只是他们神灵体系中的一员。游客因对圣人的尊崇或儒家文化的兴趣产生了旅游动机,旅游市场才能形成规模,创造效益。卷入旅游的祭孔仪式呈现出多层次性,恰恰是现代多元社会的一种反应。而且祭孔仪式还会随着社会的发展,不断改变形式以适应现实需要。

(五) 儒家文化旅游的现代价值

美国史学家列文森曾就儒家命运作过判定,他认为掌握了政权的中国人民将会把儒家放进博物馆中,儒家在此后只代表着历史的存在,将不会再有未来的实践意义。然而从儒家文化旅游所带给我们的信息来看,儒家文化并不必然走入列文森所说的"博物馆"中。现代化是一把双刃剑。现代化通过科学技术为生活提供便利的同时,也产生了许多负面影响,如生态环境问题、生活程式化问题、人与人之间冷漠关系问题等等,人们发现自己生活在现代化的囚笼之中,人们迫切寻找逃脱樊笼的途径,旅游即是其中之一。旅游的兴起给疲惫的人们带来了希望,同时也为儒家文化带来了契机。儒家文化内在思想和外在器物与旅游存在着密切联系。儒家认为旅游不仅是让自己愉悦的简单游山玩水活动,而是增长见闻、提升道德、陶冶情操、自我完善,达到仁者、智者乃至君子、圣人的高度,最终经世致用,实现齐家、治国、平天下的政治理想。儒家文化旅游为我们开启回归传统的道路。通过旅游这一特殊的文化形式,使现代人与圣人进行穿越时空的对话,在旅游中传递儒家文化和精神内涵,提高个人修养,增强社会责任感,以儒家经世致用思想贯穿始终,把个人命运与国家前途相结合,为社会主义现代化建设做出应有的努力。

首先,儒家文化旅游提供了解儒家文化的途径。儒家文化在中国历史上为官方思想之主流,占据了文化的主导地位,成为中国传统文化的核心的主体。儒家教育是儒家文化走向民间,为大众所接触和了解的主要渠道。但是现代社会的教育体系中失去了往日的辉煌,儒学教育已经不是官方化和规模化的状态。现代的普通大众对儒家文化的学习和了解变得十分有限。但是现代儒家文化旅游的兴起在一定程度上弥补了这方面的遗憾。儒家主张"读万卷书,行万里路"。在我们的日常生活中,文字和声音传递着大量的信息,这是我们了解事物,得到信息的主要方式。旅游同样是我们扩大视野、增长见闻的重要途径。旅游具有异地性的特质,旅游者要体验和了解旅游地的文化和风土人情就要来到这一的地区,停留下来,让自己亲身融入其中。身临其境比阅读文字感觉更为真实、体验更为深刻、了解更为全面。儒家文化旅游同样如此。儒家文化旅游就是要把儒家文化及内在的精神组合成旅游产品,这包括了在历史上形成的与儒家相关的物质层面的设施和器物,并且赋予其文化的内涵,使旅游者从多种信息来源中得到更为真实的体验,在心中产生共鸣。儒家文化旅游为旅游者提供了一条了解儒家文化的途径。

其次,儒家文化旅游有助提升个人道德修养。儒家学派的创始人孔子一生的追求就是复兴礼制,在这样的社会秩序之中,人人都遵循着自己的行为规范,塑造理想中的完美人格成为他学说中的宗旨之一。后世认为他是轴心中时代的伟大思想家和教育家,他一生培养了许多的优秀弟子。司马迁在《史记·孔子世家》中记载:"(孔子)弟子盖三千焉,身通六艺者七十有二人",三千虽然是一个概数,但可见孔子一生耕耘不辍,教育弟子之众实为难得。并且在他之后,受到儒家文化影响,把学业与国家命运结合,为了中华民族的前途命运而努力的儒者又何止三千。儒家倡导修身、齐家、治国平天下,"仕而优则学,学而优则仕",成为儒者实践自己理想和价值的最好说明。通过"学"提高自己的学识和道德,而达到修身的目的。而儒家所强调的五常:"仁、义、礼、智、信"其实也可以纳入所"学"的学识(智)和道德(仁、义、礼、信)的范畴之中,所以在儒家文化旅游中,旅游者到儒家文化汇聚之地,能亲身经历和感受到儒家文化的博大精深,亲眼看到儒家文化的沉淀与遗迹。儒家学说传递的精神和意义将会通过这样氛围中的各种载体传递给旅游者。他们将会在其中得到心灵的升华,这将有助于提高个人的道德与修养,与儒家所说的修身一致。

第三,儒家文化旅游体现了儒家文化的价值多元性。儒家文化丰富的旅游思想是通过旅游这一形式来体会和实践的,儒家文化旅游搭建了现代与先人交流的桥梁,通过旅游去体会作为中国传统文化核心的儒家文化,提高人的修养,最终的目的是在于道德和国家层面的思想建构,这对于我们现代社会所面临的道德和信仰的失范无疑具有借鉴意义。儒家文化之于其所处时代的贡献是多方面的,经历两千多年的发展与改变,它与所处的时代相适应而延伸出了多种社会价值与意义。孔子为"儒"之集大成者,创立了儒家学派。他将殷周以来的"儒"者之学系统地整理并传于后世。所以司马迁在《史记·孔子世家》评论道:"自天子王侯,中国言六艺者折中于夫子,可谓至圣矣。"①孔子奠定了中国学术思想的基石,而儒家学派也可视为中国传统学术的代表之一,这就是儒家文化价值之一。在董仲舒提出把儒家学说纳入国家正统之后,儒家从诸子中脱颖而出,与国家政治结合,成为两千多年来中国封建社会的卫道士。这是儒家文化之于国家的政治意义,这为意义之二。而儒家在封建时代的国家所用,通过制度化的推行,融入了民间思想与文化之中,应是中国文化的根源的部分,这是意义之三。现代社会的发展进程中,儒家文化却以别样的方式存在。我们知道,同属于儒家文化圈的亚洲四小龙——新加坡、台湾、日本、韩国等地区的经济持续发展,儒家作为文化的软件也在经济发展上发挥了切实作用。这样的现象也向我们提出了一个问题,被认为是"重义轻利"的儒家在现代化过程中也具有良好的适应性。当然这尚不能对韦伯的命题提出有力的反证,但是我们却可以在这个现象中看到,儒家文化也具备促进经济发展和现代社会进步的软件功能,并且有着这样的潜力。而在近期传统文化复兴的浪潮中,儒家文化的物质与精神遗产也为现代经济活动和旅游来所用,儒家文化的影响力扩展到世界范围。以儒家文化为核心的旅游项目于 1984 年开始于山东曲阜,到 2005 年涉及多个国家和地区的全球联合祭孔以儒家精神和文化内涵为核心,旅游业因这而取得丰硕的成果。对于儒家文化之于适应现代市场经济发展的前途和可能性,我们似乎已经看到了希望。同时我们也应该看到,伴随着我国的这些文化事件和经济活动的进一步发展和扩大影响,对儒家文化的深入学习和了解已经以促进与我国交流,已经成为不同民族和国家的迫切要求。以孔子名义而建立的孔子学院已经在世界上的许多地区建立,孔子学院分布于:欧洲、美洲、非洲、大洋洲等地区。这应该是儒家文化适应全球化发展的一种表现。在我们所处的特殊时代背景下,儒家文化也由此而形成了新的价值和意义,这为儒家文化的多元价值提供了新的诠释。

　　然而,当前儒家文化旅游的发展也遭遇了许多问题,其中最为严重的问题是缺乏文化高度,仅仅作为推动地方经济发展的利益工具,儒家的崇高理

---

① ［汉］司马迁:《史记·孔子世家》,中华书局 1972 年版,第 1947 页。

想和文化价值隐而不彰,甚至为了迎合部分游客的低俗需求,开发大量带有封建迷信色彩的娱乐活动,儒家文化成为特殊的消费品。儒家文化旅游即将跌入市场化、商品化、媚俗化掘就的开发陷阱。滇南文化重镇建水的儒家文化旅游仅仅停留在对儒家器物文化如文庙、制度文化如祭孔仪式的开发层次,儒家精神文化的优秀内核并未充分融入其中。事实上,旅游是一项以文化为核心的综合性社会活动,其价值不能局限于经济效益,社会效益、生态效益的发挥意义更为重大。对于儒家文化旅游,更应围绕符合时代精神的儒家文化精华而展开,使其通过旅游在更大的范围内弘扬出去,为社会主义和谐社会建设、中华民族伟大复兴做出应有的贡献。

对　策　篇

一、宗教旅游开发的总体思路

宗教与旅游的天然密切联系是客观存在的。即使我们不从理论上进行研究，它们照样自然联姻。由于宗教本身存在的局限性，再加上旅游的市场化运作、商业化经营，放任自流可能会导致一系列问题。这就要求我们从理论上高度重视，对宗教旅游的本质、特征、规律、类型等进行认真研究，制定切实可行的开发思路，发挥其优势，改造其弊端，积极引导宗教旅游沿着与社会主义社会相适应、相协调、相和谐的正确轨道健康发展。我们提出的宗教文化旅游开发思路对云南省乃至全国都有一定的借鉴意义。

（一）引导优秀宗教文化与健康旅游活动良性互动

宗教与旅游自古就有密切联系，大多数学者都赞同宗教朝圣是人类最古老的旅游形式之一，是现代各种旅游活动的雏形。对于古代社会大多数虔诚的宗教信徒来说，宗教旅游是他们唯一可能的旅游形式。随着生产力的发展，宗教世俗化的深入，越来越多的非宗教徒也加入了宗教旅游的行列。这些活动毫无例外都是宗教要素与旅游要素互动结合的结果，虽然两者互动的具体方式和结合的有机程度彼此之间有很大的区别。从宗教与旅游互动这一角度出发，我们认为宗教旅游经历了从"旅而不游"到旅、游并重的历史变迁，宗教旅游必将走上从"游而不教"到游、教并重的现代发展之路。而积极引导优秀宗教文化与健康旅游活动良性充分互动并且有机结合，是发展现代宗教旅游的根本保证。

所谓"旅而不游"是指旅游者在强烈的宗教目的支配下，对旅途中的风光全然无动于衷，"虽有荣观，燕处超然"，全身心沉浸在宗教氛围中。这种极其虔诚的宗教朝圣旅游在世界各大宗教中并不罕见，比如佛教就不乏一步一叩首到圣地朝觐的信徒。这种宗教旅游活动显然不适合一般游客和一般信徒，他们希望从事宗教之旅的时候能够享受轻松愉快。道家庄子主张"逍遥游"、"游心于道"、"得至美而游乎至乐"自由、洒脱、活泼、适意的旅游观被兴起于唐代中叶的中国禅宗高度继承和发展，人们竞相奔走江湖参禅访道,一扫宗教朝圣的苦旅色彩。旅、游并重的宗教旅游活动蔚然成风,受到社会各阶层人士的普遍欢迎。

宗教观光旅游是"游而不教"的典型,游客在宗教圣地参观,看是看了塔寺碑林,听是听了梵呗道乐,拜是拜了佛祖菩萨,可是他们并没有深入领悟宗教的人生观、世界观、价值观。"教"是指宗教的伦理和道德教化,这是宗教的传统强势功能。我们在开发宗教旅游中注意发挥宗教的道德教化作用,不是让游客去信教,而是让游客通过对宗教文化和历史的了解,通过对宗教仪式的观看和感受,得到警示或启发,从而加强自我修养,完善自身建设,提高精神境界。宗教休闲旅游、生态旅游、体验旅游就是寓"教"于游,"游教并重"的优秀宗教旅游项目,代表了宗教旅游的精华,符合宗教旅游发展的方向。

旅游是非常典型的文化经济活动,宗教则是具有历史延续性的传统文化模式,沉淀了丰富多彩的文化内涵。宗教文化通过旅游得以交流和传播,同时随着市场经济的进程,日益成为旅游业的重要组成部分。旅游经济与宗教文化的相互交流、更新完善,促进了旅游经济的发展,也为宗教文化资源的保护与开发提供了新的契机,能够形成旅游经济与宗教文化相互融合、相互影响、相辅相成、共同发展的良性循环局面。可见,文化是连接宗教与旅游的黄金纽带,也是优秀宗教文化与健康旅游活动有机结合的根本契人点。① 旅游业的发展对于宗教文化的继承、传播、交流和研究都有促进作用;而以优秀宗教文化为依托开展健康、高雅、文明的旅游活动可以增长人们的宗教知识,有助于旅游者修身养性、陶冶情操、提升境界。只要我们坚持使优质宗教资源与健康旅游活动良性互动、有机结合的原则,重点开发宗教"教化"的丰富内涵,就一定能使我国的宗教旅游沿着正确的轨道健康发展。

(二)促进旅游、宗教文化和人的全面协调发展

宗教目的是旅游的动力之一,宗教推动了旅游的步伐,旅游进一步推动

---

① 张桥贵、孙浩然:宗教旅游的类型、特点和开发,《世界宗教研究》2008 年第 4 期。

宗教文化的交流和发展。宗教文化的发展又为旅游和旅游业提供了重要的资源和平台,开拓出全新的宗教旅游领域。旅游者参与宗教旅游活动能够获得独特旅游体验和享受。

首先,通过宗教文化旅游促进旅游的健康发展。宗教是人类古老的文明形态,是人类社会普遍存在的一种社会文化现象。据1996年不完全统计,全世界约有五分之四的人信奉各种宗教。在漫长的历史发展进程中,宗教形成了独具特色的物质文化和精神文化,在今天很多名列世界文化遗产或世界非物质文化遗产名录,是具有高度吸引力的优质旅游资源。在我国公布的三批119处国家级风景旅游区中与宗教有关的占到了47.9%,最为重要的第一批44处中宗教景观有29处,更是占到了65.91%。更为重要的是宗教蕴涵有丰富的人与人相处、人与自然相处的智慧,这些无形的文化资产作为潜在的旅游资源挖掘出来,必将发挥重大的经济、社会和生态效益。宗教生态旅游、休闲旅游、体验旅游等项目开发取得的成功经验可以在其他类型的旅游活动中进行推广,从而整体上提升旅游业的档次,促进旅游业的健康发展。

其次,通过宗教旅游引导宗教健康发展。宗教旅游开发给宗教场所带来相当可观的收入,这就给保护修缮宗教古迹文物提供了资金支持。有些地方为了发展旅游不惜投入巨资恢复废弃的寺院宫观,而且竞相攀比新建大型宗教景观,寺院场所面积连年翻番,佛像金身越塑越大。1997年11月15日,中国"五方五佛"之一的无锡太湖灵山大佛落成开光,来自世界各地的近10万名信众和游客专程前来参加仪式,车流绵延达20多公里。"宗教热"促使"宗教旅游热"进一步升温,但是如果仅仅停留在表面红火的层次上,可能会导致旅游和宗教自身发展的停滞不前。我们更应该挖掘传统宗教文化深层次的优秀内核,通过这些因素与旅游充分互动,借助旅游将它传播出去,使它获得更多人的理解、认同,从而推动宗教健康的发展。同时,必须大力提升宗教自身的人文素质和文化素质,很多地方寺院修建得金碧辉煌,但是却没有高水平僧人入住,对于烧香拜佛的游客来说,确实"硬件有余",是一个好地方;但是对于发展高品位宗教旅游来说,显然"软件不足",

使人空留遗憾。一些地方出现了"空有其寺,而无其僧"甚至"金玉其表,败絮其中"的现象。在社会中,并不是越奢华就越能体现自己的地位和价值,受到人们的拥护与尊敬。有些社会角色恰恰是因为清贫朴素而受到人们的信任和爱戴。宗教徒就是这样的角色。越是甘于寂寞,枯守清贫,就越具有高僧风范。因此,寺院金碧辉煌带给人们艳羡的同时,更多的是一种反感。佛教自身的特点决定了不能以世俗法则来证明其成功。发展宗教旅游,寺院建设是基础工作,僧团和道风建设才是关键。正如一所大学,并不是因为它盖有大楼而是因为拥有大师才能培养出真正的好学生;一个寺院,也不是因为它建有多少高塔大殿而是因为它拥有高僧大德才能真正声名远扬。只有高水平、高素质的僧团才能推动佛教文化中的精华与现代社会的发展相结合,并将佛法精华深入浅出的讲解给大众。发展新型现代宗教旅游,离不开高水平、高素质的僧团。我们应该以发展文明、健康、和谐的宗教文化旅游为契机,推动宗教自身的改革,尤其是推动宗教培养一支真正高水平的僧才队伍,切实革除宗教内部存在的一些影响自身发展、影响宗教与社会主义社会相适应的不良因素。从而更好的开展包括旅游在内的各项活动、服务于社会主义和谐社会的建设。

第三,通过宗教文化旅游促进人的全面发展。科学技术的发展和物质文明的提高并没有解决人类所面临的困惑和问题,反而使人们感到从未有过的精神紧张、情感空虚。所有这些精神问题,刺激了人们的宗教需求,促使人们到宗教圣地进行观光、朝圣、体验、修学等旅游活动。宗教是人类的思想宝库和信仰宝库,能够适应人类不同层次的精神需要,使人们摆脱恐惧和孤独、宣泄压力和紧张,获得慰藉和满足。宗教旅游具有参与程度高的特点,能够在触觉、感觉、悟觉,理性、感性、悟性之间充分调动旅游者的积极性,使他们身心得到高质量的放松与满足。同时通过独特宗教生态旅游、休闲旅游,可以培养游客的环保意识,提高游客的文明素质。另外宗教还蕴涵有丰富的养生资源,诸如气功、药膳、武术等,这些今天仍然具有巨大的医疗保健价值,有利于游客的身心健康。总之,我们应该以对人的心灵有所启迪、健康有所促进、社会有所助益、生态有所保护的原则,积极倡导和发展健康、文明、和谐的新型现代宗教旅游活动，使宗教旅游在不断提升自身文化品味和文化内涵的同时，促进旅游、宗教文化和人的全面协调发展，为社会主义和谐社会贡献应有的力量。

（三）实现社会效益、经济效益、生态效益三方共赢

旅游是第三产业的重要组成部分，被人誉为具有广阔发展前景的"朝阳产业"，没有污染的"无烟工业"。世界各国大都立足本国实际，大力发展旅游业，我国也不失时机地提出要从旅游大国向旅游强国转换的发展目标。旅游在发展经济、促进就业、创汇增收等方面的作用十分明显。但是旅游是高度依赖社会环境和自然资源、人文资源的行业，其特点决定了发展旅游不能只盯着眼前的利益，而是要把经济效益、社会效益、生态效益有机结合起来，实现三方共赢。宗教旅游同样也应该坚持开发与保护相结合的原则，走可持续发展之路。

宗教旅游资源大都是珍贵的历史文化遗产和宝贵的精神财富，具有不可再生性、不可替代性。由于缺乏规划和指导，我国一些宗教旅游地为了短期的经济利益，盲目建设，随意修庙、造神，破坏了自然环境。或者在开发的同时没有配套的保护措施，如举世闻名的敦煌莫高窟由于参观人数的激增，游客的呼吸和汗水所起的化学作用引起大量珍贵壁画剥落，造成难以弥补的损失。更有甚者，一些游客在景区乱涂乱刻、乱丢垃圾，破坏了文物古迹，污染了优美环境。浓郁的宗教氛围和优美的自然环境是宗教旅游区吸引旅游者的最主要因素，在丧失生态效益的同时，必将导致客流量的减少，经济效益也随之降低，社会效益更是无从谈起。

宗教旅游过度商业化炒作，产业化经营，会丧失宗教文化的本色，致使宗教在信徒心目中的神圣形象大打折扣，不利于宗教道德教化、心理调节、社会控制等功能的发挥。宗教旅游的收益很大一部分来自游客的功德捐助，这些款项除了用于修缮和保护宗教文物古迹、支付相关部门和人员日常用度外，还应拿出一部分来开展社会慈善活动，这也是人们对以慈悲为怀、济世度人为宗旨的宗教的普遍期望。宗教自身过量拥有金钱，一方面与宗

教自身的清规戒律相违背,另一方面极易导致宗教的腐化和堕落,这些已经为古今中外无数事例所证实。所谓"十方来,十方去,共成十方事",财富从社会的四面八方汇聚到寺院里,又以悲天悯人的宗教情怀投入到回报社会的活动中。有去无来,宗教"神圣资本"的再生产将难以为继;有来无去,宗教则沦为敛财工具,损害宗教自身的"神圣资本",最终被社会遗弃。对于宗教界来说,开展宗教旅游的第一目的不是经济效益而是社会效益。经济效益的提升只是增强了宗教发展自身、服务社会的能力。反过来,通过发挥宗教旅游独特的社会效益,必将带来更大的经济效益和生态效益,形成社会效益、经济效益、生态效益互利互赢、共同发展的良性循环局面。

宗教除了拥有大量风景优美的自然风光外,还蕴涵着丰富的生态思想和伦理思想,宗教徒在长期的熏陶修行中大都能自觉地保护环境。一些原本人迹罕至的荒山秃岭经过一代代宗教徒筚路蓝缕、以启山林的艰辛开发,凿池引水、修寺建塔的辛勤建设,植树造林、禁牧禁伐的精心保护,逐渐变为庄严肃穆的人间净土,在这种意义上,佛教将祖师尊为"开山祖师"是再恰当不过了。我国寺庙宫观的一个显著特点就是具有很强的世俗性和开放性,总是欢迎人们前去参观游览、烧香朝拜。在出行不便的古代社会,寺观甚至还兼具旅店的功能。游客越多,香火越旺,功德越多,寺庙就越兴盛。有些并不具有自然资源优势的寺观往往会在周围开挖水池,堆叠假山,养花艺竹,一方面为自己修持学法创造一个幽雅的环境,另一方面也是为了吸引更多的游客。游客在游览观光时,于不知不觉中受到蕴涵在宗教文化古迹内的宗教思想、伦理道德、社会价值、人生哲学等的熏陶。宗教思想中的精华如止恶扬善、去贪禁杀、知足常乐、诚恳待人等至今仍有很强的社会影响力。我们应该使这些优良传统充分融入宗教旅游开发的新实践,大力挖掘宗教文化中蕴藏的思想精华,吸引更多的游客前来参观、感悟、体验,实现促进旅游和经济发展,促进人类自身和社会发展,促进环境和生态保护的三重目的。

(四)营造文明、健康、和谐的宗教旅游氛围

文明、健康、和谐的宗教旅游氛围有利于促进旅游、宗教和人的全面协

调发展,实现经济效益、社会效益、生态效益三方共赢。

　　首先,要突出宗教旅游独特而深厚的文化内涵。宗教旅游的可持续发展实质上是其文化的可持续发展,优秀宗教文化的挖掘和传承是宗教旅游开发的核心。我国传统的宗教无论是道教还是佛教,在漫长的传播和演化过程中积累了丰富的优秀文化,与儒教一起共同塑造了中华民族勤劳、勇敢、善良、和平的民族性格。佛教和道教一向宣扬慈悲为怀、积德行善、禁杀护生、助人利他、无我牺牲、圆融和谐、平等博爱等思想,支撑佛道二教历久而不衰、历劫而不灭,至今仍有重要的社会教化功能。反映这些思想和精神的佛道教故事在宗教文献中不计其数,自古以来就是宗教艺术的重要表现题材。历代留下的宗教绘画、宗教塑像、宗教雕刻不仅是精美的艺术作品,还可以涵养人心、培养道德意识,使人感悟宗教的真善美精神,是深受群众喜爱的旅游产品。在马克思主义指导下,挖掘宗教文化的优秀内涵,积极开展宗教道德文化旅游,必将有益于社会主义精神文明建设。

　　第二,要突出宗教旅游的健康特色,摈弃宗教中落后、封建、不符合科学精神和现代精神的内容。对于那些视糟粕为玉帛,化腐朽为神奇的内容和活动,显然不能开发为旅游资源。对于一些不法分子乱建庙宇和露天神像,粗制滥造人为宗教景点,大肆宣扬封建迷信,招揽香客,聚敛钱财的"假宗教旅游"、"伪宗教旅游"活动,我们应该给予严厉打击。

　　第三,要充分体现中国宗教旅游的特色。特色就是生命线,越是民族的就越是世界的。我国是道教的故乡,佛教的"第二故乡",也是众多民间信仰的发祥地。基督教、伊斯兰教在我国拥有很多信徒,世界主要宗教派别几乎都能在我国广袤的国土上找到活动的痕迹。这些宗教在中华大地上传播、演变、发展,打下了炎黄子孙太多的民族文化烙印。在经济全球化和世界一体化的今天,越来越多的外国人到中国参观旅游,其中很多冲着我们的宗教圣地、宗教文化慕名而来。尤其是"中华佛教圈"影响之内的日本、韩国每年都有大量僧俗游客前来我国寻根问祖、参访朝拜祖庭圣地。我国的佛教、道教乃至少数民族原始宗教、民间宗教都蕴涵着独特的伦理观、生态观、价值观,这也是我国宗教旅游的巨大"卖点"之一。我们应该通过开展有中国特色的宗教旅游活动把这些精神发扬出去,补救科技文明的缺失,将"单相度"之人重新塑造丰满。此外我们还要发扬东方宗教圆融和谐的精神,倡导在旅游中人与人、人与自然和谐相处。构建社会主义和谐社会,为宗教旅游提出了新要求、新希望;健康、文明、和谐的宗教旅游活动获得了更为广阔的发展空间,低级、浅俗、落后的宗教旅游活动必将为时代所淘汰。以新型现代性为指导,以宗教文化精华为依托,以积极引导宗教与社会主义社会相适应为方向,有选择、有步骤、有重点的引导宗教旅游的现代转型,推动宗教旅游的良性运行、健康发展,将宗教旅游的整体开发统一为新型现代宗教旅游的开发,努力打造社会主义的宗教旅游文化乃至社会主义的宗教旅游文明,使宗教旅游与社会主义社会健康、协调、和谐发展。这是宗教旅游在我国现阶段的最主要任务。

总之,我国具有十分丰富的宗教旅游资源,具有开发潜力巨大的旅游市场,只要营造文明、健康、和谐的宗教旅游新风尚,坚持科学、合理、适度的开发原则,始终保持中国特色,宗教旅游就能够在带动经济增长的同时保护和传播传统文化,增强民族自尊心和自信心,为社会主义和谐社会建设贡献力量。

二、宗教旅游开发的具体原则

在引导优质宗教文化与健康旅游活动充分互动、有机结合的总体思路指导下,云南宗教文化旅游应该遵循文化性、生态性、特色性、保护性、参与性、合理性等原则进行有计划的开发,力戒"建设性的破坏"和"破坏性的建设",使宗教文化旅游健康发展。

(一)文化性原则

宗教文化不仅具有物质性的一面,如亭台楼阁、寺观塔院、雕塑绘画、音乐舞蹈;更有精神性的一面,如哲学伦理、价值理想、戒律清规;尤其在遭受发展困境的现代社会,宗教精神文化中蕴含的大量关于协调人与人关系、人与自然关系的价值理念具有重大的指导性意义。然而现有的宗教文化旅游并没有彰显宗教的优秀精神文化内涵,过于注重对有形物质文化的观光,停留在"看庙观塔"的低水平阶段。甚至个别地区利用宗教文化中神秘、庸俗甚至封建迷信的东西吸引游客。如果不能充分挖掘宗教精神文化中符合现代社会发展的优秀内涵,宗教文化旅游将不成其为文化旅游,也由此失去了可持续发展的基础。可以说,文化是宗教旅游的灵魂所在,是其与社会主义社会相适应,进而发挥经济效益、社会效益、生态效益的基本前提。

(二) 生态性原则

宗教文化旅游必须走生态旅游的发展道路。宗教文化中蕴含着大量生态保护的思想资源,如道法自然、草木有情、禁杀护生等。通过长期的生态保护,以佛教、道教为代表的中国宗教具有保护生态的优良传统,既作为一种思想资源融入教理教义,又作为一种行动体现在日常修行,还作为一种环境烘托出寺院宫观的神圣氛围。中国传统宗教要求人们善待一切生灵,对大自然不能无度占有,更不能随意破坏,这种理念与现代社会所提倡的人与人平等相待、人与自然和谐相处、保护生态平衡的可持续发展观是相吻合的,在宗教文化旅游中我们应该倡导宗教生态观,引导游客从观念上净化自身,自觉保护宗教圣地的自然环境和人文景观,使旅游活动与自然环境和谐协调,相得益彰。我们可以组织、倡导一些具体的生态活动,寓"教"于游,让游客充分体验佛教的生态原则,以使游客能够在日后的生活中坚守生态观念。如:通过放生和拒绝使用一次性餐具等活动,提醒游客不要滥杀生灵,咨意索取;通过建议敬献鲜花代替焚香化纸,来提醒游客注意保护生态环境;通过建议游客"惜福",做到不浪费资源,养成物尽其用、节约资源的习惯。同时我必须在景区管理上坚持生态性原则,正确筹划、管理佛教文物古迹的修复与重建,尽量保持其原有意境和风格,合理开发宗教旅游地的接待项目、规模和人数,使景区环境秩序井然。[①]

---

① 袁银枝:略论佛教旅游资源及开发,《中共桂林市委党校学报》2004 年第 1 期。

（三）特色性原则

宗教文化旅游既要有区别于一般旅游的特色，又要在不同宗教之内体现出自身的文化特色。然而，当前宗教文化旅游却呈现趋同化的发展态势，许多寺庙宫观建筑千篇一律，旅游项目高度重复。特色性原则指宗教文化旅游挖掘宗教文化人无我有、人有我优的特色资源，吸引客源，为游客提供一种特有的旅游体验和感受。"特色就是生命"，开发任何一项旅游资源都要最集中地反映其特色，开发宗教文化旅游资源当然更是如此。要紧紧围绕宗教文化的主题，根据宗教景区的不同特点，开发一些有别于其他旅游活动的特色性旅游项目。① 如佛教与茶道、道教与养生、少数民族传统宗教与民俗风情等，营造出浓郁的宗教文化旅游氛围，并与周围自然环境相得益彰，给游客以独特的体验和感受。为此，旅游部门有必要聘请有关专家学者参与宗教文化旅游开发利用研究，把握其最具特色的旅游资源，并通过健康合理的方式将其展现出来。

（四）保护性原则

由于宗教文化的敏感性、神圣性等特点，在旅游开发利用过程中极易受到市场化、世俗化等的冲击而遭受损害。同时大量游客的到来，难免对宗教旅游地的生态环境造成破坏。因此，在宗教旅游中处理好开发与保护的关系十分必要。旅游开发是破坏还是保护，问题的关键在于开发是否合理、科学、恰当。如果在旅游开发的规划阶段就注意着眼于对宗教文化的保护，则开发未必就会造成破坏，反而会对宗教文化起到保护、宣传的作用。宗教文化旅游，是在保护宗教文化的前提下发展旅游，而不应该是在保护旅游的基础上发展宗教。对于宗教与旅游的关系、保护与开发的关系，我们必须有清醒的认识。

宗教文化旅游开发是一项系统工程，在开发之前，必须进行可行性论

---

① 　袁银枝：略论佛教旅游资源及开发，《中共桂林市委党校学报》2004 年第 1 期。

证,对旅游地资源做详细地调查,特别是对资源的类别、数量、质量、规模、经济价值等诸方面进行评估,还要对开发规模、旅游服务设施规模和客源市场等各方面进行综合评估,在此基础上对可开发性进行详细论证,以避免盲目的开发。旅游资源开发还应对可进入性进行充分论证,旅游地资源距客源地和客源市场的远近、可进入状况和需要的投资、周期等等,都必须要有详细的开发规划。对于具有特殊文物价值的宗教旅游景区,我们也可以设立核心保护区,合理控制游客数量,拆除违章建筑,恢复生态环境;设立一般旅游区,营造宗教文化氛围,开发宗教文化旅游项目,满足游客谈经论道、烧香拜佛等需要;设立旅游功能区,开办住宿部、素食馆、停车场、购物处等,提供衣食住行等旅游服务。

(五)参与性原则

一般性观光旅游往往只停留在眼睛感知和身体愉悦的层面,而宗教旅游则可以上升到心灵体验的高度。旅游者不仅可以看到秀美的宗教自然和人文风光,也能亲身参与健康积极的宗教法事、仪式。浓厚而健康的宗教氛围更有助于他们体悟"诸恶莫作,众善奉行"的伦理观,"道法自然,天人合一"的生态观,"万法随缘、知足常乐"的生活观等与日常生活息息相关的宗教智慧,从而指导自己在现实世界中的行为。旅游中的一切学习、参与、体验宗教文化的最终目标是为了"社会化",脱离了社会目标的宗教旅游活动,最终会还原为一种纯粹的宗教活动。宗教旅游的目标之一是使宗教文化中的"合理内核"内化到旅游者的心灵深处,重回社会生活之后,能够应用这些知识化解生活中的矛盾与危机。而要实现这一目标,旅游者就要高度参与到宗教旅游中来。旅游者在宗教旅游过程中不断转换身份,从一个只用眼睛去观看的旁观者,到一个用身体去行动的参与者,再到一个用心灵去体悟的思考者,这就是宗教旅游不同于一般旅游方式的独特之处,因而也拥有了其他旅游方式远不能具备的独特功能。只有本着参与性的原则,才能更好地通过健康的旅游活动发挥宗教优秀文化服务社会的现实功能。

在开发方式上,要从观光旅游向体验旅游转变,前者就宗教文化的物质性资源进行静态式的开发,以游客参观陈列式宗教景观、建筑和塑像等为主要方式,由于这种游览形式单调,"白天看庙,晚上睡觉",游客几乎没有主动参与活动的机会,很少能够真正亲身体验和感受宗教文化的奇妙多姿,难以得到更高层次的旅游收获,所以,已经越来越不能调动游客的兴趣。参与体验性开发是宗教旅游资源的动态式开发,除了安排一般性的游览活动以外,还开发一些与佛教活动有关的动态参与项目,如组织有兴趣的游客参与浴佛、食斋、放生等佛事活动,参与佛教开光、方丈升座、佛诞庆日等特定的法会活动。[1] 从观赏性开发向参与体验性开发的转变,可以更加深入地展示宗教旅游的特色性,在动态的佛教旅游活动中,让游客亲身体验出家弟子的日常生活、功课、丛林清规以及佛教戒律等。游客食的是斋饭,住的是僧舍式旅馆,听的是晨钟暮鼓、经声喃喃,观的是香烟缭绕、法相森严,购的是佛教旅游商品,在一种肃穆、崇敬的心态中获得独特体验,摒弃杂念、忘却烦恼、净化心灵,实现旅游的深层收获。[2]

(六)合理性原则

宗教文化旅游不能仅以市场为导向,以经济效益为衡量成功与否的标准,必须同时兼顾社会效益和生态效益,对于宗教文化中不适宜开发的内容必须预留足够的禁忌空间。如果将宗教文化中所有神圣内核统统推向旅游市场的前端,宗教文化在褪去自身神圣色彩的同时,宗教文化旅游必将失去可持续发展的基础。有限度的合理开发,这既是遵循宗教文化发展规则的需要,也是尊重宗教徒感情的需要,同时还是保护宗教神秘感的需要。事实上,合理的限制开发非但不会减弱宗教文化的吸引力,相反,还会因为保留了神秘空间而使宗教旅游资源更具有无穷魅力。

---

[1] 邹卫:《浅论都市佛教旅游》,四川大学硕士学位论文,2006年。
[2] 李敏:《西安大兴善寺发展规划问题研究》,西安建筑科技大学硕士学位论文,2007年。

三、宗教旅游开发的主要措施

(一)解放思想,正确认识宗教文化

经过改革开放 30 多年的发展,宗教是一种特殊的文化形态的理念日渐深入人心,但是由于宗教事务政策性强,问题比较复杂,社会上仍有一些人对宗教存有偏见,一些部门也对宗教文化旅游怀有疑虑。因此,发展宗教文化旅游首先需要正确定位和认识宗教文化,才能谈得上合理开发、大胆利用,发挥宗教文化旅游的综合社会效益。

首先,要正确评价宗教文化,分清宗教与封建迷信之间的区别,使全社会都能具有宗教基本常识,积极引导宗教与社会主义社会相适应,挖掘宗教文化与时代发展相适应的价值观、伦理观、生态观,通过旅游这一平台在更大的层面发挥作用。

其次,转变思想,更新观念,促使优秀宗教文化与健康旅游活动充分互动,有机结合。宗教旅游资源极具特色、富有强大的旅游吸引力,开发宗教旅游资源不仅具有现实的经济价值,而且可以使人们进一步正确认识宗教,甚至对于促进国家统一、社会安定、民族团结和国际交往等方面也有积极作用。所以,我们要解放思想、求真务实,大胆地开发、利用宗教文化旅游资源,为国家经济建设服务。[①]

第三,开拓视野、放眼世界,广泛吸引国内外游客。云南是世界上唯一具足佛教三大部派的地区,作为连接中南半岛的桥头堡和南亚东南亚国际大通道的过渡带,云南宗教圣地如宾川鸡足山等在东南亚享有声誉。随着云南旅游的迅猛发展,宗教场所也迎来越来越多的外国游客,而云南秀美的自然风光、独特的宗教文化与民族文化相结合营造出的文化氛围,也将成为云南旅游的一道亮丽风景。

第四,面对宗教文化旅游的实际,组织专业研究队伍,运用宗教学、旅游

[①] 袁银枝:《略论佛教旅游资源及开发》,《中共桂林市委党校学报》2004 年第 1 期。

学、社会学诸学科的理论知识和研究方法,对云南宗教文化旅游资源进行全面考察,了解不同阶层、年龄、性别、职业游客的旅游偏好,在科学研究、掌握宗教文化旅游发展规律的基础上,积极规划,引导宗教文化旅游与社会主义社会相适应。

(二)理顺关系,协调相关部门利益

目前,云南宗教文化旅游中宗教、旅游、园林、文化等部门多头共管,致使职能不清、责权不明、条块分割、政企不分等现象较为突出。即使由地方政府部门统一协调,设置风景名胜区管理委员会进行管理的较为成熟的景区如鸡足山、巍宝山等,也存在政府部门职能不清、与旅游公司政企不分等弊端。可以说,现有旅游管理体制严重制约了云南宗教文化旅游的发展,建立适应社会主义市场经济体制要求的大旅游管理体制势在必行。尤其是宗教旅游开发最重要的两个部门的旅游局与宗教局,更应该携起手来共谋宗教文化旅游的发展之路。

一方面,宗教局应该依据《宗教事务管理条例》,妥善管理宗教场所,严格打击借旅游开发之机而大肆修寺建庙的歪风,同时对破损、残缺的合法宗教建筑进行维修,对历史悠久的宗教文物及时进行补救与修复,对文物周围粗制滥造、文化品位低劣的违章建筑进行强制性的拆除或改造。同时监管教职人员的行为,重点打击借旅游开发骗取游客钱财的假和尚、伪道士,对于一些旅游景点"有寺无僧"、"有观无道"的现象予以重点关注,尽快安排道士进驻,不给不法分子以可乘之机。

另一方面,旅游局应该完善旅游基础设施,制定合理的旅游路线,增强景区的可入性、可游性,为游客提供住宿、饮食、交通、购物、娱乐、导游等方面的便捷服务。云南一些拥有丰富宗教文化资源的地区,因为交通、景区基础设施等方面的制约,使宗教文化旅游难以有效展开。在旅游开发的大背景,宗教活动场所同时成为旅游场所,因此旅游局和宗教局必须充分发挥自身职能,在追求旅游场所经济效益的同时兼顾宗教场所的神圣性。此外,旅游局应该积极学习国家宗教政策和专业宗教知识,改变"重旅游、轻宗教"

的思想。

我们认为,在宗教文化比较发达,旅游资源比较丰富的地区,宗教文化旅游无疑作为地区旅游业的重点支柱产业。对此,可以尝试设置宗教文化旅游办公室由县政府直接领导,配备既熟悉国家宗教政策,又了解宗教历史文化,既懂得旅游市场业务,又具有管理才能的专业干部,对本地区宗教文化资源进行集中调研,统一制定旅游规划,协调相关职能部门的关系,处理日常事务,促使宗教文化与旅游活动有机结合、良性互动。

(三)加强培训,提高旅游从业人员、宗教人士以及游客的文明素质和专业水平

宗教文化旅游是涉及旅游者、旅游从业人员、宗教人士等多方行为主体的综合性社会文化活动。任何一方在思想观念、行为习惯、文明素质上的缺陷,都将影响宗教文化旅游综合效益的发挥,而任何一方文明素质的提高也将对其他行为主体带来积极的示范效应。

首先,提高游客文明素质,对于宗教文化旅游具有特别重要的意义。绝大多数游客缺少宗教文化常识,触犯宗教禁忌、破坏生态环境等行为时有发生。我们有必要采取多种措施引导游客的宗教旅游行为。比如在销售门票的同时免费发放宣传材料,就宗教文化、宗教礼仪、生态保护等方面内容予以简要介绍;在宗教景区的醒目位置设立宣传告示栏,展示宗教文化的博大内涵;构筑游客与僧人的互动平台,消除游客对宗教文化的偏颇认识等等。

其次,旅游从业者包括导游、景区经营者、服务者以及旅行社、旅游公司等,其专业水平也亟需提高。大部分导游缺乏宗教文化知识,在讲解中信口开河,触及不到宗教文化的精华,反为宗教神秘文化甚至是封建迷信张目。宗教旅游场所大多居于深山之中,游客餐饮、住宿、购物等存在诸多不便,散商乘虚而入,在寺观周围高价出售劣质产品,与宗教旅游场所的文化氛围格格不入。有关部门可以聘请专家为导游讲解宗教文化知识,或者适当发动出家僧侣或在家居士参与导游;同时规范景区经营者的商业行为,营造景区浓厚的宗教文化氛围。

第三,部分宗教旅游景区虽然富丽堂皇,但缺乏修养深厚的高僧大德,部分道观至今仍然没有道士入住,如昆明西山、黑龙潭等地,有观无道现象比较突出。甚至一些知名寺院宫观的住持,都不能为游客讲经说法、答疑解惑。普通僧道多是小学、初中毕业,具有大专以上学历者少之又少,面对游客的提问时,或东拉西扯、不着边际,或哑口无言、赧然而笑。仅仅依靠殿宇、楼台、塔院等物质文化吸引游客的宗教文化旅游是不完备,也是注定不能持久的。宗教精神文化的发扬,依靠的是修养深厚的大师,而不是富丽堂皇的庙宇。如果缺少高素质的僧团,宗教文化的传承与发展将面临诸多困难,宗教文化旅游也将无从谈起。因此,我们必须在政府有关政策和部门的引导下,通过开办佛学院、保送高等学府深造、组织学经会、举行研讨会等形式提高宗教人士的修养水平,寺院本身也应积极配合,制定严格的学习制度,僧人仅仅掌握唱念敲打的做法事本领是远远不够的。同时,地区性的宗教组织如佛教协会、道教协会等也应该发挥自身连接政府和信众的桥梁纽带作用,与学者一道,对宗教作出符合社会发展、提升旅游文化品位的阐释。

(四)注重宣传,提升云南宗教文化旅游的知名度

宣传是提升云南宗教文化旅游的知名度,形成品牌效应进而形成巨大旅游市场的重要策略。云南宗教文化旅游资源丰富、历史悠久、特色鲜明、品位较高,但是若不能充分宣传营销,同样会造成"寺在深山无人问"的被动局面,一些不具有区位优势的著名宗教风景区如昭通大龙洞、武定狮子山等,尤其如此。

首先是媒体宣传。媒体宣传的范围广、影响大、效果好,是不容忽视的营销途径。我们既可以选择传统媒体如广播、电视、报刊、杂志、广告等,也可以选择新兴媒体如网络、手机等。云南的著名宗教文化景区如宾川鸡足山、巍山县巍宝山、香格里拉松赞林寺等,在区内、省内的知名度尚可,但是在全国其他省份的知名度就差强人意了。如果仅仅依靠历史形成的知名度、美誉度而不思现代发展,云南宗教旅游景区会在相邻省份如四川、广西、贵州、重庆类似景区的竞争下日渐萎缩。有关部门必须设立专项宣传经费,

培训促销人员,通过有影响力的媒体如中央电视台、人民日报、百度网等,加大旅游宣传力度。

其次是活动宣传。学术研讨会、宗教节庆活动本身就是良好的宣传手段。如宾川县举办的鸡足山佛教文化论坛、祝圣寺开光大典等活动极大的提高了鸡足山在国内外的知名度,而建水县举行的孔子文化节活动对于拓展建水儒家文化旅游市场功不可没。有条件的地区可以利用宗教节日、祖师生辰、忌日以及其他重要时日,精心策划、组织一些庆典活动、民俗活动,在吸引更多香客、游人的同时起到良好的宣传作用。

第三是场景宣传。我们可以多拍一些宗教景区的录像、画册,制成精美的纪念品、宣传品,以低价、成本价向游客出售或免费赠送,以达到宣传效果。① 比如可以将门票制成明信片,明信片不会被游客轻易丢弃,既可以收藏,又可以使用,而无论如何处理都可以起宣传作用,成本也不高;相关从业人员如导游、旅游公司员工、甚至景区经营者、服务员也可印制以宗教景区为背景的名片,等等。

第四是纪念品宣传。宗教文化旅游纪念品不仅仅可以创造旅游效益,也是宣传宗教文化旅游的重要媒介。由于重视不够,投入不足,宗教文化旅游纪念品缺乏特色,宗教意义大于文化意义,对于一般消费者缺乏吸引力,即不利于带动旅游经济的发展,也很难起到宣传宗教圣地的效果。我们可以本着生态性、保健性、文化性、便捷性等原则,结合宗教景区特色,别出心裁设计一批旅游纪念品,并将景区信息印制其上,将会起到很好的宣传效果。

(五)强化管理,规范宗教旅游市场

宗教文化旅游因其依托的资源对象,具有特殊性、敏感性等特征,如果引导不当,旅游活动极易转化为宗教活动。当前,宗教旅游者80%以上都具有香客身份,出于功利的目的前往宗教圣地烧香拜佛,他们更看重宗教活

---

① 袁银枝:《试论佛教文化旅游资源开发的原则——以广东为例》,《无锡商业职业技术学院学报》2006年第5期。

动场所的灵验性而不是旅游场所的文化性。对于此类游客我们必须加以引导,有针对性的采取宣传、规范等手段引导其动机。在宗教文化旅游中必须坚持高品位开发的方向,严格区分正当宗教活动与封建迷信、非法宗教活动的性质,防止商品化、庸俗化、功利化的侵蚀。一些寺院聘请学过武功的青少年剃光头发搞所谓的少林武功表演;一些地方随意修庙建塔,拼造宗教旅游景点文化;有的在宗教旅游场所修建娱乐城,严重影响景区氛围;有的置宗教传统于不顾,任意向游客乞讨"公德钱";有的不择手段招徕游客,建造"鬼府冥殿",大搞封建迷信活动,这些活动既危害了宗教自身的利益,又不利于旅游的长久发展,必须坚决制止。我们必须对宗教旅游动机深入调查研究的基础上,积极引导规范、管理整顿宗教市场,这是关系到云南宗教文化旅游是否健康发展的重要问题。我们应该明确市场定位,瞄准宗教文化的特色与精华,推出诸如宗教生态旅游、宗教休闲旅游、宗教养生旅游等高品位的旅游项目,既要吸引省内游客,又要吸引省外甚至国外游客;既能满足香客正常的宗教需求,又能满足游客合理的文化需要。同时采取有力措施如门票分期制等,解决宗教文化旅游旺季和淡季游客数量相差悬殊等问题。此外还要制定统一的服务标准,规范宗教文化旅游的出行、住宿、饮食、购物以及接待、导游等行为。有条件的地区也可以考虑组建专业的宗教文化旅行社,为游客提供全方位、专业化的服务。

(六)加强合作,推出精品旅游路线

云南宗教文化往往与自然景观和其他人文景观有机结合、相融嵌套在一起。作为云南旅游的有机组成部分,宗教文化旅游应该从云南旅游业的整体格局出发,与民族风情旅游、生态观光旅游等项目紧密配合,树立大宗教、大旅游、大环境的开发理念。政府有关部门必须加强合作;旅游机构不妨与宗教研究机构优势互补,联合开发宗教文化旅游资源;各宗教内部、相邻省区之间也应摒除门户派别之见,创新思维、寻求合作,联合推出高品位的精品宗教文化旅游路线。无论是跨区、跨省、跨宗教甚至跨境,都应突出文化主题,本着整合现有资源、方便游客出行、实现综合效益的原则,集中展

现宗教文化的精彩内容。例如我们可以昆明为中心，设计从滇西南到滇西北的佛教文化旅游线，将云南佛教的三大部派汉传佛教、南传佛教、藏传佛教以及独特的大理白族阿吒力教派的文化底蕴展现出来。也可以考虑通过滇西北与四川、西藏等省区合作，开辟中甸—昌都—拉萨的藏传佛教文化旅游线路，最终形成滇、川、藏佛教文化旅游圈。甚至可以借助云南与东南亚国家山水相连的区位优势，从昆明向南，在西双版纳出境，经缅甸、泰国到达斯里兰卡、印度，开创南传上座部佛教文化旅游线路。宗教文化旅游应针对游客的多样性需求，走多样化的发展道路，不仅要体现在旅游产品和项目上，也要体现在旅游市场和路线上。